Migration africaine et pentecôtisme en Suisse

Collection Religions contemporaines
dirigée par Sandra Fancello et André Mary

L'actualité des pays du Sud, comme celle du Nord, confirme chaque jour que le facteur religieux ne cesse de bousculer les grilles de lecture politique et économique, tout en occupant une place essentielle dans l'espace public et sur la scène internationale. Prolongeant la mémoire d'une histoire missionnaire qui éclaire le présent des sociétés actuelles, la collection Religions contemporaines veut donner plus de visibilité aux diverses recherches de sciences sociales qui portent sur les dynamiques religieuses du monde contemporain.

La renaissance des cultes traditionnels au coeur de la modernité urbaine, autant que les réveils religieux de l'islam ou du christianisme, de même que les échanges religieux transnationaux ont contribué à faire émerger une situation inédite de relation contemporaine entre toutes les formes de religiosité.

Jeanne Rey

Migration africaine et pentecôtisme en Suisse

Dispositifs rituels, pouvoirs, mobilités

Éditions Karthala
22-24 boulevard Arago
75013 PARIS

L'étape de la prépresse
de cette publication a été soutenue
par le Fonds national suisse
de la recherche scientifique.

**Karthala sur internet :
www.karthala.com**
(paiement sécurisé)

Couverture : Assemblée de fidèles à l'Église *Lighthouse Chapel International*, Accra, 2010. © Jeanne Rey.

ISBN : 978-2-8111-2568-4

Préface

Yvan Droz

Le texte que le lecteur tient entre ses mains propose une approche fort originale des phénomènes migratoires qui touchent l'Europe, ainsi que du pentecôtisme. Ce mouvement religieux y est abordé au prisme du rituel, ainsi que de l'onction et de son commerce : un élément jusqu'alors négligé par les nombreux chercheurs qui se sont penchés sur la « vague » des conversions au pentecôtisme en Afrique ou ailleurs. L'auteure aborde tout d'abord les espaces pentecôtistes de la migration africaine en Suisse et défriche ainsi un terrain ethnographique novateur : celui d'une Église à Genève où se retrouvent essentiellement des employés des organisations internationales, puis elle nous parle des « petites » Églises fondées par des migrants, souvent d'anciens requérants d'asile, ayant parfois épousé un citoyen suisse. Le dernier terrain est celui des réseaux transnationaux ghanéens qu'elle suit de la Suisse au Ghana.

Jeanne Rey s'intéresse alors aux dispositifs rituels générant un « sujet » singulier qui se constitue au fil d'un itinéraire rituel se déclinant en quatre étapes : la conversion, la délivrance sous ses différents aspects, le baptême du Saint-Esprit et l'onction. L'onction – signe ultime d'une élection divine – reste pourtant réservée à une élite : les spécialistes du sacré ou les professionnels de la foi. Cette production du sujet pentecôtiste explique partiellement l'attrait qu'il suscite, car la pratique du pentecôtisme offre également une nouvelle forme de parenté ou reconfigure les relations de parenté préexistantes, tout en favorisant l'aventure migratoire. En outre, les Églises présentées ici développent une « politique des esprits territoriaux » qui offrent aux migrants le moyen de symboliser les heurs et malheurs de leurs parcours migratoires et du sort qui leur est réservé en Suisse. La cosmogonie pentecôtiste permet ainsi aux fidèles africains de donner un sens aux turpitudes qui les affectent dans leur nouveau lieu de vie, généralement peu amène. Le parcours migratoire peut ainsi s'imaginer comme inscrit dans une histoire biblique dépassant les aspects individuels en les expliquant au moyen d'une perspective millénariste, toujours au cœur de l'univers pentecôtiste.

Au centre de ce bel ouvrage se trouve un nouvel aspect des pentecôtismes africains : Jeanne Rey y décrypte brillamment leur insistance sur l'onction. Elle nous montre comment l'onction peut être conçue comme une substance – symbole d'autorité – qui se transmet au sein d'un réseau spirituel, véritable parenté dont elle nous livre la généalogie fantastique. Elle souligne également sa distribution fort inégale entre homme et femme censée justifier la subordination de celle-ci dans l'imaginaire pentecôtiste et la faible autorité dont jouissent les femmes pasteurs des Églises étudiées ici. L'onction se présente alors comme une forme spécifique du capital « pentecôtiste » qui suscite des luttes sociales et explique la récurrente fissiparité des Églises pentecôtistes : les conflits d'obédience entre ministères et les rumeurs sorcellaires qui menacent ce capital spécifique que constitue l'onction émaillent cet ouvrage. En outre, les accusations d'être un faux prophète sont décrites avec brio et soulignent parfaitement l'ambivalence de l'onction : comment savoir si la possession divine n'est pas une ruse du Malin pour tromper les fidèles ? La prophétie est-elle bien inspirée ou n'est-elle qu'une nouvelle fourberie satanique ?

Jeanne Rey noue la gerbe en montrant comment la mobilité migratoire encourage un commerce de l'onction où le déplacement physique peut se concevoir comme un moyen d'augmenter son capital pentecôtiste. Les réseaux transnationaux du pentecôtisme et l'onction qui y circule apparaissent alors comme une forme de capital symbolique structurant tant les pratiques migratoires que la constitution d'Églises ou la trajectoire personnelle des prédicateurs. On le constate, le lecteur se trouve devant un ouvrage captivant qui suscitera une lecture passionnante à la découverte des liens ambigus entre pentecôtisme et migration.

Remerciements

Je tiens à exprimer ma gratitude envers les nombreuses personnes qui, au cours des dix années de travaux nécessaires à la rédaction de ce livre, m'ont offert leurs conseils avisés, leurs encouragements, leur expertise et leur disponibilité. Cet ouvrage n'aurait pas été possible sans l'appui et l'inspiration offerts par Yvan Droz, André Mary, Monika Salzbrunn, Fenneke Reysoo, Sandra Fancello, Amédée Rey, Michael Lambek, Yonatan Gez, Pierre-François Coen et bien d'autres encore.

Ce travail a également bénéficié du soutien du Fonds national suisse de la recherche scientifique (P2GEP1_148656 et PZ00P1_161231) et du Graduate Institute à Genève (IHEID). Sa publication est soutenue par le Fonds national Suisse de la recherche scientifique. Mais surtout, cet ouvrage n'aurait pas été possible sans la disponibilité et la générosité des nombreux interlocuteurs qui m'ont ouvert leurs portes, ou celles de leur église, qui ont su accueillir mon projet de recherche et ont eu la patience de répondre à mes questions, qui m'ont autorisé à les suivre dans leurs activités quotidiennes, qui m'ont témoigné leur confiance et parfois leur amitié. Je pense en particulier à A. M., Mamie T., Frida, ainsi que les pasteurs Leslie et Sam à Accra, Philip à Genève et Jonathan à Toronto.

Merci à mon entourage pour leur soutien indéfectible, tout spécialement à Gregory.

Introduction

Depuis plusieurs décennies, les migrations africaines vers les villes européennes ont pris de l'ampleur : étudiants, diplomates, commerçants et aventuriers ont investi les capitales européennes, y ont séjourné, de manière provisoire ou prolongée. Au même moment, de nombreux pays africains furent la scène d'une croissance des mouvements pentecôtistes. Ainsi, sous l'élan impulsé dans les capitales africaines, des groupes de prière pentecôtistes, puis des Églises apparurent sur le sol européen. Animées à la fois par des rhétoriques missionnaires et des dynamiques schismatiques, ravivées par les mouvements migratoires, les Églises se multiplièrent, et il existe aujourd'hui plusieurs milliers de lieux de culte pentecôtistes qui sont issus des migrations africaines à travers l'Europe. Ces groupes fournissent des ressources dans les processus migratoires à travers la constitution de champs sociaux transnationaux favorables à la mobilité. Pourtant, à quelques exceptions près, l'intérêt académique pour ces mouvements est relativement récent et les recherches sur le sujet sont encore peu nombreuses. Si au cours des dernières années, un nombre croissant de jeunes chercheurs se sont engagés sur cette voie, le potentiel d'exploration offert par ces pentecôtismes venus du Sud en Europe s'annonce encore vaste.

L'étude des espaces pentecôtistes de la migration africaine offre un nouvel éclairage sur les phénomènes migratoires, en soulignant les logiques à la fois institutionnelles et rituelles qui soutiennent les pratiques de mobilité. Les modèles institutionnels des Églises semblent parfois s'organiser autour de leur transnationalisation, qui est manifeste dans les démarches d'implantation stratégique de nouvelles assemblées par des Églises africaines. Dans d'autres cas, ce sont des enjeux à la fois institutionnels et rituels, liées à la configuration et reconfiguration de l'autorité dans l'Église, qui alimentent des processus schismatiques en s'appuyant sur les réseaux transnationaux qu'elles contribuent à développer. Mobilité et immobilité, proximité et distance géographique constituent alors des leviers conduisant à l'émergence de nouvelles Églises. La mobilité y est également soutenue par des logiques d'ordre strictement rituel : les dispositifs pentecôtistes dessinent un « itinéraire rituel » de transformation de soi permettant d'accéder au statut convoité « d'homme de Dieu ». Or, la mobilité géographique, temporaire ou de longue durée, constitue un élément indispensable dans la reconnaissance de ce statut. Les luttes pour cette reconnaissance sont au fondement de logiques concurrentielles qui s'expriment à la fois au niveau local, par le détournement de fidèles, et au niveau transnational, par l'établissement d'alliances qui renforcent l'autorité charismatique et servent de base aux pratiques de mobilité. Ainsi, mobilités, migrations et processus de transnationalisation participent-ils pleinement aux enjeux du champ du ministère dans les espaces pentecôtistes de la migration africaine.

Notre recherche s'inscrit à la fois dans ce champ d'étude des migrations et d'une anthropologie du religieux qui se déploie à travers une ethnographie du rituel. Cette approche peut, à première vue, paraître surprenante : comment peut-il exister un lien entre des pratiques rituelles et des pratiques migratoires ? Si ce lien n'est pas linéaire, cet ouvrage démontre que les actions rituelles traitent de différents aspects liés à la mobilité et aux migrations. La valeur accordée à la mobilité, les conceptions du territoire et du temps ou les transformations de normes en contexte migratoire en constituent quelques exemples. En ce sens, les rituels pentecôtistes engendrent bien un rapport singulier à la migration.

Le concept de « dispositif » nous permettra d'approcher le rituel dans sa dimension performative, en particulier dans le rapport qu'il établit avec la migration. Ce concept a conquis une place dans le vocabulaire des sciences sociales, des « dispositifs technologiques » aux « dispositifs de formation » en passant par les « dispositifs rituels », au sein de disciplines aussi variées que les sciences de la communication, de l'éducation ou l'anthropologie. Il renvoie souvent aux travaux du philosophe Michel Foucault, dont les écrits sur l'émergence des sciences humaines et de l'« homme connaissable » (Foucault, 1975 : 312) prolongent les bases théoriques de son approche : capacité du discours à constituer le social (en tant qu'objets et que sujets), interdiscursivité, primauté de la catégorie sur l'individu, composante discursive du pouvoir (ou nature politique du discours) et du changement social (Fairclough, 1992 ; Foucault, 1969). Le concept de dispositif s'inscrit dans ces travaux en soulignant la dimension technique de certains phénomènes sociaux, l'importance des technologies ou des procédures dans la constitution de la société (Peeters & Charlier, 1999).

L'une des forces du concept de dispositif réside dans le fait qu'il constitue son propre « sujet ». Ce sujet s'écarte du sujet philosophique classique en tant que conscience libre et a-historique, ainsi que du sujet phénoménologique dont il conteste toute transcendance. Renonçant à la quête d'une quelconque « essence », il s'agit d'analyser les procédures par lesquelles le sujet se construit, se constitue dans une trame historique (Foucault, 2001 : 147). Ainsi, l'idée d'un ordre social moderne fondé par un contrat liant des sujets préexistants, tels des atomes sociaux, s'écroule devant la démarche historicisante des modes de subjectivation. L'objectif de cette démarche est de produire une histoire des différents modes de subjectivation de l'être humain dans la société occidentale. Michel Foucault a, dans cette perspective, développé une analyse de trois modes d'objectivation transformant les êtres humains en sujets (1984) : les modes d'investigation et les discours scientifiques (ex. objectivation du sujet productif en économie), les « pratiques divisantes », divisant le sujet à l'intérieur de lui-même ou le séparant des autres, et enfin la manière dont un être humain se transforme en sujet, soulignant les diverses « techniques de soi » qui depuis l'Antiquité ont contribué à l'émergence de différents types de sujets.

Le concept de dispositif, tel qu'il a été développé par Michel Foucault, soulève néanmoins quelques questions. Il est difficile d'envisager que le dispositif s'impose unilatéralement à des humains passifs qui n'en seraient que le produit. Au contraire, ces derniers sont capables d'orienter les dispositifs, de les détourner, de les réinterpréter, donc, dans une certaine mesure, de transformer les dispositifs et d'en négocier la portée[1]. Bien que ces aspects ne soient pas clairement exclus par les

1. À certains égards, on retrouve ici la distinction entre « tactiques » et « stratégies » chère à Michel de Certeau (De Certeau, 1980). Familier des travaux de Michel

travaux de Michel Foucault, il leur accorde une importance secondaire (Fairclough, 1992). Une approche ethnographique introduira ainsi une dimension plus dialectique où les sujets sont certes formés par les dispositifs, mais où ces dispositifs sont à leur tour transformés par des personnes dotées d'agencéité (*agency*). Le concept de dispositif sera alors réinterprété comme une voie médiane entre structures et stratégies, détermination et autonomie, qui s'inscrit toujours dans une perspective historique. Il pourra être défini comme un « cadre artefactuel » conditionnant les attitudes, comportements, modes de pensée ou les pratiques sans les déterminer complètement (Audran, 2007 : 170). Concept de l'entre-deux, il comporte un caractère hybride, faisant coexister des entités traditionnellement perçues comme inconciliables au sein de l'argumentation, mettant en relation des dichotomies mutuellement excluantes (Peeters & Charlier, 1999) telles que contrainte et autonomie, sujet et objet ou encore technique et symbolique.

L'étude des dispositifs rituels nous permettra d'accéder à la singularité du pentecôtisme, par comparaison à d'autres mouvements de migrants organisés de manière associative ou en réseaux. Cela nous conduira à étudier les processus de constitution d'un « sujet pentecôtiste[2] » dans les dispositifs rituels, qui se déploie au cours d'un itinéraire dont nous décrirons les principales étapes. Au sein des espaces pentecôtistes de la migration africaine, cet itinéraire débute par la conversion, dont la centralité dans les pratiques sociales renvoie aux Réveils issus du protestantisme dès la Réforme. De la repentance à la guérison affective en passant par l'affranchissement des obligations familiales ou le transfert des alliances et dépendances, de la thérapie à la prophylaxie anti-sorcellaire, le sens de la conversion est dépendant de son contexte (Droz, 2002), engendrant diverses formes de subjectivations, élaborées dans le récit de conversion. La conversion peut être appréhendée en tant que rite de passage (van Gennep, 1909) autorisant l'entrée

Foucault, Michel de Certeau s'attache à souligner la créativité mise en œuvre au quotidien par l'élaboration des « tactiques », de ruses, qui permettent d'échapper partiellement à l'ordre et à la violence des technologies disciplinaires.

2. Bien qu'inspiré par l'approche foucaldienne d'étude de la constitution du sujet dans sa trame historique (Foucault, 2001), le « sujet pentecôtiste » dont nous dessinerons les contours ne correspond aucunement au « sujet moderne » étudié par Foucault, ni d'ailleurs à l'« individu » contemporain.

dans l'univers pentecôtiste, dont la forme rituelle classique, depuis ses débuts, constitue l'appel à l'autel (*altar call*). Mais la conversion s'actualise ensuite à travers l'adoption d'un langage et d'une gestuelle rituelle appropriée qui actualise la distinction opérée entre convertis et non convertis. L'évocation de l'Autre, le non converti, ou sa rencontre dans le cadre de pratiques d'évangélisation renforcent l'efficacité sociale de la conversion en tant que rite de passage et en tant que pratique divisante (Foucault, 1984), qui le sépare des non convertis.

Pour la plupart des pentecôtistes, la conversion s'accompagne d'une démarche thérapeutique – au sens large – qui consiste à quitter l'infortune, quelle que soit sa forme : maladie, accident, mobilité sociale descendante, problèmes conjugaux, échecs professionnels ou chômage. Nous identifierons trois formes de cette démarche thérapeutique : la guérison, la délivrance et la restauration. Le processus thérapeutique procède, si ce n'est à sa rémission, à une reformulation de l'infortune en lui conférant un caractère provisoire permettant une réhabilitation de l'infortuné. Il procède également à une dé-singularisation du malheur en l'inscrivant dans des tribulations collectives, associées aux prophéties millénaristes. Cette reformulation fait émerger un sujet pentecôtiste porteur d'un rapport transformé au monde et à l'histoire, marqué par une transition de son statut : de l'infortuné, il devient « combattant ». La posture du combattant, manifestée par le langage corporel et verbal, s'acquiert progressivement, par la participation aux séquences rituelles du « combat spirituel ». Contrairement aux démarches d'évangélisation du pentecôtisme classique, ce ne sont plus les individus qui sont ciblés dans le combat spirituel, mais des entités collectives, politiques et territoriales, telles que des villes ou des nations. Le sujet pentecôtiste, dans la posture du combattant, inscrit son infortune dans une entreprise plus large, dans une destinée collective dont l'issue est connue, qui explique son malheur, en identifie les causes et lui confère un caractère provisoire. La pratique du combat spirituel inscrit l'infortune des sujets pentecôtistes dans une « dramaturgie universelle du Mal » (Mary, 2009 : 140) et procède ainsi à une sublimation des problèmes personnels en les élevant à un niveau général, celui d'une guerre globale du Malin contre le Divin.

Dans la pratique du combat spirituel, on perçoit d'ores et déjà les prémisses d'un rapport singulier à la mobilité émanant des dispositifs rituels à travers la production du territoire pentecôtiste. Les pratiquants y inscrivent leurs critiques à l'égard de la société helvétique, leurs frustrations vis-à-vis du système juridique ou leurs aspirations politiques. En affirmant l'influence malfaisante des esprits territoriaux sur la Suisse et en identifiant les types d'esprits territoriaux impliqués, les combattants adoptent une position distanciée vis-à-vis de la société suisse. La posture du combattant permet ainsi d'opposer une résistance à la subjectivation opérée par le système social et politique suisse, qui positionne les migrants en hôtes plus ou moins indésirables. Alors que le statut juridique des migrants africains renvoie souvent à la précarité de leur présence sur le sol helvétique, alors que la trajectoire migratoire, vue d'Europe, engendre souvent une mobilité sociale descendante, la rhétorique de la conquête opère un renversement du rapport au territoire et des rapports de force qui en découlent en y positionnant les migrants en tant qu'occupants légitimes.

L'itinéraire rituel suggéré par les dispositifs pentecôtistes se prolonge vers une étape ultime, toutefois réservée à une élite : l'onction. Nous développerons l'histoire de l'onction pentecôtiste, à partir de l'onction comme « mission divine » dans le pentecôtisme classique, jusqu'à l'onction comme « substance » conférant une « puissance spirituelle » à celui qui la détient dans certains courants du néo-pentecôtisme. Les propriétés associées à l'onction sont indissociables de son importance dans les pratiques sociales : quantifiable, l'onction fonctionne comme « pratique divisante » entre les sujets pentecôtistes, qui en disposent en quantité différente. Cette propriété se situe au cœur de la construction de l'autorité charismatique. Accéder à l'onction, c'est accéder au statut d'« homme de Dieu » qui constitue le dernier stade de l'itinéraire rituel pentecôtiste, représentant la forme ultime de l'accomplissement de soi proposée par les dispositifs rituels. Acquérir l'onction requiert certaines conditions rituelles, mais l'onction se reçoit également en s'affiliant à un « homme de Dieu oint ». La transmission de l'onction implique alors de nouer une relation asymétrique entre un « candidat à l'onction » et son mentor spirituel. La construction d'une généalogie de l'onction soulignant ces liens d'affiliation apparaît centrale dans les processus de légitimation de l'exercice du ministère.

La compétition liée à la quête d'autorité au sein des Églises sera appréhendée sous l'angle de la conflictualité dans le champ (Bourdieu, 2002) du ministère pentecôtiste, qui situe la lutte pour la reconnaissance du statut d'« homme de Dieu » au cœur des enjeux du champ. Les difficultés à accéder au statut d'homme de Dieu, ouvrant sur le développement d'un ministère autonome, se situent au cœur du processus de schismogenèse. Lorsqu'en dépit d'une initiation au ministère, les voies d'accès à l'onction semblent résolument fermées, les aspirants au ministère optent parfois pour la stratégie du « détournement de fidèles », qui peut épouser la forme du schisme. À l'inverse, les stratégies de conservation du monopole de l'onction développées par les hommes de Dieu en position dominante s'appuient sur la fidélisation de leurs protégés, notamment à travers les rhétoriques liées à la mission spécifique de l'Église, afin de limiter les pratiques de mobilité des fidèles.

La rumeur constitue un moyen particulièrement redouté, car incontrôlable et difficile à démentir, de saboter l'autorité d'un homme de Dieu. Deux figures apparaissent en filigrane derrière les rumeurs et accusations au sein des milieux pentecôtistes : le sorcier et le faux prophète. La figure du sorcier représente souvent le concurrent jaloux de l'homme de Dieu, celui qui aspire à son pouvoir, mais qui n'est pas parvenu à obtenir sa reconnaissance. Le faux prophète, quant à lui, représente une sorte de double négatif de l'homme de Dieu, révélant ainsi le travail constant pour maintenir l'autorité charismatique, toujours sujette à contestation. Ces figures de la contestation soulignent l'ambivalence de l'onction, sa réversibilité et sa labilité, rappelant qu'elle n'est jamais définitivement acquise mais renvoie aux processus de reconnaissance sociale qui la constituent.

Ces processus de reconnaissance sociale et les luttes associées s'inscrivent dans des espaces transnationaux et s'appuient sur des pratiques de mobilité transfrontalière qui se déclinent à plusieurs niveaux : les trajectoires migratoires des fidèles, la transnationalisation des institutions et les voyages liés aux activités dans le ministère. Les Églises jouent un rôle de relais dans la mobilité des migrants africains (Fancello, 2006) qui alimente la transnationalisation des dénominations. Cette mobilité est réinvestie sur la scène africaine et européenne dans une mise en scène de l'internationalité des Églises qui augmente leur prestige. Si les pasteurs opèrent parfois comme passeurs de frontières pour les membres de leur Église, celle-ci fournit avant tout un havre sécurisant, un réseau de « frères et sœurs en Christ » disposés à servir de guide dans les procédures administratives ou vers des opportunités professionnelles.

De plus, les discours missionnaires permettent aux migrants d'adopter une posture transformant leur rapport au pays d'accueil.

L'inscription de la trajectoire migratoire dans le plan divin, sur fond de rhétorique missionnaire ou de « conquête des nations », conteste l'association des migrants africains avec la guerre, la misère ou des activités illégales. La rhétorique missionnaire se présente alors comme un prolongement du soi pentecôtiste (Coleman, 2003 ; Maskens, 2010) s'appuyant sur la confrontation, réelle ou rhétorique, avec l'Autre païen, qui renforce paradoxalement la frontière avec les non migrants. L'« entre-soi » souvent privilégié au sein des Églises permet alors de prolonger l'espace symbolique au sein duquel les migrations peuvent être envisagées comme des itinéraires d'accomplissement de soi.

Enfin, les Églises génèrent une mobilité transnationale de personnes liée au ministère, qui engendre à son tour des échanges de biens, d'allégeances et de services, que nous nommons le « commerce de l'onction ». Ce commerce entretient un système de relations asymétriques entre hommes de Dieu et leurs protégés. La mobilité participe à consolider l'autorité charismatique car elle peut être convertie en capital spécifique au champ du ministère pentecôtiste, à savoir en onction, à travers l'association entre rhétorique missionnaire et récit de vocation. Le commerce de l'onction participe alors aux processus de schismogenèse des Églises puisqu'il offre de nombreux « carrefours » aux aspirants à l'onction dans un jeu de concurrence entre allégeances locales et transnationales. Si la fissiparité des Églises constitue d'abord un phénomène local, elle s'inscrit également dans un champ social transnational conduisant à l'accumulation de ressources financières et symboliques en Europe ou en Afrique.

Chapitre 1

Espaces pentecôtistes de la migration africaine

Pentecôtisme et migration en Europe

En 2006, au moment d'entamer nos recherches sur les espaces pentecôtistes de la migration africaine, il était encore relativement difficile de trouver de la littérature sur les Églises issues de la migration en Europe. Toute l'attention académique autour des questions migratoires et religieuses semblait s'être focalisée sur la présence de l'islam sur le vieux continent. La situation a cependant évolué au cours des cinq ou six dernières années avec un nombre croissant de publications sur le sujet. Au cours des trois dernières décennies, l'émergence en nombre croissant d'Églises fondées par des migrants d'origine extra-européenne a progressivement transformé le paysage pentecôtiste européen[1]. La tendance n'est toutefois pas nouvelle et l'histoire est jalonnée d'exemples dans lesquels les migrations de populations se conjuguent avec la création de nouvelles Églises, pour ne s'en tenir qu'au christianisme[2]. L'émergence contemporaine d'Églises issues de

1. Les estimations quant à l'ampleur quantitative du phénomène sont rares et se heurtent à de nombreux obstacles méthodologiques. En 2005, Sébastien Fath avançait l'estimation de 45 000 évangéliques (y compris pentecôtistes-charismatiques) issus des diasporas étrangères en France, soit plus de 10 % de la population évangélique du pays (Fath, 2005).
2. Dans le contexte genevois, on pense notamment aux réfugiés anglais qui se constituèrent en Église sous la conduite de John Knox au XVIe siècle, aux communautés de huguenots français trouvant refuge dans certaines villes helvétiques ou, ailleurs, aux mennonites qui fuyèrent les persécutions religieuses.

la migration au cours des trois dernières décennies en Europe présente toutefois quelques caractéristiques qui la distinguent des phénomènes antérieurs. En premier lieu, la migration est généralement indépendante de persécutions liées aux convictions ou pratiques religieuses. Deuxièmement, les populations migrantes impliquées dans ces Églises sont majoritairement d'origine extra-européenne. Enfin, la composante pentecôtiste concerne une proportion importante de ces nouvelles Églises. Précisons toutefois qu'on ne peut réduire l'apparition récente d'Églises fondées par des migrants au mouvement pentecôtiste : les Églises orthodoxes[3], évangéliques ou protestantes sont également bien représentées, bien que proportionnellement moins nombreuses.

Par ailleurs, la fondation d'Églises par des migrants d'origine extra-européenne est un phénomène antérieur aux années 1980, lié notamment aux migrations d'étudiants (Harris, 2006). Dans les années 1960, des hommes d'affaires, fonctionnaires et étudiants nigérians établirent les premiers groupes ou Églises aladura en Europe (Adogame, 2003). Vers la fin des années 1960, la croissance de ces groupes attira d'ailleurs l'attention des Églises britanniques (Hill, 1971). Certains d'entre eux se constituèrent en cellules de prière et se réunirent dans des maisons privées ; d'autres rejoignirent des Églises plus importantes telles que la *Church of the Lord* ou la *Church of the Cherubim and Seraphim*. En Suisse également, on relève la présence de quelques groupes aladura. Benjamin Simon (2002) note qu'avant de s'implanter en Allemagne au début des années 1970, la *Celestial Church of Christ* organisait des rencontres régulières à Berne sous la direction de l'épouse d'un employé de l'ambassade nigériane[4]. Quelques années plus tard, le Kimbanguisme est apparu en France et en Belgique. Outre les Églises Africaines Indépendantes, d'autres institutions prirent en charge l'encadrement des migrations africaines en Europe. Margaret Peil (1995) note la présence d'un aumônier presbytérien du Ghana pour

3. En Suisse, Maria Hämmerli (2010) note la présence de 42 Églises orthodoxes fondées essentiellement à partir des années 1970. Dans ces Églises, les participants se rallient autour d'une langue de culte commune (grec, roumain, russe ou serbe), qui organise l'homogénéité nationale de ces Églises, alors que les Églises francophones regroupent des fidèles d'origines et nationalités plurielles.

4. Les diplomates et fonctionnaires internationaux ont joué un rôle important dans la diffusion des Églises africaines. Nos propres recherches mettent en évidence un rôle similaire de diplomates et fonctionnaires internationaux dans la création ou l'implantation de nouvelles Églises pentecôtistes en Suisse.

encadrer les étudiants ghanéens à Londres dès 1974. Ils furent suivis par les anglicans, les catholiques et les adventistes du septième jour qui mandatèrent également du personnel pastoral dans les villes comptant une importante population ghanéenne. Si les premières générations de migrants africains séjournaient en Europe pour des raisons professionnelles ou de formation, les générations suivantes expérimentèrent une précarisation de leur statut juridique, professionnel et social. Suite aux durcissements des politiques migratoires européennes, un nombre croissant d'Africains résidèrent en Europe en dépit de l'absence de statut juridique, occupant des emplois mal rémunérés souvent bien en dessous de leurs qualifications (ter Haar, 2005). C'est à partir de cette génération que les Églises africaines en Europe ont véritablement pris leur essor dès les années 1980, mais de manière plus significative encore au cours des années 1990 et 2000. Ces Églises présentent alors souvent une composante pentecôtiste prononcée.

Les premières Églises pentecôtistes issues de migrations extra-européennes remontent probablement aux migrations antillaises (*West Indies*) du milieu du XXe siècle en Grande Bretagne. Entre 1951, où sévit un ouragan dévastateur en Jamaïque, et 1962, année du *Commonwealth Immigrants Act*, on assista à une immigration massive vers la Grande Bretagne[5], notamment en provenance de la Jamaïque. Selon Clifford Hill (1971), le refus des Anglais d'accueillir ces populations noires, la peur de certains responsables de voir les Blancs fuir leur Église ou encore la redirection immédiate des nouveaux arrivants caribéens vers les Églises jamaïcaines ont induit un sentiment d'exclusion chez les migrants, amenant nombre d'entre eux à cesser de fréquenter une Église, toutes dénominations confondues[6]. Quant aux Jamaïcains pentecôtistes, ils fondèrent rapidement leur propres Églises si bien que seul un petit nombre d'Églises pentecôtistes britanniques comptaient des membres antillais en leur sein (Hollenweger, 1972) tandis qu'un nombre croissant d'Églises jamaïcaines virent le jour.

À notre connaissance, la première ethnographie réalisée sur des Églises pentecôtistes issues de la migration en Europe est l'œuvre de

5. Environ 260 000 personnes y immigrèrent entre 1955 et 1962 (Hill, 1971).

6. Clifford Hill fait remarquer qu'autour de 1970, 69 % de la population des Caraïbes britanniques fréquente une Église de type catholique, anglican, baptiste, méthodiste, presbytérien ou congrégationaliste. Cette proportion chute à 4 % parmi les Caribéens vivant en Grande Bretagne (Hill, 1971).

l'anthropologue Malcolm J. C. Calley (1965). Son travail constitue une source précieuse pour la comparaison avec les phénomènes actuels. En 1962, Calley évaluait le nombre d'assemblées jamaïcaines en Angleterre à 77, réparties entre dix-huit dénominations. L'Église la plus importante, la *New Testament Church of God*, comptait 23 assemblées locales[7], alors que la *Church of God of Prophecy* en comptait seize. La taille moyenne des Églises était alors relativement petite[8] et la fréquentation diminuait sensiblement au cours de l'hiver, le froid retenant un certain nombre d'Antillais chez eux. Pendant la durée de ses recherches, Calley estimait que le phénomène qu'il étudiait était en phase de croissance[9]. Il notait cependant qu'un grand nombre d'Églises avaient déjà disparu au cours des années 1950, mais l'arrivée massive de femmes au début des années 1960 semblait avoir renforcé les Églises jamaïcaines, les femmes étant, selon ses observations, plus fidèles dans le suivi du culte. Selon l'anthropologue, la densité de la population caribéenne à proximité de l'église jouait également un rôle dans le succès ou le déclin d'une assemblée locale. Bien que les Églises se soient disputées les membres potentiels susceptibles de grossir leurs rangs, il semble que les fidèles changeaient rarement d'Église et accordaient une grande valeur à l'appartenance exclusive à une communauté.

Après la vague caribéenne, il faut attendre les années 1980 pour assister à de nouvelles émergences d'Églises pentecôtistes issues de la migration extra-européenne en Grande-Bretagne. L'Église nigériane *Redeemed Christian Church of God* a fondé sa première assemblée européenne en 1985 (Hunt et Lightly, 2001). Deux ans plus tard, l'Église ghanéenne *Church of Pentecost* établissait sa première assemblée en Angleterre, en réponse tardive aux flux migratoires ghanéens qui se développèrent à partir des années 1970 (Fancello, 2006). Ces deux Églises nigériane et ghanéenne ne connurent cependant pas le même développement : au tournant du millénaire, alors que la *Church of Pentecost* connaissait un développement modéré, la *Redeemed Christian*

---

7. Soit douze assemblées de plus qu'en 1957 (Hill, 1971).
8. Entre 30 et 40 personnes par assemblée, selon nos estimations à partir des données fournies par l'auteur.
9. Des recherches ultérieures confirment l'hypothèse de Calley au sujet de la croissance des Églises jamaïcaines. La *New Testament Church of God* aurait ainsi compté 61 assemblées et 10 500 membres en 1966 pour atteindre 74 assemblées et 20 600 membres en 1970 (Hill, 1971).

Church of God connut une très forte croissance avec une cinquantaine d'assemblées et près de 200 000 membres en Angleterre[10] (Hunt et Lightly, 2001), si bien qu'elle constitue la plus grande Église africaine établie en Grande-Bretagne.

En France, bien que la présence de groupes baptistes issus des diasporas russe, ukrainienne ou roumaine soient attestée à partir des années 1920-1930 (Fath, 2005), les Églises pentecôtistes fréquentées par des migrants sont essentiellement apparues dès les années 1980. Des Africains qui fréquentaient jusqu'alors les Églises protestantes françaises se sont réunis afin de conduire les cultes « à leur manière », en réaction à la « froideur » des Églises françaises. Initialement, ces communautés constituées en Europe n'étaient affiliées à aucune Église africaine. Les Congolais (RDC) jouèrent un rôle important dans la création d'assemblées regroupant des migrants africains. Les Églises Le Rocher, Aifa Parole vivante et l'Assemblée des Fidèles aux Prières Chrétiennes comptent parmi les premières Églises dirigées par des Congolais en France. Ces assemblées congolaises, composées en grande partie par des étudiants, sont nées à la suite de réunions conduites au domicile d'un membre, sous la forme d'« Églises de maison » (Demart, 2010). La croissance des groupes et l'impulsion d'un prédicateur en leur sein les a ensuite conduit à leur constitution en Église. En 2010, le nombre d'Églises dirigées par des pasteurs congolais s'élèverait à plus de 500 pour l'ensemble de la France (ibid.), dont 200 ou 300 dans la région parisienne (Mottier, 2010). Une grande partie des Églises africaines sont localisées en Seine-Saint-Denis, dans les zones industrielles ou d'activités offrant à la fois une disponibilité de locaux et des loyers abordables (Dejean, 2010). Aux Églises de fondation congolaise s'ajoutent celles dirigées par des pasteurs ivoiriens, ainsi que les Églises nigérianes ou ghanéennes, plus récentes. Sandra Fancello (2006) souligne que l'apparition de ces dernières fut notamment favorisée par les durcissements des politiques d'immigration aux Pays-Bas qui aboutirent à la réorientation des flux migratoires ghanéens vers d'autres pays européens, notamment la France.

En Belgique comme en France, une part importante du champ pentecôtiste associé aux migrations est occupée par les Églises issues du

10. Essentiellement à Londres et dans le Midlands ainsi que dans les grandes régions urbaines.

Réveil congolais, particulièrement nombreuses dans la capitale belge. Mais, contrairement à la situation française, le Réveil congolais s'est implanté en Belgique avec le soutien de missionnaires américains et belges (Demart, 2008, 2010). La population de ces Églises s'est ensuite diversifiée avec l'afflux de migrants associé à la crise économique et aux pillages militaires sous le gouvernement mobutiste, ainsi qu'aux troubles frappant l'Est du pays depuis 1998. Si le paysage pentecôtiste associé aux migrations africaines en France et en Belgique est particulièrement marqué par la présence de Congolais, ce sont les communautés ouest-africaines, nigérianes et ghanéennes qui occupent le devant de la scène en Grande-Bretagne, aux Pays-Bas ou dans d'autres régions européennes (Hunt et Lightly, 2001 ; van Dijk, 2002 ; Nieswand, 2005).

Outre la diversité des origines des pratiquants, le pentecôtisme s'est également diversifié dans ses discours et pratiques au cours de l'histoire, ce qui se répercute sur le terrain européen. Comme l'ont souligné André Corten et Ruth Marshall-Fratani (2001), la nouvelle vague de pentecôtisme, apparue vers les années 1970 ou 1980, en fonction des contextes, a procédé à une transformation du sens de la rédemption : celle-ci se manifestait essentiellement par la nouvelle naissance, c'est-à-dire la rupture avec l'ancien « soi », mais aussi avec le monde corrompu par le péché, et les attitudes de repli sur soi constituaient le mode premier de réalisation de cette rupture. Le salut était alors attendu dans le retour du Christ et l'arrivée du millénium. La nouvelle génération de pentecôtistes a passablement modifié ce schème puisque le retrait du monde n'est plus de mise pour maintenir la pureté de la foi et la rigueur morale. Le salut n'est plus reporté dans un futur millénariste, mais doit se réaliser ici-bas, à travers un succès non seulement spirituel, mais aussi matériel et social (Corten et Marshall-Fratani, 2001)[11].

---

11. En Suisse par exemple, les Églises pentecôtistes issues de la migration ont été essentiellement fondées après les années 1970, par exemple l'Église ghanéenne *Lighthouse Chapel International*, la brésilienne Église Universelle du Royaume de Dieu ou la plupart des Églises non dénominationnelles indépendantes fondées en Suisse. Ces nouvelles Églises, bien que régulièrement critiquées par leurs prédécesseurs, ont souvent conduit les pentecôtistes des générations antérieures à revoir à leur tour leurs postures, discours et pratiques. On trouve ainsi certaines Églises qui sont apparues avant les années 1970, mais qui ont par la suite fortement intégré les pratiques de la nouvelle vague, par exemple l'Église nigériane *Redeemed Christian Church of God*.

Migration et fondation d'Églises en Suisse

En Suisse, la situation des Églises pentecôtistes issues de migrations extra-européennes est, à bien des égards, similaire à celle des autres pays européens, bien que quelques spécificités helvétiques méritent d'être soulignées. En premier lieu, il faut mentionner les vagues de migrations, essentiellement italiennes, espagnoles et portugaises, qui ont conduit à la fondation de plusieurs Églises évangéliques, y compris pentecôtistes, sur le sol helvétique (Favre, 2006). Aux alentours de 1970, la Fédération des Églises Protestantes de Suisse (FEPS) recensait 48 « Églises étrangères » en Suisse, fréquentées essentiellement par des travailleurs italiens, hongrois, néerlandais, anglais, russes ou serbes. Cette même Fédération estimait leur nombre à plus de 300 en 2009 (Röthlisberger et Wüthrich, 2009), une évolution notable résidant dans le fait que les origines des membres se sont largement déplacées vers des régions extra-européennes[12].

On peut identifier la constitution d'un premier groupe de chrétiens africains en 1982 à Genève, en réponse à l'insatisfaction de pratiquants qui ne retrouvaient pas la « chaleur » à laquelle ils aspiraient dans les Églises suisses. Un an plus tard, ce groupe s'est constitué en Église. Dans les premiers temps, l'Église rassemblait des Africains résidant dans différentes villes de Suisse romande et alémanique qui se déplaçaient pour l'occasion. L'assemblée était très hétérogène du point de vue des nationalités de ses membres, cependant, différents conflits apparurent entre participants au culte, notamment autour de questions d'ordre politique[13], et l'Église finit par se dissoudre. Il faudra attendre les années 1990 pour que les groupes et Églises pentecôtistes issus de la migration prennent réellement leur essor. Parmi

12. Notons toutefois que ces migrants ne fréquentent pas exclusivement des Églises issues de la migration, mais s'intègrent aussi en partie dans des Églises suisses déjà établies. Les flux migratoires en provenance d'Asie, d'Afrique et d'Amérique du Sud ont en effet contribué à la croissance de certaines communautés suisses, en particulier dans les Églises charismatiques (Monnot, 2010).

13. Nos interlocuteurs ont notamment mentionné la présence de disputes entre Erythréens et Ethiopiens à l'aube de l'apparition de l'État érythréen, ainsi qu'une méfiance des réfugiés congolais vis-à-vis de leurs compatriotes de la génération migratoire précédente, arrivés en Suisse avant eux en tant qu'étudiants – et dont la famille était souvent liée au régime de Mobutu.

les migrants africains francophones, de nombreuses Églises émergent alors au sein de la population congolaise – qui constitue l'une des plus importantes populations d'origine africaine en Suisse[14]. La plupart des pasteurs étaient précédemment engagés dans des Églises de Réveil en République Démocratique du Congo[15], parfois dans d'autres Églises protestantes ou baptistes, mais peu d'entre eux avaient suivi un cursus théologique ou avaient exercé la fonction de pasteur à plein temps. En Suisse, les rencontres au sein de ces embryons d'Églises se déroulaient initialement dans des appartements privés ou dans des centres de requérants d'asile qui sont devenus des lieux de recrutement de membres potentiels au sein de la population africaine. Les Églises rassemblaient alors majoritairement des ressortissants de la République Démocratique du Congo et de l'Angola, bien qu'elles réunissaient également des migrants d'autres pays tels que le Cameroun, le Burundi, le Rwanda, la Côte d'Ivoire, le Nigéria ou la République du Congo (Brazzaville).

Les Églises africaines anglophones furent généralement fondées plus tardivement que les Églises francophones, à quelques exceptions près. L'Église ghanéenne *Lighthouse Chapel International* implanta sa première assemblée locale en-dehors du Ghana dans la ville de Genève en 1992. Les origines suisses du fondateur de l'Église expliquent certainement ce choix ainsi que le fort investissement de l'Église en Suisse (en comparaison internationale) : une quinzaine d'assemblées furent établies par l'Église dans autant de villes suisses, la plus importante étant l'assemblée de Zurich. La *Church of Pentecost* établit sa première assemblée suisse à Zurich en 1995. Les cultes en twi cèderont la place à des célébrations en anglais, avec traduction en twi[16]. En 2001, une nouvelle assemblée est ouverte à Genève

14. Selon les statistiques officielles, au moment de commencer cette recherche, 10 % des 60 000 Africains d'origine subsaharienne en Suisse étaient congolais (RDC). Les Angolais arrivaient en troisième position avec plus de 4 700 personnes (OFS, 2007).

15. Notons toutefois que toutes les Églises francophones africaines ne furent pas fondées par des Congolais. L'une d'entre elles, la Communauté Évangélique du Réveil de Pully, dans la région lausannoise, fut fondée par le pasteur burkinabé Jean Zida qui jouera un rôle central dans la constitution de la Conférence des Églises Africaines en Suisse (CEAS).

16. Le dédoublement des célébrations permettra d'organiser une première célébration dominicale en twi et la seconde en anglais avec traduction en allemand. On

sous la supervision de Gyesi-Addo, pasteur de Zurich, qui deviendra ultérieurement directeur des missions internationales à Accra. L'Église nigériane *Redeemed Christian Church of God* fut implantée autour des années 2000 à Genève. En 2009, il existait une petite assemblée à Berne et une autre plus importante à Zurich. Un an plus tard, en 2010, l'Église avait ouvert d'autres assemblées à Vevey, Bâle, Wetzikon et Lausanne, tout en projetant d'en ouvrir encore davantage à partir de cellules de maison existantes. Certaines Églises africaines furent moins fructueuses dans leurs efforts d'implantations. Ainsi, l'Église ghanéenne *Action Faith* établit une assemblée à Genève dans les années 1990, mais elle fut dissoute quelques années plus tard à cause de « problèmes de leadership », selon les propos du directeur des missions de l'Église à cette époque. Ce constat nous invite à établir une analogie par rapport à la situation des Églises jamaïcaines étudiées par l'anthropologue Malcolm J. C. Calley (1965) en Grande-Bretagne dans les années 1960 : si des Églises africaines continuent aujourd'hui d'éclore dans les villes suisses, d'autres ont d'ores et déjà disparu.

Outre les migrants africains, d'autres migrants contribuent à la diversification du paysage pentecôtiste (ou évangélique au sens large) des villes helvétiques. À partir des années 1990 apparurent quelques Églises chinoises. Selon un pasteur chinois interrogé, la première d'entre elles fut fondée à Bâle. En 2008, il existait une Église à Genève, une autre (de tendance fondamentaliste) à Lausanne et plusieurs Églises à Zurich réunissant chacune entre trente et quarante membres, alors qu'une Église à Berne avait déjà été dissoute. À cela s'ajoutent quelques groupes d'étude biblique dont certains ont cessé d'exister, notamment à Fribourg, alors que d'autres se sont constitués en Église : c'est le cas de la *Chinese Bible Church* à Genève. Elle naquit de l'impulsion d'un couple qui organisait des rencontres dans leur appartement, dès le milieu des années 1990. Le groupe s'agrandit peu à peu, mais ne prit la forme d'une Église qu'à partir de 2005. Elle fit alors appel à un ancien scientifique devenu pasteur qui vint à Genève pour répondre à cette demande. Quelques années après sa fondation, l'Église était alors fréquentée par des « expatriés » travaillant au sein d'entreprises

retrouve une organisation linguistique similaire dans d'autres villes occidentales, par exemple à Toronto, où l'Église propose ses deux structures, *Church of Pentecost* et *Pentecost International Worship Center*, avec différentes configurations de la langue de culte.

internationales, des fonctionnaires internationaux, des propriétaires de restaurants chinois, des migrants sans statut légal travaillant dans la restauration, des employées de maison et des femmes engagées dans un mariage binational avec un Suisse.

De nombreux groupes et Églises hispanophones ou lusophones se sont également développés. Certains d'entre eux évoluent en marge des Églises évangéliques suisses qui ont organisé des groupes de langues étrangères pour le culte ou des « cellules de maison » allophones. D'autres constituent des Églises autonomes dont la fréquentation est hétérogène. Les Églises lusophones sont fréquentées par des Brésiliens, Portugais ou Angolais, avec, souvent, une prédominance des premiers. Beaucoup d'Églises hispanophones sont fréquentées par des pratiquants originaires de différents États tels que l'Equateur, la Colombie, le Chili, l'Argentine, la Bolivie, le Costa Rica, le Pérou, l'Espagne ou la Bolivie. Une homogénéité nationale plus forte peut toutefois être observée dans certaines Églises latino-américaines, notamment lorsqu'elles sont de fondation récente ou que le pasteur et les membres disposent d'un statut légal précaire ou inexistant[17]. Ces Églises disposent généralement d'une visibilité moindre et les rencontres peuvent être organisées dans le cadre d'un logement privé.

Parmi les Églises brésiliennes, citons le cas de l'Église Universelle du Royaume de Dieu (EURD) qui a été étudiée par Edio Soares (2010) à Genève. Cette Église s'implante en Suisse en 1993, d'abord à Genève, puis à Lausanne et Zurich, avant de fonder d'autres antennes dans les villes de Berne, Bâle et Lugano. À Genève, l'Église est située dans le quartier des Pâquis regroupant à lui seul plus de 100 nationalités

17. Selon une étude menée en Suisse, la proportion de Sud-Américains ne disposant pas de papiers de séjour est supérieure à la proportion d'Africains d'origine subsaharienne en situation analogue (Efionayi-Mäder, 2009). Contrairement à une opinion bien répandue, c'est essentiellement au sein de certaines populations sud-américaines et asiatiques que l'on trouve le plus grand nombre de personnes sans statut légal, travaillant souvent dans les domaines domestique, agricole ou de la restauration. Si l'on rencontre des Africains sans autorisation de séjour dans beaucoup d'Églises africaines et qu'un nombre important des membres peuvent se trouver dans une situation précaire du point de vue de la stabilité de leur statut légal, nous n'avons pas connaissance de l'existence d'Églises africaines composées exclusivement de personnes sans statut légal. Par contraste, certaines Églises latino-américaines présentent ce profil (Monnot, 2010).

différentes[18]. Si l'*EURD* de Genève était essentiellement fréquentée par des Brésiliens et Portugais au cours des premières années, elle est à présent fréquentée par une population plus hétéroclite, à l'image de la population du quartier des Pâquis, avec notamment une participation accrue d'Africains.

Beaucoup d'Églises issues de la migration se sont constituées indépendamment d'une initiative suisse, mais certaines d'entre elles sont toutefois nées d'une interaction initiale avec une Église helvétique. C'est notamment le cas de l'Église africaine La Vigne qui est issue de la volonté du pasteur de l'Église *Basileia-Vineyard* d'accueillir des Africains au sein de l'Église. Cette intégration ne se fera pas sans difficultés et les problèmes rencontrés aboutiront à la constitution d'un groupe distinct au sein de l'Église *Basileia-Vineyard*, puis à l'apparition de l'Église *La Vigne* en 1996 (Jaggi, 2010). D'autres situations analogues impliquent l'intervention d'acteurs suisses dans la création d'une assemblée composée de migrants. Au cours des dernières années, plusieurs Églises érythréennes ont été fondées en Suisse au sein de centres pour requérants d'asile. À Bâle, dans le centre d'accueil évangélique pour réfugiés *Elim Open Doors*, les cultes en tigrinya étaient conduits par un jeune pasteur érythréen, mais l'Église née en 2007 émanait d'une initiative évangélique visant à accueillir et évangéliser les réfugiés. Ces deux exemples montrent que la situation migratoire est appréhendée par certains évangéliques suisses comme une occasion à exploiter pour l'évangélisation[19].

Le tableau que nous avons dressé des Églises pentecôtistes issues de la migration reste largement incomplet. De nombreux groupes, de taille diverses, tantôt indépendants, tantôt évoluant en marge des Églises helvétiques, sont dirigés par des migrants de première

18. Ce même quartier des Pâquis regroupe d'ailleurs de nombreuses autres Églises, pentecôtistes, évangéliques ou autres, fondées par des migrants de diverses origines au cours des deux décennies précédentes.

19. Il convient de préciser qu'hormis les Églises allophones ou africaines, de nombreuses Églises pentecôtistes-charismatiques suisses, installées parfois depuis de nombreuses décennies, intègrent une proportion importante de pratiquants issus des migrations extra-européennes en leur sein. Les Églises évangéliques charismatiques présentent en effet une importante proportion de ressortissants qui ne sont pas issus de la Communauté européenne, cette proportion atteignant 25 % de leurs effectifs (Monnot, 2010 : 148).

génération. Un aperçu de leur importance numérique nous est fourni par l'AGiK, le centre de compétences du Réseau Évangélique Suisse[20] en matière de questions d'intégration, de migration et de mission transculturelle (*kulturüberschreitende Missionsarbeit*) en Suisse[21]. Parmi ses domaines d'activité, ce centre de compétence recense les groupes et Églises, essentiellement évangéliques (y compris pentecôtistes-charismatiques), en langues étrangères[22] en Suisse[23]. Ces recensements mettent en évidence la présence de groupes parlant de nombreuses langues : anglais, français, italien, portugais, espagnol, albanais, bosniaque, danois, finnois, grec, néerlandais, croate, letton, norvégien, roumain, russe, suédois, serbe et hongrois. Les langues asiatiques sont également variées : chinois (cantonais ou mandarin), farsi, hindi, indonésien, japonais, khmer, coréen, kurde, mongol, singhalais, tagalog, thaï, tamoul, turc, vietnamien, syriaque, araméen et arabe. Les langues africaines sont par contre plus rares, ce qui indique une prédominance du français et de l'anglais au sein des Églises fondées par des Africains. Outre l'arabe déjà évoqué, l'AGiK mentionne la présence de groupes en langues amharique, lingala, swahili et tigrinya.

20. Le Réseau Évangélique Suisse regroupe des Églises évangéliques en Suisse, soit une grande partie des « Églises libres » (par opposition aux « Églises d'État ») de tendance principalement évangélique « classique » et pentecôtiste-charismatique.

21. www.agik.ch, consulté le 05 mai 2011.

22. Les groupes francophones recensés en Suisse romande y font exception. Il s'agit généralement de groupes fréquentés par des Africains mais qui ne constituent pas de groupes en langue étrangère à proprement parler. On voit donc que le recensement de l'AGiK ne traite pas seulement de différences linguistiques, mais bien de différences « culturelles », comme le suggère d'ailleurs sa mission (*kulturüberschreitende Missionsarbeit*).

23. Les adresses collectées ne sont pas toutes des Églises ; certaines ne sont que des groupes de prière ou des « cellules de maison ». Des groupes parlant plusieurs langues peuvent apparaître plusieurs fois dans leur recensement. De plus, des Églises suisses proposant des groupes ou services religieux dans une langue étrangère sont également mentionnées. Le recensement de l'AGiK offre donc un aperçu de la répartition des langues dans différents groupes et Églises de tendance essentiellement évangélique et généralement fréquentées par des migrants. Précisons également que ce recensement est loin d'être exhaustif. Plusieurs Églises au sein desquelles nous avons conduit nos recherches ne figuraient pas dans le recensement de l'AGiK.

Le graphique 1 représente les groupes recensés par l'AGiK au début des années 2010 dans les douze langues les plus répandues.

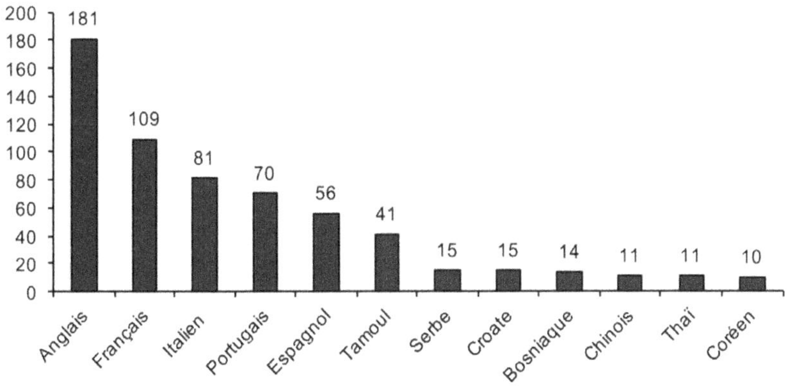

Graphique 1. Nombre de groupes et Églises locales par langue recensés par l'AGiK en Suisse[24].

Si d'un point de vue chronologique, l'apparition d'Églises pentecôtistes issues de la migration en Suisse s'est faite *grosso modo* parallèlement à leur apparition dans d'autres contextes européens, le développement interne des Églises ainsi que leurs relations avec différentes instances de la société suisse (Églises, État, etc.) doivent beaucoup à des facteurs contextuels propres à chaque ville ou État. Notons, par exemple, que contrairement aux grandes métropoles européennes, la taille relativement petite des populations originaires d'Afrique sub-saharienne en Suisse[25] influence la composition des Églises africaines. La confrontation avec les données issues de recherches conduites dans les grandes villes européennes (Hunt et Lightly, 2001 ; Maxwell, 2006 ; Fancello et Mary, 2010b) permet d'émettre l'hypothèse selon laquelle les identifications ethniques et nationales jouent un moindre rôle dans la composition des Églises africaines dans les villes suisses, en comparaison avec des grands centres urbains tels que

24. Ne figurent dans le graphique que les langues comptant au minimum 10 groupes recensés. Source : http://fr.agik.ch/content/1886, consulté le 9 mai 2011.

25. La population originaire d'Afrique sub-saharienne en Suisse compterait au total environ 60 000 personnes au moment de débuter nos recherches, dont environ 10 % de Congolais, 3 % de Nigérians et moins de 3 % de Ghanéens (Efionayi-Mäder, 2009).

Londres, Paris ou Amsterdam. Une certaine pluralité nationale au sein des Églises africaines est en effet constatée de part et d'autre dans le contexte helvétique (Röthlisberger et Wüthrich, 2009 ; Jaggi, 2010 ; Rey, 2010). On peut émettre l'hypothèse qu'une concentration relativement faible d'Africains pentecôtistes soit favorable à l'apparition de communautés plus faiblement structurées par les clivages ethniques ou nationaux.

Aux spécificités liées aux migrations africaines en Suisse, il faut ajouter un rapport étatique singulier aux questions d'ordre religieux. En effet, la gestion de la sphère religieuse relève en Suisse d'un système décentralisé dans lequel les cantons sont compétents pour gérer les questions religieuses. Cela implique qu'il y ait, d'un point de vue juridique, autant de modes de relation entre l'État et les communautés religieuses que de cantons suisses. Toutefois, on peut noter qu'aucun canton ne pratique une laïcité stricte en la matière, bien que les cantons de Genève et de Neuchâtel soient traditionnellement considérés comme laïcs et se rapprochent de ce modèle (Pahud de Mortanges, 2004). La plupart des cantons octroient un statut de reconnaissance publique aux Églises protestante, catholique romaine et, dans certains cas, catholique chrétienne ou à la communauté juive. Ces institutions peuvent alors généralement prélever des impôts par l'intermédiaire du canton et organiser des cours de religion dans le cadre de l'école obligatoire publique. Les Églises évangéliques et pentecôtistes, qui se sont historiquement construites en opposition à la « compromission » des Églises avec l'État, ne bénéficient pas de cette reconnaissance[26] et constituent ce que l'on appelle les Églises « libres ». Cette marginalité juridique des Églises évangéliques suisses constitue l'espace dans lequel s'insèrent les Églises issues de la migration qui s'inscrivent également dans la catégorie des Églises « libres ».

Hormis ces aspects spécifiquement juridiques, il faut également mentionner la position du pentecôtisme en Suisse par rapport à d'autres Églises libres ou aux autres communautés religieuses. Les Églises pentecôtistes et charismatiques suisses font partie, pour la majorité d'entre elles, du Réseau Évangélique Suisse (*Schweizerische*

26. L'engagement relativement récent de ces Églises en politique, lié aux évolutions plus globales du pentecôtisme et de l'évangélisme, tend cependant à transformer cette posture historique des Églises évangéliques face à l'État en Suisse (Gonzalez, 2008a).

Evangelische Allianz) qui réunit les Églises libres de tendance évangélique. Bien que les membres des Églises pentecôtistes et charismatiques ne représentent guère plus de 1 % de la population helvétique (Stolz et Favre, 2005 ; Stolz, Favre, Gachet et Buchard, 2013), leurs membres sont en moyenne plus actifs que les fidèles des « Églises d'État ». Cette dimension est notamment illustrée par le nombre important de communautés pentecôtistes-charismatiques que l'on rencontre en Suisse. Selon une étude publiée par Christophe Monnot (2010), environ 12 % de l'ensemble des communautés religieuses en Suisse appartiendraient à cette catégorie. Seuls les catholiques, avec plus de 30 % des communautés, et les réformés (19 %) présentent un nombre de communautés plus élevé que les pentecôtistes-charismatiques qui totalisent plus de 680 Églises à travers le pays[27].

Les Églises issues de la migration participent de cet activisme, bien que leur visibilité soit affaiblie par leur situation marginale au sein même de la scène pentecôtiste suisse. Cette marginalité se manifeste notamment par une fréquente absence de locaux propres ou une localisation périphérique des Églises (souvent dans des zones industrielles). Les budgets annuels des Églises, généralement modestes, impliquent que les fonctions dirigeantes offrent rarement une source de revenu suffisante pour les pasteurs qui exercent un autre emploi pour assurer leur subsistance. De plus, ces Églises font rarement partie des structures et réseaux pentecôtistes ou évangéliques helvétiques, au niveau local ou national. Une faible proportion des Églises fondées par des Africains ont intégré le Réseau Évangélique, notamment par le biais de la Conférence des Églises Africaines en Suisse (CEAS). De part et d'autre, un intérêt pour la coopération entre Églises suisses et Églises issues de la migration se heurte au soupçon porté sur l'autre camp. Du côté helvétique, on redoute une gestion peu transparente de certaines Églises issues de la migration, une faible légitimité des pasteurs « autoproclamés » dont on perçoit mal l'itinéraire de formation, un danger de « dérive » théologique de prédications trop marquées par l'influence du néo-pentecôtisme. Le rapport à l'argent représente une ligne de tension potentielle qui se cristallise dans une méfiance vis-à-vis de la théologie

27. Par comparaison, le nombre de communautés musulmanes, dont la population globale excède largement celle des charismatiques, ne représentent que 5.5 % des communautés religieuses en Suisse (Monnot, 2010).

de la prospérité dans les milieux évangéliques suisses[28]. Du côté des Églises issues de la migration, on peut relever des discours soulignant le caractère peu « réveillé » des Églises suisses, perçues comme « tièdes » ou « mortes ». Une pratique limitée des charismes, du combat spirituel, des pratiques de délivrance ou encore une orientation moins pragmatique sont souvent associées à cette retenue vis-à-vis des Églises helvétiques. Ces discours n'empêchent aucunement que des pratiquants d'origine extra-européenne fréquentent des Églises pentecôtistes suisses.

Églises et migration : discussion terminologique

Le choix d'une terminologie pour désigner les Églises issues de la migration au cours de ces dernières décennies est une question épineuse qui mérite d'être abordée ici. Des Églises « de migrants » aux Églises « ethniques », des *Migrationskirchen* aux *minority churches*, la variété des termes mobilisés autour de ce sujet soulève beaucoup de questions. De nombreux auteurs ainsi que certaines Églises ont opté pour l'appellation « Églises de migrants » (*migrant churches* ou *Migrationskirchen*). Claudia Währisch-Oblau indique que le terme *Migrationskirchen* (littéralement « Églises de migration ») a supplanté dans les Églises évangéliques allemandes l'appellation *Ausländerkirchen* (Églises d'étrangers) qui n'était pas adéquate, puisqu'elle se réfère à la nationalité des membres et à l'exercice des droits citoyens. Or, la nationalité ne constitue pas un critère pertinent pour décrire la composition de ces Églises, puisqu'une partie des participants ont acquis la nationalité allemande (Währisch-Oblau, 2009). Par contre, la trajectoire migratoire des membres de ces Églises ainsi que, généralement, celle des fondateurs constituent effectivement un dénominateur commun.

En Suisse, Sabine Jaggi reprend l'expression « Églises de migrants » en s'appuyant sur les constats suivants : « les Églises de migrants sont des Églises a) fondées par des migrants ou des personnes

---

28. Cette affirmation ne doit pas occulter une certaine diversité des positions internes au pentecôtisme suisse. Bien que le principe de la dîme soit répandu dans les Églises, les discours associant la prospérité matérielle avec une bénédiction divine sont globalement mal perçus. De même, l'idée d'une correspondance mécanique entre les dons d'un chrétien à son Église et son propre degré de bénédiction est généralement rejetée. Ces discours se retrouvent toutefois, à des degrés divers, dans une partie des Églises issues de la migration en Suisse.

issues de la migration ; b) composées majoritairement ou totalement de migrants qui c) ne convertissent pas ou peu d'Européens (blancs), même si leur discours prosélyte porte cette ambition » (Jaggi, 2010 : 273). Cette définition correspond bien à la réalité sociologique de ce phénomène tel qu'il se présente aujourd'hui à Genève et dans d'autres villes de Suisse. En effet, ces Églises ont été fondées et sont encore dirigées par des migrants de première génération. De plus, elles sont constituées par des membres qui sont également, en majorité, des migrants de première génération. Néanmoins, le terme « migrant » a subi une inflation considérable au cours des dernières années et sa médiatisation accrue invite à une prudence renouvelée dans son usage. Pour cette raison, nous privilégierons le terme « Églises issues de la migration »[29] et ne recourrons au terme « migrant » que lorsque les pratiques exposées renvoient directement à la question migratoire.

L'appellation « Église de migrants », ou son dérivé « Églises issues de la migration », soulève toutefois quelques questions. La création d'Églises en contexte migratoire en Europe n'est pas nouvelle : l'histoire est jalonnée de cas de créations d'Églises consécutives aux migrations. Pour cette raison, Alle G. Hoekema (2008) plaide pour une appellation alternative en désignant ces groupes par leur position minoritaire (*minority church*) qui renvoie à un modèle de gestion multiculturel de la diversité. Sandra Fancello et André Mary (2010a) soulignent, dix ans plus tard, que l'appellation « Église de migrants » risque de rabaisser les enjeux liés à l'émergence de ces Églises aux contraintes de la migration au détriment d'autres analyses : « on ne peut plus seulement parler d'« Églises de migrants » en réduisant les enjeux de l'émergence de ces Églises aux contraintes de la condition de migrants : les ressources de l'imaginaire religieux et ses formes de sociabilité contribuent à donner sens à l'expérience migratoire » (2010a : 11-12). On peut également regretter le fait que le terme « Église de migrants », déjà largement utilisé dans les discours politiques et ecclésiaux (notamment en Suisse), établisse une asymétrie par rapport à d'autres communautés (par exemple musulmanes) qui peuvent

29. Nous utiliserons également le terme d'« Églises africaines » comme forme raccourcie d'« Églises issues de la migration africaine » dans le contexte européen, indépendamment des enjeux de positionnement de ces dernières liés au qualificatif « africain » – enjeux qui seront toutefois développés ultérieurement dans ce livre.

présenter un profil « migratoire » analogue, mais qui sont pourtant rarement associées à la migration d'un point de vue terminologique – on ne parle jamais de « mosquées de migrants ». Ceci révèle le fait que l'islam, pour reprendre cet exemple, est implicitement considéré comme une religion exogène, contrairement au christianisme, ce qui rend l'association au fait migratoire superflue, car elle serait déjà implicite dans la présence de l'islam en Suisse.

Espaces de la recherche ethnographique

Dans cette recherche ethnographique, nous avons appliqué une approche méthodologique centrée sur le suivi des circulations des personnes, objets, symboles et discours (Marcus, 1995). Il s'agit d'une enquête multi-située guidée par les liens entre les Églises et les nouvelles implantations. Ces liens ne sont pas nécessairement de nature institutionnelle, mais épousent l'une des nombreuses formes d'association observées (reconnaissance mutuelle, rivalité, échanges, invitations, allégeance, commerce, etc.). À partir d'une Église de la ville de Genève, l'Église pour les Nations, nous avons « suivi » nos interlocuteurs dans leurs circulations (visites d'autres Églises) au sein des espaces pentecôtistes de la migration africaine[30]. Nous avons fréquenté leurs cercles d'interconnaissances, rendu visite à leurs rivaux, observé et suivi la circulation de divers éléments (argent, images, pratiques rituelles spécifiques, allégeance, etc.). Dans un premier temps, cette exploration s'est déroulée dans un espace territorial précis, celui de la région lémanique (autour des centres urbains de Genève et de Lausanne). Dans un second temps, le déroulement du fil des connexions nous a conduit dans d'autres villes géographiquement proches (telles que Bâle, Neuchâtel, Berne ou Bienne). Dans un troisième temps, l'exploration des connexions développées par les Églises, qu'elles soient de nature institutionnelle (dans le cas de dénominations) ou plus informelle (dans le cas de réseaux de pasteurs ou d'Églises non dénominationnelles) nous ont conduits à explorer la dimension transnationale de ces circulations. Nous avons alors opté pour une exploration des

30. Par « espaces pentecôtistes de la migration africaine » en Suisse, nous désignons les espaces pentecôtistes (Églises, ministères, etc.) qui sont majoritairement fréquentés par des migrants africains (première génération).

connexions et circulations vers la capitale ghanéenne, Accra, qui est apparue comme particulièrement pertinente du point de vue de nos observations empiriques.

Schématiquement, nous pouvons distinguer trois « lieux » de l'enquête, qui ne correspondent aucunement à des espaces géographiques, mais bien à des espaces sociaux, parfois transnationaux. Premièrement, nous avons conduit nos recherches au sein de l'Église pour les Nations, une Église fréquentée par une population internationale à Genève, ainsi qu'au sein d'Églises entretenant des contacts avec elles en Inde (en 2007) et au Ghana (en 2010). Deuxièmement, nous avons conduit nos recherches dans des Églises francophones membres de la Communauté des Églises Africaines en Suisse (CEAS), ainsi que d'autres Églises francophones avec lesquelles elles entretiennent des connexions régulières. Ces recherches ont été menées en Suisse, dans les villes de Genève, Lausanne, Bâle, Bienne, Fribourg, Yverdon-les-Bains et Renens. Troisièmement, nous avons conduit des recherches au sein de plusieurs Églises ou ministères fondés par des pasteurs ghanéens en Suisse, dans les villes de Genève, Lausanne, Neuchâtel, Berne et Bienne. Nous avons également « remonté » les connexions de ces Églises et complété nos recherches au Ghana en 2010 et en 2014, à Accra et Tema.

Si ces trois espaces peuvent être différenciés à plusieurs égards, comme nous le développerons par la suite, plusieurs éléments communs doivent déjà être soulignés. En premier lieu, relevons la forte présence de migrants africains, en particulier d'Afrique de l'Ouest et d'Afrique Centrale, dans l'ensemble des Églises qui forment notre « terrain de recherche ». Ce constat s'applique naturellement aux Églises africaines francophones ainsi qu'aux réseaux pentecôtistes ghanéens, mais il s'applique également à une Église cosmopolite telle que l'Église pour les Nations qui, bien que fondée par un pasteur indien, attire une proportion importante de membres et de participants africains[31]. En second lieu, les personnes que l'on rencontre au sein des Églises

31. Le cas n'est pas unique : d'autres auteurs rapportent l'existence d'Églises dirigées par un pasteur indien et fréquentées essentiellement par une population africaine (Fancello, 2010 ; Mottier, 2010). Ces Églises cosmopolites constituent alors ces « autres espaces » fréquentés par les chrétiens africains en Europe (Fancello et Mary, 2010b).

dans les espaces pentecôtistes de la migration africaine font partie de populations que l'on pourrait qualifier de « circulantes » : élites transnationales et requérants d'asile constituent en effet les couches de la population résidante en Suisse qui séjournent le moins longtemps en Suisse (Piguet, 2005) et qui pratiquent par conséquent une importante mobilité. On retrouve ces deux couches de la population en forte proportion au sein des différentes Églises dans lesquelles nous avons conduit nos recherches (Églises africaines francophones, réseaux pentecôtistes ghanéens et Église pour les Nations). Ce constat renforce la pertinence d'une analyse du rôle des Églises dans la mobilité des migrants. En troisième lieu, soulignons le fait que ces différentes Églises constituent à certains égards un même « champ » au sein duquel les agents se conçoivent parfois en partenariat, mais souvent en concurrence : ainsi, des pasteurs congolais genevois perçoivent l'Église pour les Nations comme un concurrent leur soustrayant des fidèles, alors que d'autres tentent de s'inspirer de l'organisation de certaines Églises ghanéennes en Suisse qui, selon eux, seraient davantage structurées et résisteraient mieux schismes que les Églises africaines francophones. En suivant la circulation des pasteurs et des pratiquants, nous avons ainsi constaté que des ponts existent entre Églises cosmopolites, réseaux d'Églises africaines francophones et réseaux ghanéens, bien que les espaces sociaux transnationaux dans lesquels ils s'inscrivent soient en partie différents.

Une Église cosmopolite à Genève

L'Église pour les Nations a été fondée en 1992 par un Indien qui travaillait aux Nations unies à New York, puis à Genève. Né dans une famille pentecôtiste du Kerala où son père exerçait la fonction de pasteur, il conduisait déjà des réunions à l'*United Nations Church Center* à New York et a participé à la fondation d'une assemblée et d'un ministère pentecôtistes. Une promotion professionnelle l'amena à quitter New York pour Genève en 1982 où il travailla pendant dix ans aux Nations Unies. D'après sa biographie officielle, publiée sur le site Internet de l'Église, il fut alors poussé par le Saint Esprit pour fonder « une Église pour toutes les nationalités » à Genève, mission qui lui fut confirmée à plusieurs reprises par des prophéties de prédicateurs de différentes nations (Rey, 2010). Il fonda alors un groupe de prière aux Nations unies et mit sur pied sa propre Église en 1992, avec l'aide de quelques personnes de son entourage également issues des milieux internationaux liés à l'ONU. Les premières réunions se tenaient dans son appartement avant que l'Église n'emménage dans des locaux situés à proximité des Nations unies, qui se révéleront à leur tour trop étroits. L'Église déménagea alors vers son emplacement actuel, à proximité de la gare de Genève, dans le quartier des Pâquis[32].

Les quelques centaines de participants qui fréquentent l'Église tous les dimanches proviennent en grande partie de cette population cosmopolite, anglophone, qualifiée et mobile, associée aux organisations internationales de la ville de Genève, cette « élite transnationale » aux origines et statuts divers, mais qui semblent partager la conviction d'appartenir à une même famille (Fresia, 2009). Des travailleurs non qualifiés, parfois employés par les précédents, fréquentent également l'Église, ainsi que des étudiants et des femmes ayant épousé un homme de nationalité suisse. Les membres de l'Église viennent de nombreux pays d'Afrique sub-saharienne (pour près de la moitié d'entre eux), d'Asie, notamment des Philippines ou de l'Inde, d'Europe et, plus rarement, des Latino-Américains. Le tableau 1 fait état des origines des personnes que nous avons rencontrées à l'Église pour les Nations. Il ne s'agit pas d'un tableau exhaustif et il ne peut prétendre à représenter fidèlement la proportion des participants par pays d'origine[33], ni à rendre compte de toutes les nationalités présentes. Cependant, il permet de souligner le caractère cosmopolite de l'Église puisque nous avons identifié 35 pays d'origine des participants fréquentant le culte[34].

32. Le pasteur fondateur de l'Église pour les Nations est décédé en 2013.

33. Ce tableau porte sur des personnes ayant fréquenté l'Église de manière occasionnelle ou régulière, et non sur les membres officiels de l'Église (qui ne représentent qu'une minorité de l'ensemble des participants). Il porte sur la réponse à la question : « Where do you come from ? », et se réfère donc à l'origine plutôt qu'à la nationalité des participants.

34. Par comparaison, depuis sa fondation, l'Église en a recensé une soixantaine qu'elle met en scène par la disposition des drapeaux correspondants sur la poutre centrale de la salle de culte.

Origines des participants	**n**	**%**	
Afrique	**0**		
Ghana	9	9,1	%
Swaziland	5	5,1	%
Nigéria	5	5,1	%
Cameroun	5	5,1	%
Ouganda	4	4,0	%
Kenya	4	4,0	%
Rwanda	4	4,0	%
Seychelles	2	2,0	%
Congo RDC	2	2,0	%
Togo	1	1,0	%
Sierra Leone	1	1,0	%
Zimbabwe	1	1,0	%
Burkina Faso	1	1,0	%
Zambie	1	1,0	%
Afrique du Sud	1	1,0	%
Total Afrique	***46***	***46,5***	***%***
Asie			
Inde	11	11,1	%
Philippines	7	7,1	%
Russie	2	2,0	%
Mongolie	1	1,0	%
Iran	1	1,0	%
Indonésie	1	1,0	%
Liban	1	1,0	%
Palestine	1	1,0	%
Surinam	1	1,0	%
Total Asie	***26***	***26,3***	***%***

Origines des participants	**n**	**%**	
Europe			
Suisse	5	5,1	%
France (métropolitaine)	4	4,0	%
France (Guadeloupe)	3	3,0	%
Hollande	3	3,0	%
Allemagne	1	1,0	%
Total Europe	***16***	***16,2***	***%***
Amérique latine			
Brésil	4	4,0	%
Guyane	2	2,0	%
Argentine	1	1,0	%
Haïti	1	1,0	%
République dominicaine	1	1,0	%
Total Amérique latine	***9***	***9,1***	***%***
Amérique du Nord			
USA	1	1,0	%
Canada	1	1,0	%
Total Amérique du Nord	***2***	***2,0***	***%***
Total général	**99**	**100**	%

Tableau 1. Origines des personnes rencontrées à l'Église pour les Nations au cours de l'enquête ethnographique (2007 – 2010).

Avec près de 400 personnes tous les dimanches, l'Église pour les Nations figure parmi les plus fréquentées de la ville. Les services se déroulent en anglais et une traduction simultanée est offerte aux francophones. L'Église réunit donc des participants anglophones et francophones pour qui, le plus souvent, aucune de ces deux langues ne constitue la langue maternelle.

Au moment de nos recherches, l'Église pour les Nations semblait être en phase de croissance. Les locaux de l'Église devenaient trop petits pour accueillir les participants aux services dominicaux. Alors qu'en 2002, les entrées financières de l'Église dépassaient la barre des 400 000 CHF, elles s'élevaient à plus de 700 000 CHF en 2008. Avec un tel budget annuel, l'Église pour les Nations dispose de moyens largement supérieurs à la plupart des Églises issues de la migration en Suisse[35]. En 2008, l'Église baptisait 21 personnes et accueillait 64 nouveaux membres dans son association.

Si le nombre de baptêmes reflète la proportion de conversions au sein de l'Église, la proportion importante d'adhésions de nouveaux membres illustre également la forte mobilité des personnes qui fréquentent l'Église[36]. Au cours de chaque service dominical, il est d'usage de demander aux personnes visitant l'Église pour la première fois de se lever et de se présenter brièvement. Selon nos observations, neuf personnes en moyennes se présentaient chaque dimanche. On peut donc estimer qu'annuellement, plus de 400 personnes visitent l'Église pour les Nations pour la première fois, soit un nombre supérieur à une fréquentation moyenne d'un service dominical. Une partie de ces nouvelles personnes sont de passage, en visite chez un membre de la famille, en voyage d'affaire ou en mission officielle. D'autres sont de nouveaux résidents, arrivés récemment à Genève, ou qui avaient fréquenté une autre Église jusqu'alors. Seule une petite partie de ces nouveaux visiteurs deviendront des participants réguliers ou des membres de l'Église. À cela s'ajoute le fait que les membres de l'Église sont, dans beaucoup de cas, mobiles et ne séjournent à Genève que pour quelques années, avant de poursuivre leur trajectoire professionnelle ou migratoire dans un autre pays. C'est notamment le cas d'une partie

35. Les Églises de taille moyenne (une centaine de membres ou participants) pour lesquelles nous avons pu nous procurer un rapport financier avaient un budget annuel qui oscillait entre 68 000 et 80 000 CHF, soit dix fois moins que le budget de l'Église pour les Nations. L'écart doit être attribué au nombre plus important de personnes fréquentant l'Église, mais aussi à leur statut professionnel et social qui est en moyenne élevé à l'Église pour les Nations, comparativement à d'autres Églises fondées par des migrants, ce qui engendre des entrées financières plus conséquentes.

36. Le nombre de personnes ayant quitté l'Église ne nous est pas connu pour cette même année 2008, mais il est probablement aussi élevé à cause de cette mobilité.

du personnel travaillant dans les organisations internationales ou des « expatriés » travaillant pour des entreprises multinationales.

Outre le caractère cosmopolite de la population très internationale qui fréquente l'Église, les pasteurs et autres « hommes de Dieu » qui sont invités dans l'Église pour prêcher à l'occasion d'un service dominical ou d'une conférence résident également dans des pays très variés. Le tableau 2 recense les origines de ces prédicateurs de passage en Suisse venus prêcher à l'Église pour les Nations[37].

Origines des prédicateurs	**n**	**%**	
Europe			
Royaume-Uni	5	11,4	%
Suisse	4	9,1	%
Pays-Bas	2	4,5	%
Suède	2	4,5	%
France	1	2,3	%
Total Europe	***14***	***31,8***	***%***
Amérique du Nord			
USA	10	22,7	%
Canada	3	6,8	%
Total Amérique du Nord	***13***	***29,5***	***%***
Afrique			
Ghana	5	11,4	%
Cap Vert	2	4,5	%
Ile Maurice	2	4,5	%
Ouganda	1	2,3	%
Afrique du Sud	1	2,3	%
Total Afrique	***11***	***25,0***	***%***

37. Ces données sont issues d'observations ainsi que de rapports d'activité de l'Église.

Origines des prédicateurs	**n**	**%**	
Asie			
Inde	2	4,5	%
Jordanie	1	2,3	%
Dubai	1	2,3	%
Philippines	1	2,3	%
Suriname	1	2,3	%
Total Asie	***6***	***13,6***	***%***
Total général	**44**	**100,0**	**%**

Tableau 2. Origine des prédicateurs de passage recensés à l'Église pour les Nations au cours de l'enquête ethnographique (2007 – 2010).

Alors que les participants de l'Église sont majoritairement originaires d'Afrique et d'Asie, les prédicateurs invités dans l'Église viennent davantage d'Europe et d'Amérique. Près d'un quart des prédicateurs externes vivent aux États-Unis, alors que très peu de participants sont originaires de ce pays dans l'Église. Cette prédominance des prédicateurs anglo-saxons révèle la perméabilité de l'Église pour les Nations pour les nouveaux courants et idées charismatiques en provenance de ces régions et illustre la domination symbolique du monde anglo-saxon dans l'univers pentecôtiste/charismatique. Malgré cela, une partie importante des pratiques ayant cours au sein de l'Église puisent dans des pratiques ayant émergé dans d'autres régions du monde, notamment en Afrique[38].

38. On pensera notamment aux pratiques de délivrance qui, bien que dirigées par un pasteur indien, empruntent largement aux pratiques de délivrance africaines, elles-mêmes inspirées de pratiques nord-américaines, ce que nous aurons l'occasion de développer ultérieurement.

Des centres pour requérants d'asile aux Églises charismatiques francophones

Si l'on note la présence d'Églises africaines en Suisse à partir des années 1970 et que les premières Églises charismatiques africaines émergent dès les années 1980, ce n'est qu'à partir des années 1990 que le phénomène prend de l'ampleur. Pourtant, les migrations africaines vers la Suisse, bien qu'encore numériquement peu nombreuses, sont antérieures à l'essor de la fondation des Églises par des migrants africains. Jules Bagalwa Mapatano identifie trois périodes de la migration africaine vers la Suisse (Bagalwa Mapatano, 2007, 2010). La première, de 1960 à 1980, correspond à la naissance des États indépendants africains. Les migrants sont alors des diplomates, des fonctionnaires internationaux, des étudiants et autres « élites sociales ». Leur séjour est temporaire et ils ne sont que quelques milliers[39] à séjourner en Suisse. La deuxième période s'étend de 1980 à 1990. Elle est marquée par l'émergence de crises et de durcissements politiques dans les régimes autoritaires auxquels s'ajoutent l'échec des politiques de développement et le surendettement des pays africains qui furent contraints d'entreprendre des « programmes d'ajustement structurels » les amenant vers la récession. Sur fond de répression autoritaire des régimes au pouvoir, les premiers requérants d'asile arrivent par centaines du Zaïre ou de l'Angola. Ils seront suivis par les Libériens, les Erythréens, les Algériens et les Somaliens au cours des années 1980. Le nombre de migrants africains recensés en Suisse passe alors de 8 455 en 1980 à 11 021 en 1985, et atteint 16 782 personnes en 1990 (Bagalwa Mapatano, 2007 : 163). La proportion de demandeurs d'asile parmi la population africaine résidente en Suisse s'accroît de manière dramatique : elle ne représente que 16 % des Zaïrois en 1980 et atteint 66 % trois ans plus tard. Cette période fut également marquée par des tensions entre les autorités helvétiques, encore favorables au régime de Mobutu, et les requérants d'asile zaïrois qui s'organisaient en opposition contre la dictature (Bagalwa Mapatano, 2010).

La troisième période de migrations africaines vers la Suisse commence en 1990, avec l'aggravation de crises internes dans de nombreux pays africains, l'échec des processus démocratiques et

---

39. 1 806 Africains résident en Suisse en 1960 et ils seront 4 166 dix ans plus tard (Bagalwa Mapatano, 2007).

l'ingérence extérieure conduisant à l'émergence de «guerres ethniques», souvent liées à l'accès aux matières premières convoitées par les puissances industrielles (Bagalwa Mapatano, 2007, 2010). Des pays tels que la République Démocratique du Congo (Kinshasa), la République du Congo (Brazzaville), la Sierra Leone, la Côte-d'Ivoire, le Rwanda, le Burundi ou la Somalie sont touchés par ces conflits qui conduisent à l'exil de millions de personnes, dont une faible proportion atteignent l'Europe. Entre 1990 et 2005, près de 10 000 demandes d'asile sont déposées en Suisse par des Congolais (RDC). Ces migrants intègrent alors les centres de requérants d'asile à partir desquels se créeront de nombreuses Églises. Pendant cette période, peu de Congolais obtiendront le statut de réfugié, mais les conditions de crise des pays africains rendent souvent le renvoi des requérants impossible. Les séjours des Congolais en Suisse se prolongent et certain d'entre eux obtiendront une régularisation de leur droit de séjour à titre humanitaire. Parmi les évolutions importantes au cours des dernières années, on peut noter une croissance des migrations africaines en provenance de pays d'Afrique de l'Ouest (Togo, Sénégal, Nigéria, Mali, Burkina Faso, Cap Vert) ainsi qu'une féminisation de la migration.

Au cours de ces trois périodes de migrations, les Africains résidant en Suisse se structurent en collectifs par mouvements successifs (Bagalwa Mapatano, 2010) : groupements estudiantins politisés et liés aux régimes des pays d'origine, associations d'étudiants panafricanistes, puis mouvements d'opposition en exil et Églises charismatiques en constituent les principales modalités. Outre la première tentative de fondation d'Église dans les années 1980 à Genève, le début des années 1990 voit apparaître les premières Églises francophones dans les villes de l'arc lémanique. On citera notamment l'Église missionnaire africaine fondée par Pierre Kasongo Matala alors qu'il était requérant d'asile à Genève ou la Communauté œcuménique et charismatique africaine initiée par Joseph Mudimba Kabongo à Bex, dans le canton de Vaud. Recrutant leurs membres essentiellement au sein des centres pour requérants d'asile, ces Églises essaiment rapidement, souvent par de nouvelles implantations ou par schismes successifs à partir des premières Églises. En Suisse romande (à l'exception de Genève), la généalogie de nombreuses Églises francophones remonte, de manière directe ou indirecte, à l'Église du Coteau dirigée par le pasteur burkinabé Jean Zida dans la région lausannoise. D'autres Églises se constituent par affiliation avec des Églises en Afrique. Ces Églises africaines francophones sont alors souvent initiées et fréquentées par des Zaïrois ou des Angolais[40], ce qui n'est pas sans rapport avec leur importance numérique au sein de la population d'origine africaine en Suisse.

Baptiste[41], le premier pasteur d'une Église établie en Suisse allemande, décrit en ces termes le chemin qui l'a conduit à fonder une Église alors qu'il fréquentait un centre de requérants d'asile :

> « En fait, au centre [pour requérants d'asile] où j'étais, j'ai senti un désespoir terrible. Il n'y avait que des messages négatifs, [on entendait] qu'on aurait tous des réponses négatives [pour l'obtention du statut de réfugié]. Et moi, j'ai pensé qu'au lieu de se mettre comme ça, en train d'attendre le mauvais jour, on n'avait rien à perdre. On n'avait pas de boulot, on n'avait rien, alors je me suis dit que ces moments seraient des moments chaleureux où l'on chante nos cantiques africains. C'était une affaire de trente à quarante-cinq minutes. On chantait, on s'exhortait un peu, ça nous faisait beaucoup de bien, donc c'est parti comme ça. Et puis, petit à petit, on a réussi à trouver des petites marques, à trouver de petits boulots... »

Ce jeune Congolais avait déjà exercé la fonction de pasteur au sein d'une grande Église de Kinshasa. En 1993, Baptiste est arrivé en Suisse dans l'espoir de poursuivre ses études d'ingénieur. Son séjour était alors financé par son père qui avait lui-même été formé en France. Ne parvenant pas à obtenir de reconnaissance d'équivalence pour ses études et son séjour se prolongeant, Baptiste commença à faire de « petits boulots ». En 1997, le changement de régime politique et la détérioration de la situation politique et financière de sa famille restée au Zaïre le pousse à demander l'asile en Suisse. C'est dans un centre pour requérants d'asile que Baptiste fonde un groupe de prière qui, quelques années plus tard, deviendra une Église portant le nom de la dénomination dans laquelle il officiait à Kinshasa. Les

40. Ces éléments sont aussi soulignés par Jaggi (2005) et Momotoyi-Gasser (2009).

41. Tous les prénoms sont fictifs pour garantir l'anonymat de nos interlocuteurs. Seuls certains fondateurs d'Église ou de grande dénomination sont nommés de manière explicite, afin de situer le caractère historique des courants qu'ils représentent.

rencontres se déroulent dans des locaux loués à diverses Églises locales et elles réunissent quelques dizaines de personnes, essentiellement originaires d'Afrique centrale. C'est dans le milieu charismatique que Baptiste a rencontré son épouse, une Suissesse, avec laquelle il a eu deux enfants. Pendant les premières années, la nouvelle Église recevait régulièrement les visites du mentor de Baptiste qui l'avait accompagné dans sa formation au ministère à Kinshasa. Ce lien avec le pays s'est distendu lorsqu'en 2004, Baptiste a décidé de céder sa place à la tête de l'Église pour se consacrer à de nouveaux projets ; le lien avec l'Église mère fut rompu et pour marquer cette rupture du cordon ombilical, l'Église a changé de nom.

Dans les années 1990, une structure regroupant des Églises africaines en Suisse voit le jour. Cette structure est analogue à des initiatives issues d'autres pays francophones, dont Damien Mottier (2014) souligne le fort ancrage congolais qui sert de tremplin à l'affirmation d'une identité religieuse non réductible au protestantisme national. En Suisse, la plupart des pasteurs congolais n'exerçaient pas la fonction de pasteur avant de venir en Europe – ou seulement en tant qu'auxiliaires ou pasteur assistant. La grande majorité d'entre eux n'avaient pas suivi de formation théologique. Cette absence de formation des pasteurs, conjuguée aux craintes engendrées par le drame du Temple Solaire de 1994, qui aboutit au suicide collectif de dizaines de personnes en Suisse et en France, poussa les pasteurs africains, encouragés par des agents ecclésiaux suisses, à s'organiser de manière collective afin de constituer un interlocuteur pour les autorités helvétiques. Après une première tentative avortée de création d'une structure rassemblant les Églises africaines, des pasteurs se réunissent en 1997, à l'initiative du pasteur Jean Zida, pour créer la Conférence des Églises Africaines en Suisse (CEAS), dont les statuts seront adoptés en octobre 1998. Les travaux de préparation de la future conférence incluent un culte de la Pentecôte, en mai 1998, dans lequel est invité le pasteur burkinabé Mamadou Karambiri du mouvement pentecôtiste Centre International d'Évangélisation[42]. Ce culte témoigne de l'orientation pentecôtiste/charismatique adoptée

42. Mamadou Karambiri fut également sollicité par des mouvements charismatiques suisses, comme par exemple pour la Conférence Internationale de Ministères de Guérison en 2007 à Lausanne où il est intervenu comme conférencier dans un atelier portant sur les pratiques de délivrance.

par la CEAS et les Églises qui y adhéreront, bien qu'une certaine diversité, entre Églises et au sein même des Églises, soit notable, en ce qui concerne les orientations théologiques[43]. Une premirière rencontre officielle se déroule finalement à Fribourg en 1999, sous l'impulsion de Pierre Kasongo, Johnny Kabeya et Jean Zida.

Les missions que la CEAS s'est donnée sont multiples. Elles consistent à « promouvoir l'unité des églises africaines en Suisse », « favoriser les relations avec les églises du milieu d'accueil », « accueillir et favoriser l'intégration des ministres et d'autres nouvelles communautés chrétiennes », « être une référence morale des églises membres auprès des autorités civiles et ecclésiastiques suisses » et « favoriser l'épanouissement de la foi chrétienne des Africains vivant en Suisse et faciliter leur intégration dans un échange avec l'autochtone »[44]. En 2010, la CEAS comptait une trentaine d'Églises (assemblées locales) affiliées[45], dont quelques-unes formaient une dénomination comptant jusqu'à cinq assemblées en Suisse. La Conférence n'est donc pas représentative des Églises fondées par des Africains en Suisse, dont le nombre se révèle largement supérieur. Les Églises membres de la CEAS sont essentiellement francophones et à dominante congolaise, bien que l'on y trouve également des membres ou pasteurs d'autres nationalités : Angola, Cameroun, Togo, Côte d'Ivoire, Ghana, Nigéria, République du Congo (Brazzaville), Rwanda, Suisse, Guadeloupe (France), États-Unis, Brésil.

Au niveau de la situation juridique et sociale des membres de ces Églises, le constat d'une précarité s'impose. Sur ce point, le contraste avec l'Église pour les Nations est saisissant. Alors que cette dernière est fréquentée en grande partie par des fonctionnaires, diplomates et employés qualifiés jouissant du statut valorisé d'« expatrié », les membres des Églises affiliées à la CEAS connaissent souvent la

43. Cette diversité est liée au fait que les membres des Églises sont issus d'univers religieux variés : catholiques, presbytériens, baptistes et pentecôtistes ont, en contexte migratoire, rejoint des Églises qui, pour la plupart, s'inscrivent dans une forte continuité avec les Églises de Réveil de la République Démocratique du Congo (Demart, 2010). Une Église de type prophétique (l'Église *Bima*) aurait demandé d'adhérer à la CEAS, ce qui, après un certain nombre de discussions, aurait été refusé par la Conférence.

44. http://ceasuisse.hebfree.org, consulté le 20 juin 2011.

45. http://ceasuisse.hebfree.org, consulté le 5 novembre 2010.

précarité d'un statut juridique instable, associé au statut de « requérant d'asile »[46]. Dans l'Église bernoise La Vigne, membre de la CEAS, Sabine Jaggi note que seuls 20 des 120 membres de l'Église bénéficiaient d'un statut de séjour stable dans les années 2003-2004, bien que la situation se soit quelque peu stabilisée depuis lors, certains membres ayant séjourné en Suisse depuis plus de dix ans ayant pu obtenir un permis B humanitaire (Jaggi, 2010). Du point de vue de l'emploi, la situation n'est pas vraiment plus favorable, avec un taux de chômage élevé parmi les membres de ces Églises. Ceux qui ont pu obtenir un emploi réalisent des travaux peu qualifiés dans les domaines (partiellement) délaissés par les travailleurs suisses : nettoyages, entretien, construction, hôtellerie-restauration, usines, en dépit de qualifications parfois élevées, mais non reconnues. En Suisse, une grande partie des personnes fréquentant les Églises africaines francophones expérimentent donc une trajectoire sociale descendante et un sentiment d'insécurité quant à leur avenir, tandis que la perspective d'un retour au pays paraît encore plus précarisante.

Les Églises ou ministères francophones fondés par des Africains au sein desquels nous avons réalisé notre recherche sont, pour la plupart, membres de la CEAS ou disposent d'intenses relations avec les Églises membres de la CEAS. Il s'agit d'Églises de taille moyenne (70-150 personnes) ou petite (dès 15 personnes), fondées dans les années 1990 ou 2000[47]. On peut identifier des liens généalogiques entre plusieurs d'entre elles[48]. Elles sont implantées dans diverses villes de Suisse. Nous avons notamment conduit nos recherches au sein de l'Église évangélique Carrefour pour Christ à Lausanne, de l'Église évangélique de la Nouvelle Alliance à Renens, de l'Église La Main de l'Éternel à Genève, de l'Église Action Bâle pour Christ à Bâle, de l'Église Bethel à Yverdon-les-Bains. Nous nous sommes également

46. Quelques nuances s'imposent toutefois : une partie des participants à l'Église pour les nations connaissent la même précarité du statut juridique et de l'emploi que les membres des Églises affiliées à la CEAS. Mais les trajectoires des pasteurs-fondateurs ainsi que de la majorité des membres sont opposées, associées, d'une part, aux milieux des organisations internationales et, d'autre part, à l'asile politique.

47. L'Église étudiée la plus récente a été fondée en 2007.

48. C'est-à-dire qu'elles sont issues de scissions plus ou moins conflictuelles avec d'autres Églises.

intéressées à deux ministères, le Ministère de la Samaritaine et le Ministère de la Chambre Haute d'Esther.

Des réseaux d'Églises transnationaux ghanéens

Le troisième volet de notre enquête s'est déroulé dans des Églises anglophones fondées par des pasteurs ghanéens en Suisse, ainsi que leurs connexions avec des Églises au Ghana. Les premières Églises ghanéennes ont été implantées en Suisse dans les années 1990[49]. Cependant, c'est essentiellement à partir de la fin de la décennie et du tournant du millénaire que les Églises ghanéennes ou fondées par des pasteurs ghanéens se développent de manière significative. Comparativement aux Églises africaines francophones, la multiplication des Églises ghanéennes, ou fondées par des Ghanéens, est donc plus récente en Suisse. Ce constat peut être notamment attribué à la réorientation des flux migratoires ghanéens en Europe, initialement dirigés vers des destinations telles que les Pays-Bas, jusqu'à ce que des durcissements des politiques migratoires ne les incitent à visiter d'autres destinations. Entre 1973 et 2003, 14 000 permis de séjour d'une durée d'un an ou plus ont été émis par l'ambassade de Suisse au Ghana (Twum-Baah, 2005). Ces migrants sont souvent des personnes qualifiées au bénéfice d'une formation supérieure[50]. De plus, les migrations ghanéennes présentent souvent un caractère temporaire : « Ghanaians tend to remain strangers, wherever their destination, because they do not intend a permanent stay. They maintain contacts with other Ghanaians and with their families at home, and save for their eventual return. They seldom ask for citizenship, and even their children identify Ghana as home, though usually to a lesser extent » (Peil, 1995 : 360). Les Ghanéens envisagent souvent leur migration comme une étape ouvrant sur une ascension sociale lors de leur retour au pays,

49. C'est le cas de l'Église *Lighthouse Chapel International* à Genève, qui compte aujourd'hui une quinzaine d'assemblées dans le pays, ou de l'Église *Christian Action Faith* qui avait également établi une assemblée à Genève, avant que celle-ci ne soit dissoute.

50. En 2005, on estimait que 60 % des médecins ghanéens travaillaient à l'extérieur du pays, alors que 26 % des diplômés auraient opté pour l'émigration (Twum-Baah, 2005).

que celui-ci soit avéré ou non[51]. Parmi les Ghanéens ayant fondé une Église en Suisse, on peut identifier deux types de profils migratoires : d'une part, une migration de professionnels qualifiés travaillant dans les milieux internationaux ou dans des entreprises multinationales, à l'instar des fondateurs de l'Église pour les Nations. Des personnes répondant à ce profil ont notamment participé à la fondation et à la direction de plusieurs Églises de *Lighthouse Chapel International* en Suisse. D'autre part, on trouve des Ghanéens au statut juridique et professionnel plus précaire, qui ont également fondé ou dirigé des Églises en Suisse. La migration du pasteur et fondateur de l'Église *New International Church* à Bienne relève d'une trajectoire circulaire marquée, au cours d'un premier séjour en Suisse, par la précarité du statut de requérant d'asile. Il importe de souligner que, dans un cas comme dans l'autre, des hauts fonctionnaires ghanéens, des diplomates ou parfois des ambassadeurs ont joué un rôle dans la fondation de ces Églises, en soutenant leur existence par une visite officielle par exemple, ou en appelant de leurs vœux la création d'Églises. La présence des Églises ghanéennes n'est donc pas ignorée par les représentants de l'État ghanéen, conscients des enjeux autour de l'existence de ces organisations de la diaspora[52]. En Suisse, nous avons conduit nos recherches au sein de trois Églises ou ministères fondés par des Ghanéens : l'Église *Lighthouse Chapel International*, la *New International Church* et le ministère de femmes Filles de Sion.

L'Église *Lighthouse Chapel International* est devenue une Église importante sur la scène charismatique ghanéenne avec plusieurs centaines d'assemblées réparties à l'intérieur du Ghana, mais aussi dans 50 autres pays[53]. En Europe, l'Église est implantée aux Pays-Bas, en

51. Cette situation contraste avec celle des Congolais rencontrés qui étaient rares à envisager retourner en RDC, jugeant la situation peu favorable économiquement et politiquement.

52. Cette interaction entre Églises et représentants de l'État dans un contexte diasporique n'est pas sans rappeler les relations souvent ambiguës, voire conflictuelles, et parfois connivente que des pasteurs d'Églises pentecôtistes/charismatiques ghanéennes entretiennent avec les autorités politiques au Ghana. Certains pasteurs se plaisent à exhiber leurs relations avec les chefs d'État et candidats à la présidence, à l'instar de Sam K. Ankrah, fondateur de l'Église *Royalhouse Chapel International*.

53. État au 28.06.2011 tel qu'indiqué sur le site de l'Église : http://www.lighthousechapel.org/lci2/index.php?option=com_zoo&view=frontpage&Itemid=176. L'Église semble actuellement poursuivre son expansion, puisqu'à la veille de l'impression

Autriche, en Italie, en Hongrie et en Grande-Bretagne, alors qu'au cours des dernières années, de nouvelles branches ont également été ouvertes en Belgique, en France et en Allemagne. La Grande-Bretagne compte le plus grand nombre d'assemblées, avec plus de 90 lieux de rassemblement dans les principales villes[54]. La Suisse se positionne en deuxième place avec douze assemblées au moment d'écrire ces lignes, dont deux dans la région genevoise, les autres étant situées à Lausanne, Neuchâtel, La-Chaux-de-Fonds, Berne, Bâle, Lucerne, Winterthur, Saint-Gall, Olten et dans la région zurichoise.

L'Église *Lighthouse Chapel International* a été fondée par Dag Heward-Mills et quelques autres étudiants alors qu'ils réalisaient des études de médecine à la Medical School de Korle-Bu, à Accra. Le premier groupe, nommé *Korle-Bu Christian Centre*, devint une Église en 1988, sous l'impulsion de Dag Heward-Mills, avec l'assistance de deux autres diplômés de l'Université de Legon, qui deviendront ses proches associés : Rev. Eddy Addy et Rev. Sackey. En 1993, après plusieurs déménagements successifs, l'Église acquiert une ancienne salle de cinéma dans le quartier de Korle-Gonno (Larbi, 2001). L'afflux de monde et le bruit des services religieux provoquèrent l'ire de certains « traditionnalistes » ga[55] qui y perçurent une violation des tabous liés au festival ga *Homowo*. Les tensions s'accumulent si bien qu'en 1998, une cinquantaine de personnes firent éruption dans l'église, y confisquèrent les instruments et blessèrent plusieurs membres (van Dijk, 2001a). Les conflits qui se succédèrent sont commémorés dans l'historiographie orale de l'Église[56] comme un temps de persécution qui allait faire place à l'entrée dans la Terre Promise, associée au déménagement de l'Église principale dans le quartier de *North Kanashie*, loin des lieux des conflits.

---

de cet ouvrage, en 2018, l'Église indique être implantée dans 86 pays. Source : https://www.daghewardmills.org/en/index.php/about-us/about-dag-heward-mills, consulté le 14 décembre 2018.

54. http://www.lighthousechapel.org/lci2/index.php?option=com_content&view=article&id=108&catid=36, consulté le 28.06.2011 et http://www.lighthousechapel.org/lci2/index.php/churches/church-listing, consulté le 05.05.2015.

55. Les Ga constituent le groupe ethnique associé à la région d'Accra.

56. Par exemple, dans le discours d'inauguration du nouveau site *Qodesh* par Adelaide Heward-Mills, épouse du fondateur, le 13 avril 2008.

Au cours des années 1990, l'Église *Lighthouse Chapel International* a implanté de nombreuses assemblées à travers le pays sur un système de communautés de base en réseau. Dag Heward-Mills jouit d'une certaine renommée au sein du monde charismatique ghanéen en vertu de sa réputation de transparence en matière de gestion, sa structuration efficace de l'Église et de ses assemblées, basée sur un système de pasteurs majoritairement laïcs. Il a publié plusieurs livres au sujet de la gestion d'une Église qui sont populaires auprès de pasteurs de différentes dénominations ghanéennes. En 2001, l'Église aurait compté environ 250 assemblées au Ghana et dans 24 autres pays (Larbi, 2001). En 2011, elle affirme regrouper 1 190 assemblées, dont plus de 400 se situent au Ghana. En 2018, le nombre d'assemblées de cette dénomination, tous les pays confondus, s'élèverait à 3 122[57]. La Suisse figure parmi les premiers pays à avoir accueilli une assemblée de *Lighthouse Chapel International* en-dehors du Ghana. C'est également en Suisse que se déroulent périodiquement des réunions régionales de pasteurs et de responsables européens. Au moment de conduire notre recherche, les assemblées de *Lighthouse Chapel International* en Suisse sont presque exclusivement dirigées par des Ghanéens et sont essentiellement fréquentées par des Africains. Il s'agit majoritairement de Nigérians et de Ghanéens, mais également de personnes originaires d'autres pays tels que le Libéria, le Sierra Léone, le Cameroun, le Gabon, le Togo, la Tanzanie, le Rwanda, l'île Maurice, la Suisse ou l'Italie. Les services religieux se tiennent en anglais, avec le plus souvent une traduction en français ou en allemand, selon la région.

L'Église *New International Church* à Bienne a été fondée en 2003 sous la direction d'un pasteur d'origine ghanéenne marié à une Suissesse, John Sagoe, qui avait déjà séjourné une première fois en Suisse dès 1992. À cette période, il avait fréquenté l'Église *Vineyard* de Berne qui était en train de constituer des groupes de prière africains anglophone et francophone (Jaggi, 2005, 2010). Suite au départ inattendu d'un responsable togolais, John Sagoe se voit subitement confier la direction du groupe de prière. Néanmoins, il retourne au Ghana en 1994 et rejoint l'Église *Royalhouse Chapel International* dirigée par Sam K. Ankrah dans laquelle il se forme au ministère « sur

57. http://www.lighthousechapel.org/, consulté le 29 juin 2011. https://www.daghewardmills.org/en/index.php/about-us/about-dag-heward-mills, consulté le 14 décembre 2018.

le terrain ». Il complète sa formation par un séjour en Afrique du Sud où il fréquente une *School of ministry*, puis épouse une femme suisse qu'il avait rencontrée à l'Église *Vineyard* de Berne. De retour en Suisse, John Sagoe organise des rencontres avec des personnes en marge de la société (« people from the street, drug addicts, prostitutes ») avec lesquelles il crée un groupe de gospel. Le groupe se transforme en Église, fréquentée par de nombreux requérants d'asile, mais aussi par une proportion importante de membres d'origine suisse[58].

John Sagoe est aujourd'hui l'un des rares pasteurs pentecôtistes/charismatiques africains à la tête d'une Église dont la plupart des membres sont des « Blancs »[59]. Le pasteur prêche en anglais, et tous les services religieux sont traduits à la fois en français et en allemand[60]. La plupart des participants suisses sont de langue allemande, alors que les Africains sont plutôt francophones ou anglophones. Ces derniers sont originaires de divers pays tels que le Ghana, le Nigéria, le Cameroun, le Congo (RDC) ou l'Angola. Bien que l'Église *New International Church* soit de taille moyenne (au moment de notre enquête, elle comptait une cinquantaine de membres), elle affiche ses ambitions de croissance dans la taille des locaux qu'elle a acquis, disposant d'une capacité d'accueil de plusieurs centaines de personnes, mais également dans l'étendue et la diversité des réseaux, diasporiques ou non, qu'elle a développés avec des pasteurs et prédicateurs en Europe, en Amérique du Nord et au Ghana. Nous avons conduit nos recherches au sein de l'Église à Bienne, mais également au sein de la *Royalhouse Chapel International* à Accra dans laquelle John Sagoe a effectué une partie de sa formation pratique au ministère et avec laquelle il entretient des contacts réguliers, notamment au cours de ses séjours au Ghana et par des visites du dirigeant de l'Église ghanéenne à Bienne.

Le ministère Filles de Sion a été fondé à Genève par une femme originaire du Ghana ayant grandi dans divers pays, dont la Suisse (son père était un diplomate ghanéen), et par une autre femme des

58. Les Africains, pourtant bien présents dans l'Église, sont moins souvent officiellement membres de l'Église que les Suisses ou Européens.

59. Le cas le plus notoire d'une Église de Blancs dirigée par un pasteur ghanéen reste probablement l'Église *Embassy of God* en Ukraine (Asamoah-Gyadu, 2005). Ce cas constitue une source d'inspiration pour plusieurs pasteurs africains en Suisse qui rêvent, comme d'autres, d'« évangéliser les autochtones ».

60. La ville de Bienne est une ville bilingue allemand - français.

Philippines. Ces fondatrices se sont connues sur un site Internet pentecôtiste traitant des problèmes conjugaux, alors qu'elles rencontraient toutes deux des difficultés dans leur mariage. Travaillant à l'UNICEF et dans une entreprise sise dans le quartier des organisations internationales, les deux femmes décident alors de se réunir pour prier ensemble dans le parc du Jardin Botanique, non loin de leurs lieux de travail, pendant leur pause de midi. Leurs rencontres s'enchaînent et elles décident de rendre leurs réunions de prière accessibles à d'autres femmes. Elles rejoignent alors l'Église que fréquentait la Philippine, l'Église pour les Nations, qui accueillera désormais leurs rencontres.

Les réunions du Ministère des Filles de Sion se tiennent tous les jeudis pendant la pause de midi et durent environ une heure. Elles attirent une centaine de femmes en provenance d'un grand nombre de pays, principalement d'Afrique, qui exercent une activité professionnelle ou étudient. La langue principale des prières est l'anglais, mais une femme se charge de la traduction en français. Bien que la vision initiale des Filles de Sion ait été axée sur les prières pour le couple et pour la famille, le ministère traite, dans la prière, de tous les types de problèmes que peuvent rencontrer les femmes actives qui le fréquentent – liés notamment à leur activité professionnelle, à l'éducation de leurs enfants, à leur couple, à leur santé ou à leurs études. Chaque année, le Ministère organise une Conférence dans laquelle des pasteurs externes sont invités. Généralement, il s'agit de pasteurs ghanéens avec lesquels la fondatrice est entrée en contact au cours de ses séjours dans ce pays ou par l'intermédiaire de sa famille résidant au Ghana, également très impliquée dans les milieux pentecôtistes/charismatiques. Une sœur et un beau-frère de la fondatrice viennent d'ailleurs régulièrement en visite à Genève et ont prêché au ministère des Filles de Sion ainsi qu'à l'Église pour les Nations, à plusieurs occasions. Ils sont à la tête d'une Église ghanéenne appelée *Christ Foundation Family Church* qui compte environ un millier de membres (dans plusieurs assemblées locales) à Accra et une implantation aux États-Unis. Nos recherches se sont déroulées à Genève au sein du ministère des Filles de Sion et au Ghana (Tema), auprès de la *Christ Foundation Family Church*.

Chapitre 2

De la conversion à l'intercession : itinéraires rituels

Une première partie de notre ethnographie se centre sur l'activité rituelle. Nous avons choisi de privilégier cet angle pour aborder le lien entre pratiques migratoires et pentecôtisme. Cette approche nous permet notamment de souligner la singularité du pentecôtisme par rapport à d'autres réseaux associatifs de migrants qui, d'un point de vue organisationnel, pourraient présenter des similarités. En effet, l'importance des pratiques rituelles est manifeste dans l'histoire du pentecôtisme puisque son émergence comme mouvement distinct au sein du protestantisme est associée à une transformation des pratiques rituelles, à savoir la centralité du baptême du Saint Esprit attesté par la pratique de la glossolalie.

Nous abordons ici ces pratiques sous forme d'itinéraire, en reconstituant la trajectoire de socialisation rituelle dans laquelle s'engage tout pratiquant pentecôtiste. Pour des raisons heuristiques, cet itinéraire sera structuré en quatre mouvements, qui correspondent à des pratiques rituelles : « franchir le seuil » (la conversion), « quitter l'infortune » (la délivrance, guérison ou restauration), « entrer dans le combat » (le baptême du Saint Esprit) et « construire l'autorité » (l'onction). Avant de développer les quatre étapes de cet itinéraire, précisons que ces étapes ne doivent pas se concevoir comme une succession linéaire : le baptême du Saint Esprit peut précéder la délivrance à laquelle un recours occasionnel peut apparaître après l'onction. De plus, ces étapes ne s'appliquent pas automatiquement à tous les membres d'une Église et tous les participants à des services pentecôtistes n'aspirent pas nécessairement à l'onction, bien que l'activité rituelle instaure celle-ci en un statut hautement désirable. Enfin, ces étapes relèvent de conceptions et pratiques pentecôtistes dont certains développements sont relativement récents[1] (notamment en ce qui concerne l'onction), ou qui réinterprètent des courants plus anciens (prophétiques, apostoliques).

Franchir le seuil : la conversion

De manière analogue aux Réveils issus du protestantisme à partir de la Réforme[2] et au cours des siècles suivants, la conversion marque l'entrée dans le groupe de croyants et, plus particulièrement, dans l'univers pentecôtiste. Elle constitue le rite de passage principal qui permet d'être accepté comme « vrai chrétien » (*real Christian*), par contraste avec un « chrétien nominal » (*Christian by name*) dont l'adhésion chrétienne serait acquise par héritage familial. À ce statut de « chrétien par défaut », le converti oppose la « conversion personnelle », définie tantôt comme une rencontre personnelle avec Dieu, tantôt comme une expérimentation de sa puissance supérieure aux autres puissances, tantôt comme la découverte d'une relation d'amour, tantôt comme un « dévoilement » de sa propre condition de pécheur appelant à la miséricorde divine. En effet, si le terme de *conversion* a depuis des siècles marqué un retournement initial opérant comme un rite de passage au sein des mouvements de Réveil, l'appréhension subjective ainsi que la forme discursive de cette conversion se sont sensiblement modifiées en fonction des époques et des contextes sociaux. Au cours des Réveils des XVIIIe et XIXe siècles, la conversion était conçue comme une prise de conscience, parfois émotionnellement intense, de la vie de péchés conduite jusque-là. Le dévoilement soudain de son statut de

1. Par « relativement récent », nous entendons les courants dont l'émergence ou la diffusion est postérieure à ce que les chercheurs désignent comme « troisième » vague, ou néopentecôtisme. Il s'agit notamment de courants qui se sont diffusés au cours des années 2000, voire à la fin des années 1990.
2. On pense notamment aux anabaptistes auxquels Zwingli s'est opposé, parce qu'ils qui prônaient l'exclusivité du rituel du baptême pour les adultes consentants et sûrs de leur rédemption ainsi que l'interdiction de s'impliquer dans les affaires du monde.

« pécheur » et de l'étendue de ses fautes conduisait alors le repentant à chercher la grâce divine en acceptant le salut du Christ, ce qui scellait sa destinée post-mortem. Selon cette logique discursive, la conversion devait s'accompagner d'une transformation des conduites morales, de l'abandon de tout style de vie incompatible avec les préceptes bibliques acceptés, ainsi que d'un dédain pour les affaires du « monde » (souvent d'ordre politique). La nouvelle vie va alors de pair avec une resocialisation au sein de la communauté des convertis. Ce type de conversion, caractéristique du puritanisme, du méthodisme ou des mouvements de sanctification américains (*Holiness*), trouve son prolongement dans le pentecôtisme classique.

Au cours du XXe siècle, et en particulier à partir des années 1970 en Europe et en Amérique du Nord, la conversion a progressivement intégré des éléments issus de la psychologie. Elle est devenue synonyme de la découverte d'une relation d'amour avec Dieu et le Salut a adopté une dimension additionnelle de guérison émotionnelle ou d'accroissement du bien-être[3], souvent présente dans les récits de conversion[4]. Le redressement moral est alors psychologisé et passe par une guérison divine des blessures de la vie : l'abandon de comportements considérés comme déviants, tels que l'homosexualité par exemple, passe par la guérison plutôt que par le redressement moral volontariste[5]. La conversion comporte alors souvent une dimension thérapeutique, elle

3. Ce type de conversion apparaîtra en particulier dans les milieux charismatiques que Sébastien Fath désigne par « charismatisme d'épanouissement personnel » (2005 : 314).

4. Philippe Gonzalez (2009) note que dans les milieux évangéliques, la thématique de la « croix » apparaît moins fréquemment que celle du « cœur » dans les témoignages étudiés. Le salut est associé à une expérience relationnelle, émotionnelle et subjective.

5. Cette évolution peut être mise en parallèle avec les analyses développées par Michel Foucault dans l'*Histoire de la sexualité* sur la médicalisation du discours sur la sexualité au XIXe siècle (Foucault, 1976). Il y montre qu'à cette époque, la déviance sexuelle devient associée à un problème d'ordre médical plutôt que moral. En quelque sorte, la notion de *conversion* subit une mutation analogue dans les milieux évangéliques et pentecôtistes au cours du XXe siècle : des comportements jugés immoraux, tels que l'homosexualité, restent considérés comme déviants, mais l'explication de la déviance prend une forme psychologisante et l'abandon de la déviance celle d'une thérapie par guérison divine.

guérit à travers une expérience émotionnelle intense, conçue comme une rencontre personnelle avec Dieu, censée engendrer une guérison de la psyché[6].

Cette évolution ne constitue nullement un développement universel de la conversion pentecôtiste : sur le continent africain par exemple, on observe rarement un tel degré de psychologisation de la conversion, bien que celle-ci reste synonyme de retournement, de transformation, voire de thérapie. Bien plus, ce sont souvent les relations sociales qui constituent le lieu de cette transformation, ce que souligne André Mary : « En Afrique, la conversion-guérison n'est pas un problème de relation intime de soi à soi ou de soi à Dieu, mais un processus qui engage les relations sociales aux autres, à la famille, au voisinage, fondées sur la dette et la dépendance, et sur les rapports de force qui se nouent entre les sujets » (2009 : 192). Si la conversion s'inscrit partout dans un itinéraire de transformation, sa forme varie en fonction des contextes. Parmi les prophètes ouest-africains, l'Ivoirien harriste Albert Atcho constitue une figure phare des prédicateurs de la conversion. Le prophète défit la conception « traditionnelle » de la personne définie en fonction d'un héritage et d'un entourage en lui substituant la culpabilisation de l'individu et l'individualisation de la personne (Augé, 1973). Il opéra une inversion du schème persécutif sorcellaire classique en y introduisant l'idée de responsabilisation : la personne devenait responsable des maux qui l'accablent, en cela, elle était individualisée. La confession de sorcellerie se substitue alors à l'accusation de sorcellerie et la culpabilisation au schème persécutif. Quelques décennies plus tard, le pentecôtisme africain n'a pas rompu avec l'accusation, ni le schème persécutif, et un nombre croissant de pasteurs et prophètes paraissent au contraire le raviver. Mais de nombreux auteurs interprètent également le développement du pentecôtisme en termes d'individualisation, dans le sens où la conversion tend à affranchir les personnes de leurs obligations liées à la parenté étendue et aux cultes associés aux ancêtres. La conversion introduit toutefois de nouvelles contraintes sur le sujet pentecôtiste et de nouvelles obligations sociales et rituelles.

6. Un texte d'Ulrike Popp-Baier (2001) présente notamment des récits mettant en scène la guérison intérieure de blessures liées à des expériences de vie traumatisantes ou à des carences affectives.

Dans les mouvements pentecôtistes, la conversion s'inscrit souvent dans l'idée d'une confrontation de forces divines et démoniaques[7] par la mise en scène de duels entre pasteurs et féticheurs. En Afrique de l'Ouest, ces duels remontent aux pratiques de prophètes tels que William W. Harris conduisant à la conversion des féticheurs et de villages entiers à leur suite (Shank, 1999). Dans le pentecôtisme, la supériorité des pasteurs sur les féticheurs, reprise et alimentée par les récits d'évangélisation construits sur une trame analogue, met en scène l'évidence de la supériorité des forces divines (pentecôtistes) sur les esprits (ancestraux) des féticheurs.

Récits de conversion et subjectivations

L'énonciation de récits de conversion constitue un rituel central dans les pratiques évangéliques contemporaines. Le chercheur n'éprouve généralement aucune difficulté à accéder à ces récits puisqu'ils représentent un élément-clé de la conversion, le témoignage étant considéré comme une obligation pour tout « vrai chrétien ». Peter G. Stromberg (1993) estime que la tâche centrale d'un chrétien évangélique consiste à construire un lien entre la Bible et son expérience personnelle, les récits de conversion constituant le moyen par lequel ce lien est constitué[8]. À l'instar des récits de miracles étudiés par André Corten dans le contexte latino-américain (1999), le récit de conversion ne construit pas seulement l'événement de la conversion, mais également le sujet converti. La parole du témoignant scelle, interprète et réinterprète, assemble des épisodes de vie, leur donne une cohérence, les intègre à une trame disponible pour ce genre de récits. La trajectoire du récit conduit toujours de la chute à la restauration, du malheur au bonheur, de la maladie à la guérison, des problèmes à leur solution, de la pauvreté

7. Dans le contexte anglo-saxon, cette idée sera notamment théorisée par Alan R. Tippett, puis reprise par l'évangéliste Peter Wagner dans la notion de *Power Encounter* : la confrontation entres les forces divines du christianisme et les forces démoniaques, considérées comme divinités ou esprits par les autres religions, est alors conçue comme un outil d'évangélisation (Holvast, 2009).

8. Les travaux de Stromberg s'inscrivent dans la lignée du *linguistic turn* qui considère le langage comme constitutif de l'univers social et non comme uniquement descriptif. Il ne représente pas l'expérience, il lui donne forme en la décrivant (Stromberg, 1993). Les récits de conversion sont alors analysés par l'auteur dans cette perspective pragmatique : le témoignage réalise la conversion.

à la richesse, de la perdition au salut. Les récits de conversion dessinent donc les contours de la transformation associée à la conversion. « Le récit apparaît comme un objet qui tisse le sujet » (Bergé, 2006 : 80). En produisant un récit de conversion, un sujet pentecôtiste émerge et s'insère dans un univers narratif[9] qu'il contribue à construire.

Les formes de la transformation telles qu'elles sont présentées dans le récit de conversion sont toujours issues d'un répertoire de formes socialement disponibles dans un contexte social et historique singulier : usages thérapeutiques de la conversion, affranchissement vis-à-vis de certaines obligations sociales et familiales, mobilité sociale, adoption de nouvelles obligations (conçues comme un « redressement moral », c'est-à-dire l'adoption d'un nouveau système normatif), ou encore découverte d'une relation affective aux vertus thérapeutiques. Le récit de conversion de Jenny nous permettra d'illustrer la pluralité des formes des transformations associées à la conversion. Jenny est une femme nigériane originaire de Benin City. C'est au Nigéria qu'elle s'est convertie au pentecôtisme à la fin des années 1980. Elle est arrivée en Suisse il y a quelques années, rejoignant son mari qui y séjournait déjà depuis quelque temps.

> « Je me suis convertie (*became born again*) en 1988. Je ne suis pas née chrétienne, mais maintenant, ma mère est chrétienne, alors que mon père est mort. Je me suis convertie à travers mon amie Deborah, et depuis lors, j'ai été transformée, je suis devenue une autre personne, l'amour du Christ est venu dans ma vie. J'ai réalisé que quelqu'un m'aime davantage que mes parents. Avant ma conversion, j'avais des problèmes, j'avais peur de me déplacer la nuit, je vivais dans cette peur. Après ma conversion, ils m'ont amenée pour la délivrance et m'ont libérée de cette peur. C'était un esprit de peur (*spirit of fear*). Il m'a quitté, et maintenant, je vais partout et la peur est partie. (…) J'avais aussi des problèmes d'estomac, c'est une sorte de maladie, c'est douloureux, surtout quand on a faim. En Afrique on mange très épicé, mais je ne pouvais plus [manger épicé], le docteur me l'a recommandé. J'ai pris des médicaments, mais ça ne s'est

9. Le récit de conversion permet donc de socialiser les nouveaux venus en leur fournissant un grand nombre de repères – ce que Pollner & Stein dans leur étude des récits des Alcooliques Anonymes (1996) appellent le *narrative mapping*.

pas amélioré. Alors le pasteur a prié pour moi, m'a pris pour la délivrance et m'a simplement dit de croire et d'avoir la foi. La foi chrétienne consiste simplement à croire. Je suis rentrée à la maison, j'ai jeté tous mes médicaments et nous sommes allés à la nuit de prière (*all night prayer*). Le matin, je suis allée vers mon père et je lui ai dit : "Papa, merci pour ton aide, pour tout ton appui (*cooperation*), tu m'as acheté des médicaments. Mais la nuit dernière j'ai prié et Dieu m'a guérie." Mon père était un peu fâché parce qu'il n'était pas chrétien et ne connaissait pas Jésus Christ. Il m'a dit : "Comment peux-tu dire ça ?" (...) [Mais] jusqu'au moment où je parle, je n'ai plus eu de maux d'estomac.

J'ai prié Dieu pour avoir un bon mari et je suis heureuse en mariage, je vis avec mes enfants, la joie de Jésus Christ est sur ma vie. Aujourd'hui, je suis un ministre de Dieu. Aujourd'hui, je peux me tenir devant ma congrégation et prêcher. Aujourd'hui, je peux me tenir devant l'église et dire la bonté [de Dieu] sur ma vie. Le ciel est pour moi (...), parce que je lis ma Bible tous les jours, j'obéis aux commandements, je ne commets pas de péché, j'aime les gens qui m'entourent, et je fais ce que je peux pour aider les gens. Depuis que je me suis convertie, je ne suis plus la même, je suis très heureuse. Je dis aux gens qu'il y a un homme appelé Jésus Christ qui est mort pour nos péchés, qui nous a aimés, qui est là dans le ciel et qui intercède pour nous, qui est venu sous la forme d'un homme et qui est mort pour nos péchés. (...)

Avant de me convertir, je fréquentais des Églises qui n'étaient pas sérieuses [parce que] je ne savais pas vraiment comment devenir un chrétien *born again*. Mon amie m'a invitée à son Église, l'Esprit du Seigneur m'a touchée afin que je la suive (...), et dès le moment où j'étais là, Dieu m'a touchée. J'ai senti la différence et j'ai dit : "S'il te plaît, je veux [te] louer" (*Please I want to worship*). Dieu m'a touchée. Et après le service, l'homme de Dieu (*man of God*) a dit : "que ceux qui visitent [cette Église] pour la première fois s'avancent", et je suis allée, il a prié (*ministered*) pour nous et il a dit que nous devions naître de nouveau, accepter Christ pleinement afin d'être sauvé. Alors j'ai ouvert mon cœur, j'ai accepté Christ, je suis née de nouveau. »

Le récit de Jenny fournit une intéressante combinaison de transformations associées à la conversion que nous avons présentées dans la section précédente. Jenny commence par aborder sa conversion en insistant sur le caractère transformateur de sa propre conversion : « Depuis lors, j'ai été transformée, je suis devenue une autre personne. » Cette composante de transformation est au cœur de la conversion dans les discours pentecôtistes – et plus largement dans le cadre des courants issus des Réveils. Elle constitue probablement l'élément le plus constant au-delà des variations des formes de la conversion qui indique qu'il s'agit bien, dans la conversion, de produire un (nouveau) sujet (*born again*). De plus, Jenny est capable de dater son expérience de conversion à l'année 1988, au cours d'un événement précis, ce qui est un trait récurrent de la conversion dans les courants issus de Réveils[10]. Cette datation précise de la conversion renforce le caractère de rupture de la conversion qui se présente comme une transformation soudaine, une rupture, sous-entendue dans l'expression de « nouvelle naissance » (*born again*) qui fait écho à l'affirmation de Jenny indiquant qu'elle n'est pas née chrétienne. Notre analyse du récit de conversion de Jenny ne doit toutefois pas occulter le fait que, comme le souligne Simon Coleman (2003), la rhétorique de la conversion instantanée, radicale et totale masque en réalité une socialisation graduelle dans les pratiques rituelles et linguistiques qui fait apparaître la conversion comme bien plus progressive que les récits de conversion ne le prétendent.

La dimension affective et la relation d'amour avec Dieu est abordée par Jenny, mais plutôt de manière marginale, à travers une brève évocation. Cette mention de l'amour divin renvoie d'ailleurs rapidement à autre chose qu'à lui-même, puisque cet amour est mis en comparaison avec l'amour parental : « J'ai réalisé que quelqu'un m'aime davantage que mes parents. » Cette mention rappelle la contestation de certaines obligations liée à la parenté et à la gérontocratie, motif fréquent dans le pentecôtisme ouest-africain, et qui sera développé par Jenny ultérieurement.

En fait, si Jenny mentionne bien l'amour du Christ, elle n'évoque pas de transformation affective que suscite en elle la découverte de l'amour divin. La conversion engendre bien, dans son récit,

10. Ce trait s'observe néanmoins de manière plus systématique chez les premières générations de convertis.

une transformation que l'on pourrait qualifier de « psychologique » – le fait de ne plus avoir peur. Toutefois, elle n'attribue pas cette transformation aux vertus thérapeutiques de l'amour divin, mais au traitement rituel entrepris : la délivrance de l'« esprit de peur ». Ce qui apparaît comme le moteur de cette transformation, c'est la confrontation de puissances, divines et démoniaques, qui engendre l'expulsion de l'esprit malfaisant de la jeune femme. Contrairement aux récits de conversion évangéliques relatant une forme de guérison émotionnelle basée sur une expérience émotionnelle intense, ce n'est pas la révélation de l'amour divin qui occasionne, par ses vertus thérapeutiques, le retournement psychologique de Jenny, mais bien la supériorité des puissances divines sur les puissances démoniaques, au terme d'une confrontation. La subjectivation opérée dans le récit de conversion s'inscrit donc dans un univers polarisé et conflictuel, entre forces spirituelles antagonistes.

La dimension thérapeutique de la conversion apparaît de manière très marquée dans le récit de Jenny. Outre la délivrance de l'« esprit de peur », qui suscitait chez elle la crainte de sortir la nuit, Jenny relate sa guérison d'un trouble de l'estomac. Elle expose la problématique en se référant à l'inefficacité des traitements médicaux qu'elle a entrepris. Cette exposition de l'inefficacité des prises en charge médicales est très courante dans les récits de guérison pentecôtistes. Elle apparaît comme garante du caractère miraculeux de la guérison, puisque même la science médicale n'est pas venue à bout du trouble combattu. L'impuissance de la médecine conduit Jenny à s'adresser à son pasteur. Outre la délivrance à laquelle il procède, celui-ci demande à Jenny d'avoir la foi, en gage de laquelle, Jenny décide de jeter l'ensemble des médicaments qu'elle utilisait jusqu'alors. Cette attitude de rejet de la médecine biomédicale est très répandue au sein des milieux pentecôtistes, bien que controversée[11]. Elle affirme une supériorité de la foi sur la science, la médecine étant alors souvent prise comme témoin de sa propre impuissance, puis de la guérison divine constatée.

La prochaine étape de la démarche thérapeutique, dans le récit de Jenny, concerne sa relation avec son père qui n'est pas converti.

11. En Suisse, des organisations spécialisées dans la guérison divine, comme par exemple la Conférence Internationale des Ministères de Guérison, se positionnent officiellement contre un rejet de la médecine biomédicale au nom d'une démarche de guérison par la foi. L'abandon de traitements médicamenteux ne devrait se faire qu'avec précaution, en discussion avec le médecin traitant.

Le rejet des médicaments coïncide en effet avec un changement de sa relation avec son père qui avait financé son traitement. En lui préférant la thérapie par la foi, Jenny provoque la colère de son père. Sans se préoccuper davantage de sa réaction, Jenny clame haut et fort que la gloire de sa guérison revient à Dieu – et non aux médicaments[12]. La suite du récit de conversion de Jenny porte sur la prospérité à laquelle elle accède par son nouveau statut de *born again*. En premier lieu, elle mentionne la prospérité engendrée par sa conversion sur le plan familial. Jenny présente l'exaucement de ses prières pour trouver un bon mari et avoir des enfants comme une conséquence de son statut de convertie. Elle enchaîne sur la prospérité spirituelle que lui a apportée sa conversion – que nous identifierons ultérieurement comme l'« onction » – qui permet à Jenny d'exercer des responsabilités et de prêcher dans son Église. Cette insistance sur les bénéfices apportés par la conversion s'inscrit dans la droite ligne de la théologie de la prospérité qui constitue l'un des traits du pentecôtisme de la « troisième vague » : le chrétien qui prend au sérieux sa foi et agit en conséquence bénéficie des bénédictions divines qui se manifestent par une réussite sociale et familiale, une prospérité financière, etc.

Prendre au sérieux sa foi se traduit, dans les pratiques sociales, par le respect d'un certain nombre d'obligations qui incombent au converti. Jenny en cite quelques-unes telles que la lecture de la Bible ou l'évangélisation. Si la conversion permet aux pentecôtistes de s'affranchir de certaines obligations rituelles et morales, notamment celles liées à la parenté étendue dans certaines sociétés africaines, elle implique en contrepartie d'observer de nouvelles obligations et de respecter de nouveaux tabous. En cela, elle s'inscrit bien dans la continuité des conversions dans les courants de Réveil qui insistaient sur le redressement moral associé à la nouvelle naissance, et qui implique de suivre de nouvelles normes de conduites. Dans ce sens, la conversion au pentecôtisme ne peut être uniquement conçue en termes d'affranchissement social et d'individuation. L'affaiblissement du poids de la parenté élargie est contrebalancé par l'emprise de nouvelles obligations organisées autour de l'Église.

12. Les conflits générationnels engendrés par les conversions au pentecôtisme sont un motif largement répandu sur le continent africain, si bien que la conversion a pu être interprétée en termes de contestation du pouvoir gérontocratique (van Dijk, 1995).

La fin du récit de conversion de Jenny s'apparente à une synthèse théorique sur la conversion, avec un volet théologique, formulé dans le cadre d'une démarche d'évangélisation[13], et un volet pratique présentant le déroulement type d'une démarche de conversion. Ce second volet met en scène Dieu comme actant principal du récit, Jenny adoptant une position tantôt passive (elle est touchée par Dieu, c'est Dieu qui la convainc de se rendre à l'Église) et tantôt active (elle formule des demandes à l'égard de Dieu). L'amie de Jenny apparaît comme une intermédiaire dans cette relation entre Jenny et Dieu : elle lui propose de l'accompagner à l'Église, mais c'est Dieu qui la convainc d'accepter l'invitation. La théorie de la conversion est formulée dans le récit de Jenny à travers l'intervention de l'« homme de Dieu » (*man of God*) qui s'adresse à elle et l'invite à se convertir. Le récit se termine par la démarche de conversion de Jenny, ce qui lui offre l'occasion de formuler une définition-type de la conversion : « J'ai ouvert mon cœur, j'accepté Jésus et je me suis convertie (*I became born again*). » Cette définition de la conversion offerte par Jenny pourrait s'appliquer à de nombreux courants issus des Réveils, à différentes époques et dans différents contextes. Elle constitue l'un des éléments qui permet à des pentecôtistes de sociétés diverses de s'imaginer appartenir à une même communauté pentecôtiste transnationale (Corten & Marshall-Fratani, 2001)[14]. Pourtant, un consensus (relatif) autour d'une définition théorique de la conversion n'implique pas que la conversion procède au même type de transformation dans tous les contextes, ni ne fasse émerger le même type de sujet.

Créer l'altérité : conversion et distinction

Dans certaines Églises, la conversion est mise en scène lors de chaque service religieux sous forme d'un appel à l'autel (*altar call*), sur le modèle des campagnes d'évangélisation contemporaines ou des réunions de Réveil des siècles derniers. C'est notamment le cas à

13. « Je dis aux gens qu'il y a un homme appelé Jésus Christ qui est mort pour nos péchés, qui nous a aimés, qui est là dans le ciel et qui intercède pour nous, qui est venu sous la forme d'un homme et qui est mort pour nos péchés. »

14. Le concept de « communauté imaginée » (*imagined community*) développé par Benedict Anderson (1996) apparaît comme pertinent dans ce contexte (voir aussi Rey, 2010).

l'Église ghanéenne *Lighthouse Chapel International* où ce rituel y est répété de semaine en semaine, en Suisse comme au Ghana. Le plus souvent, lorsque l'assemblée est de petite taille, personne ne répond à l'appel puisque les participants sont déjà « convertis ». Mais lorsqu'une personne souhaite se convertir dans un service religieux, elle se tient debout, face au pasteur, tournant le dos à l'assemblée, et répète les mots du pasteur dans une prière affirmant qu'elle renonce au démon, accepte Jésus Christ comme sauveur et décide de le suivre. Après ce court rituel, la personne sera prise en charge par un membre de l'Église qui s'enquerra de sa trajectoire, lui proposera peut-être des réponses adaptées et s'occupera de son intégration éventuelle dans l'Église.

Dans la plupart des Églises étudiées, l'appel à la conversion ne se fait pas de manière systématique et régulière, mais plutôt à l'occasion d'événements particuliers, par exemple au cours d'une conférence annuelle. La pratique ordinaire consiste alors à repérer les nouveaux visiteurs, qui sont souvent invités à se présenter au cours du culte. Cette démarche prend parfois la forme d'une procédure bureaucratique dans laquelle on invite le nouveau venu à remplir un formulaire comportant des données personnelles, afin de pouvoir contacter la personne par la suite, ainsi que des questions relatives et à ses intentions vis-à-vis de l'Église, en vue d'une éventuelle adhésion. Cette procédure a notamment été observée au sein de la l'Église pour les Nations ou de l'Église *Lighthouse Chapel International*. Elle est apparue comme plus rare dans les Églises francophones. Mais la plupart du temps, c'est dans le cadre de l'interaction ordinaire, notamment au cours des salutations de bienvenue, que le statut de converti du visiteur est sondé. À travers ce que Philippe Gonzalez (2009) nomme les « herméneutiques ordinaires », les membres de l'Église évaluent le statut du nouveau venu et émettent des hypothèses sur sa qualité de « sauvé » ou de « perdu ». Cette « esthétique » relève également de la forme du langage adopté, de la mise en mots de l'expérience quotidienne selon les codes propres au milieu. Se convertir, c'est aussi acquérir un langage spécifique (Hardin, 1987) qui permet de redire sa trajectoire en lui donnant la forme d'une trajectoire de Salut. En fonction des signes perçus et de leur interprétation, le membre de l'Église osera poser la question de la conversion au nouveau venu de manière frontale, ou discernera chez son partenaire de discussion les signes d'une occasion de témoigner. S'il s'avère si important de connaître le statut de converti de son interlocuteur, c'est que la conversion constitue le critère de distinction principal entre le « nous » pentecôtiste et le reste du monde, ce qui influencera la poursuite des interactions.

Lorsque l'interlocuteur est identifié comme un non converti, et pour autant que l'on se situe dans le registre pentecôtiste, la relation prendra alors une forme asymétrique dans laquelle il s'agira, pour le converti, d'imposer ses catégories d'appréhension du monde[15]. C'est ce que souligne Susan Hardin, pour qui le processus de conversion commence lorsqu'un auditeur s'approprie le langage et la perception du monde du converti. Dès lors, le simple fait d'écouter un témoignage de conversion, de se projeter dans sa trame narrative constitue un pas important vers une démarche de conversion : « If conversion is a process of acquiring a specific religious language, and witnessing is an orthodox Protestant rite of conversion, then if you are willing to be witnessed to, if you are seriously willing to listen to the gospel, you have begun to convert » (Hardin, 1987 : 178). En effet, l'essentiel du processus de conversion, du point de vue de la constitution du sujet, ne se situe pas dans le fait de passer du statut de « perdu » à celui de « sauvé », mais bien dans le fait de s'approprier la dichotomie « perdu/sauvé » comme distinction majeure entre les êtres humains. Dès lors que cette dichotomie est intériorisée, dès lors que l'on accepte de percevoir le monde à travers les lunettes de cette opposition binaire, il est fort probable que l'on choisisse de se positionner dans la plus favorable de ces catégories, à savoir celle de converti.

Dans ce sens, l'activité prosélyte apparaît comme le prolongement naturel de la conversion qui comporte une double visée : diffuser la dichotomie « sauvé/perdu » comme mode de catégorisation premier du monde – et de ce fait, gagner des nouveaux convertis – et prolonger l'efficacité de la conversion en recréant la distinction entre sauvés et perdus. Les activités d'évangélisation comportent donc une double facette : l'une, officielle, tournée vers l'acquisition de nouveaux membres, l'autre engendrant la (re)création du « nous » pentecôtiste (ou évangélique) par opposition à ceux qui sont perdus (Maskens, 2010).

---

15. Maïté Maskens souligne notamment le caractère autoritaire des activités de prosélytisme lié à cette imposition des catégories binaires de converti - non converti (2010 : 342). Ajoutons que dans le langage pentecôtiste, cette asymétrie est également apparente dans l'expression « prendre autorité sur », empruntée au registre de la délivrance, mais qui s'applique aussi bien à une personne qu'à un esprit.

Ainsi, lorsque les actions d'évangélisation ont peu d'impact en termes de nouvelles conversions, elles s'avèrent toutefois efficaces du point de vue du maintien de la frontière que construit la conversion. Ce maintien ne se réalise d'ailleurs pas uniquement dans le cadre d'actions prosélytes ou de témoignages adressés aux non pentecôtistes. La frontière de la conversion peut également être entretenue au sein même de l'église, sans se confronter de manière directe aux non convertis. Comme le souligne Simon Coleman (2003), une orientation « conversionniste » peut être cultivée en imaginant le non converti plutôt qu'en le rencontrant : seule la présence rhétorique du non converti est nécessaire au maintien du système. Les réactivations de cette frontière sont régulières, notamment sous la forme d'un rappel du devoir d'évangélisation.

À l'Église pour les Nations, par exemple, le pasteur insiste régulièrement sur l'importance de l'évangélisation. Il souligne l'importance de la compassion et de la prière pour le Salut des personnes, parce qu'il estime que c'est à travers la compassion qu'il est possible de sauver des gens. En mai 2009, au cours d'une réunion de prière, il prêche à ses auditeurs qu'ils sont appelés à être les apôtres de la ville : « We are the Apostles of Geneva ». Pour encourager son public à évangéliser leurs proches, il leur demande s'ils ont pensé à leurs collègues, à leurs voisins, à toutes les personnes avec lesquelles ils prennent leur pause café au travail. Il leur rappelle que c'est à eux qu'il faut penser en priorité, car ces personnes vont vers l'enfer si elles ne sont pas converties. Il demande qui, parmi les auditeurs, a déjà lu le livre sur le feu de l'enfer actuellement en vente à l'entrée de l'église. Puisque seule une jeune femme se manifeste en levant la main, le pasteur suggère qu'il faudra commander plus de livres, parce que c'est en les lisant que l'on devient véritablement zélé pour évangéliser.

Par cette prédication, le pasteur de l'Église pour les Nations réactive la frontière discursive entre convertis et non convertis sous deux formes différentes : d'une part, sous la forme spécifique de la destinée post-mortem et de la damnation des non convertis, par opposition à la félicité post-mortem des convertis ; d'autre part, dans le positionnement des convertis dans leur relation aux non convertis. Les premiers disposent alors d'une responsabilité vis-à-vis des seconds, leur inactivité en matière d'évangélisation risquant d'entraîner la perdition définitive des non convertis. Si la mission des convertis, formulée de manière générale, est orientée vers une entité à la fois collective et territoriale (la ville de Genève), le mode d'évangélisation concret auquel invite le pasteur s'inscrit dans les interactions du quotidien : il s'agit alors d'appliquer la dichotomie « converti/non converti » dans les situations ordinaires, professionnelles ou de voisinage, ce qui revient à convoquer la frontière de la conversion dans des contextes habituellement régis par d'autres registres de distinction.

Comme l'illustre cette prédication, la frontière de la conversion est de nature essentiellement discursive et demande d'être alimentée par des efforts constants de (re)création de cet écart entre « sauvés » et « perdus ». Le contenu attribué à la perdition peut varier d'un contexte et d'une époque à l'autre. S'il était essentiellement orienté vers la destinée post-mortem dans le pentecôtisme classique, le pentecôtisme de la « troisième vague » et les courants apparus au cours des dernières décennies insistent fortement sur un salut situé dans l'ici-bas, c'est-à-dire dans la mobilité sociale et le succès personnel. Mais ce qui perdure au-delà des différentes conceptions de la perdition et du Salut, c'est le caractère discriminant de la dichotomie produite par la conversion qui, en tant que principe distinctif appliqué au monde social, produit des effets dans la configuration des relations sociales, du rapport à soi-même et à autrui.

Quitter l'infortune : guérison, restauration, délivrance

Pour Jenny, comme pour beaucoup d'autres convertis rencontrés au cours de nos recherches, la conversion ne constitue que le début d'un processus de transformation dont un volet est d'ordre thérapeutique. Dans le pentecôtisme, le processus thérapeutique dans lequel s'engagent la plupart des convertis doit être compris au sens large : il s'agit de « quitter l'infortune », quelle qu'en soit la forme[16]. En cela, le pentecôtisme constitue effectivement une forme de « christianisme pragmatique » (Amiotte-Suchet, 2006 : 346) où la validation de l'autorité des Écritures passe par l'expérimentation de la puissance de Dieu : « l'autorité des Écritures devra, pour être effective, se trouver systématiquement validée par l'expérimentation pragmatique de la

16. L'« infortune » désigne ici le malheur tel qu'il est formulé par les dispositifs rituels pentecôtistes. Quant à l'« infortuné », il souligne le positionnement du sujet dans les dispositifs rituels, celui qui consiste à suivre un traitement rituel en vue de « quitter l'infortune ».

puissance agissante de Dieu au quotidien». Dans les Églises au sein desquelles nous avons conduit nos recherches, ce processus thérapeutique est désigné par une terminologie variée dont nous avons identifié trois dimensions qui paraissent particulièrement significatives: la guérison, la délivrance et la restauration. Ces dimensions présentent des points de convergence, mais disposent néanmoins de champs sémantiques distincts.

La «guérison» constitue l'une des désignations du processus thérapeutique pentecôtiste. Elle est conçue comme une guérison physique ou émotionnelle-psychologique dont Dieu est l'agent principal. Elle intervient généralement à la suite de prières opérées par un pasteur, souvent accompagnées d'une imposition des mains et parfois d'une onction d'huile, mais peut également adopter le caractère graduel d'une «guérison progressive». En Suisse, la Conférence Internationale des Ministères de Guérison qui se déroule dans la ville de Lausanne fournit un bon exemple des pratiques pentecôtistes axées sur la guérison[17]. Elle réunit une population mixte de participants issus des Églises pentecôtistes/charismatiques suisses, mais aussi des Églises africaines. D'un point de vue historique, l'insistance sur la guérison divine dans le pentecôtisme est héritée des courants de Réveil et de sanctification du XIXe siècle. Le modèle des conférences internationales de guérison réunissant des pasteurs et participants de divers pays existait déjà à cette époque, insistant sur la possibilité pour les chrétiens de guérir les maladies et de ressusciter les morts[18]. À partir du milieu du XXe siècle, on assiste à une résurgence de ces pratiques sur le modèle du prédicateur baptiste William Branham qui, «sous la conduite d'un ange» le guidant dans ses pratiques thaumaturgiques, réunit les foules en quête de guérison. De nombreux *healing evangelists* américains lui emboîtèrent le pas dont, parmi les plus connus sont Oral Roberts ou T. L. Osborn. Sans toutefois prendre la forme de grands rassemblements de ce type, les pratiques de guérison sont largement répandues dans les Églises pentecôtistes, elles font désormais partie intégrante du culte.

17. La Conférence Internationale des Ministères de Guérison se tient chaque année en alternance à Lausanne et à Paris et a plus récemment investit d'autres villes. Pour plus de détails au sujet de cette Conférence et des pratiques de guérison associées, voir aussi Stolz (2007, 2011).

18. En 1885, une *Divine Healing Conference* se tint à Londres dans laquelle on note la présence de pasteurs suisses, mais aussi sud-africains (Hollenweger, 1972).

La « délivrance » couvre un champ thérapeutique large et conceptualise le processus thérapeutique en termes d'expulsion du mal sous la forme d'esprits malfaisants – ou parfois sous une forme plus métaphorique. Dans les pratiques que nous avons observées, la délivrance visait à traiter (ou parfois à prévenir) l'infortune dont les principales formes renvoient à la maladie, aux troubles psychiques – en particulier à la dépression, au célibat, à la stérilité, aux problèmes conjugaux et au divorce, à un sentiment de solitude ou de marginalisation, aux accidents, à la pauvreté ou encore à des problèmes financiers. Les conditions d'apparition du malheur, sa récurrence, sa résistance aux tentatives de remédiation plus classiques (médecine biomédicale en cas de maladie, médiations conjugales en cas de problèmes de couples…) constituent autant d'indices de la nécessité de combattre l'origine spirituelle du malheur persistant. La délivrance consiste alors à expulser, par des pratiques rituelles, l'entité spirituelle à l'origine du trouble. Cette entité, un esprit, est le plus souvent « attachée » à la personne souffrante, parfois liée à un lieu géographique dont il faudra la déloger. L'expulsion de l'esprit doit alors conduire le converti à accéder aux bénédictions qui lui reviennent : santé physique et psychique, mariage heureux, descendance, ascension sociale, bénédiction spirituelle[19] ou encore prospérité financière. En pratique, guérison et délivrance sont souvent associées et constituent un continuum plutôt que des catégories d'action dissociables en principe.

La restauration, bien que moins fréquente dans les discours que les deux termes précédents, évoque une autre dimension du processus thérapeutique dans lequel s'engagent une majorité de nouveaux convertis. Elle s'applique essentiellement à des trajectoires personnelles, de mobilité sociale, et recouvre un champ de malheurs proche de celui de la délivrance : maladie, mais surtout conflits familiaux, déshonneur, perte de statut social, problèmes financiers, chômage, etc. Le terme de restauration suggère qu'une bénédiction à laquelle peut prétendre le converti n'a pas pu se réaliser. Il s'agit donc d'accéder à cette prospérité initialement promise au chrétien. Contrairement à la délivrance, la restauration n'implique pas l'expulsion d'entités spirituelles considérées comme à l'origine de l'infortune. Elle recouvre un champ d'application plus large relatif notamment aux questions de mobilité sociale. La restauration apparaît donc comme un processus

19. La prospérité spirituelle renvoie à la notion d'onction.

thérapeutique particulièrement adapté à une population migrante ayant expérimenté une trajectoire sociale descendante : elle vise notamment à restaurer une réputation et un prestige perdus ou à retrouver un équilibre au sein du couple et de la parenté mis à mal par les reconfigurations liées à la migration (féminisation de l'emploi, modification du contexte d'éducation des enfants, etc.). La restauration évoque essentiellement le pendant non médical du processus thérapeutique, ses aspects éminemment sociaux, et renvoie à la question de l'accomplissement de soi[20]. Elle apparaît comme particulièrement adaptée aux Églises qui souhaitent se départir d'une mise en scène qu'elles jugent excessive, et peu compatible avec les pratiques européennes, de la délivrance, sous la forme de l'expulsion des esprits du corps, manifestée par la transe[21]. Guérison, délivrance et restauration constituent trois dimensions d'un même itinéraire de transformation visant à combattre l'infortune. L'insistance sur l'une ou l'autre de ces dimensions dépendra à la fois du positionnement de l'Église ou des dirigeants organisant les activités rituelles ainsi que du profil de la personne au centre du dispositif thérapeutique.

Formuler le malheur : diagnostic et mise en récit

Le processus de guérison commence par une définition du problème traité impliquant une négociation autour de la définition de l'infortune à combattre. Toutes les sociétés ont développé des manières d'appréhender l'irruption du « malheur », ou son cheminement insidieux et progressif dans la vie des groupes et des personnes. Les pratiques rituelles se présentent souvent comme l'un des moyens convoqués pour « socialiser » l'infortune, lui donner un sens, un contenu, une forme, une explication. Cette mise en forme de l'infortune permet de la rendre appréhendable, d'y « avoir prise », de la « prendre en main », de la maîtriser, de la canaliser, dans le but de l'infléchir. Alors que l'infortune, dans la manière dont elle surgit, semble par définition

20. Par « accomplissement de soi », nous n'entendons pas une forme individualiste de développement personnel, mais au contraire une forme socialement déterminée, partagée et reconnue de réalisation personnelle. L'accomplissement de soi renvoie souvent – mais non de manière exclusive – à une forme de mobilité sociale.

21. En cela, la restauration s'inscrit dans « la tendance à l'euphémisation ou à la mise sous le boisseau des pratiques de délivrance » observée en Europe et dans les sociétés « sécularisées » (Mary, 2010 : 139).

échapper à tout contrôle, le rituel apparaît comme une technique visant précisément à la contrôler[22]. Le premier volet du travail à opérer vis-à-vis de l'infortune consiste alors à lui donner un visage, une forme qui la rende identifiable et donc appréhendable.

Cette étape peut épouser la forme d'une consultation d'un spécialiste du rituel : à l'instar du médecin que l'on consulte en cas de maladie, le pasteur sera à même d'interpréter les signes accompagnant l'apparition du malheur ou d'identifier sa source. En matière de consultation et de diagnostic[23], les pratiques varient en fonction des Églises : alors que certaines jugent nécessaire de définir très précisément la source du malheur, les personnes ou esprits impliqués dans son apparition[24], d'autres se contentent de définir le problème ou son origine de manière moins précise et se concentrent sur le traitement rituel à entreprendre. Mais dans un cas comme dans l'autre, le processus de nomination du malheur fait l'objet d'une négociation entre l'infortuné et le spécialiste du rituel, en puisant dans l'éventail des catégories proposées par les dispositifs pentecôtistes.

Lorsque la pose du diagnostic reste relativement imprécise, la négociation se fait sous la forme d'un appel collectif par le spécialiste du rituel à l'intention des personnes souffrant d'un trouble quelconque. Les personnes qui se sentent concernées par le trouble décrit sont alors invitées à s'avancer et bénéficieront d'une prière collective ou individuelle, parfois précédée d'un bref diagnostic, opéré grâce au « don de connaissance » ou par une révélation divine. En novembre 2009, à la *New International Church* à Bienne, le Révérend invité Sam K. Ankrah, fondateur de l'Église ghanéenne *Royalhouse Chapel International* affirme avoir reçu une parole de connaissance (*word of knowledge*) : il annonce

22. Comme le constatait Olivier Favre (2006 : 94), dans le paysage pentecôtiste suisse, la dimension thérapeutique est particulièrement prégnante parmi Africains et Sud-Américains, ce qui constitue une différence entre les Églises issues de la migration et les Églises suisses établies de plus longue date.

23. Nous définissons le « diagnostic » comme l'action de nomination du malheur et d'identification de sa cause.

24. C'est notamment le cas de la plupart des Églises accordant une grande importance aux pratiques de délivrance. Pour exemple, on citera le Ministère Le Combat fondé en République Démocratique du Congo et qui a essaimé en Europe. Les motifs de consultation les plus fréquents des personnes qui se joignent au Ministère incluent le célibat, les problèmes familiaux ou conjugaux, la frigidité, les échecs récurrents, les maladies ou les problèmes de permis de séjour (Ndaya Tshiteku, 2008).

que quelqu'un dans l'église a mal à la tête, une migraine, et invite cette personne à s'avancer. Une vingtaine de personnes répondent à l'appel et s'avancent. La première femme qui s'approche est une d'origine africaine, comme la moitié des personnes qui la suivent. L'autre moitié est composée d'Européens, dont quelques-uns sont membres de l'Église *New International Church*, alors que d'autres fréquentent habituellement une autre Église et sont simplement venus assister à la conférence. Le Révérend Sam K. Ankrah prie pour les personnes de manière individuelle. Une ou deux d'entre elles tombent à terre, mais la plupart reçoivent la prière du pasteur sans vaciller. Le Révérend affirme que quelqu'un éprouve des empêchements à réaliser ce qu'il devrait accomplir : il dit que cette personne aimerait bien suivre Dieu, mais que quelque chose l'en détourne, elle aimerait bien être fidèle à sa femme, mais elle sent qu'elle a toujours un empêchement. Quelques personnes se sentent concernées, répondent à l'appel et s'avancent. Sam K. Ankrah prononce alors des prières de délivrance.

La démarche décrite dans cette séquence rituelle est particulièrement peu intrusive et peu précise dans sa manière de formuler le problème : elle opère par inversion de la procédure thérapeutique biomédicale selon laquelle une personne souffrant d'un malheur persistant vient exposer ses symptômes à un spécialiste susceptible de poser un diagnostic et de lui indiquer un traitement. Ici, le symptôme est divinement révélé au spécialiste du rituel. Il est en quelque sorte « proposé » aux personnes présentes qui peuvent choisir de s'y identifier ou non. En fait, il ne s'agit pas ici de correspondre aux symptômes décrits de manière précise, à la manière d'une consultation médicale, mais plutôt de se sentir personnellement concerné par cette « parole de connaissance »[25]. Les témoignages qui clôtureront cette soirée le confirmeront d'ailleurs : la plupart des personnes qui se sont présentées ne souffraient pas de maux de têtes, mais d'un autre trouble, physique ou émotionnel, dont ils espéraient « guérir ». Le deuxième symptôme évoqué par le Révérend Sam K. Ankrah consiste en des empêchements, des échecs répétitifs, des « blocages ». Pour le Révérend, ces symptômes renvoient à des problèmes spirituels qui appellent à un traitement rituel spécifique : la délivrance. Ici aussi, seules quelques personnes qui

25. Alors que la parole est toujours formulée au singulier, comme si elle ne concernait qu'une seule personne (*somebody*), c'est une vingtaine de personnes qui répond à l'appel du Révérend Sam.

s'identifiaient au symptôme présenté se sont avancées afin de recevoir la prière susceptible de les libérer de leurs échecs persistants.

Dans d'autres situations, le diagnostic épouse une forme plus précise, mais aussi plus courante dans les dispositifs thérapeutiques. L'infortuné se présente alors personnellement au spécialiste du rituel, au cours d'un culte ou en dehors de celui-ci, et lui expose les symptômes qui le troublent : célibat, maladie, problèmes conjugaux, échecs répétitifs, etc. La tâche du pasteur (ou de tout autre spécialiste) consiste alors à interpréter certains signes afin de proposer un diagnostic, ou, en tous les cas, un traitement. Les signes interprétés seront alors de différente nature : il s'agit des symptômes rapportés par l'infortuné, mais également de son comportement pendant l'entretien ou le culte, de sa situation familiale ou professionnelle, de son attitude au sein de l'Église ou encore de ses rêves. Ces signes sont interprétés comme des indicateurs d'une certaine origine du malheur, qui sera ensuite proposée à l'infortuné, et comme des incitations à entreprendre une démarche rituelle appropriée. La palette des signes et leur interprétation sont acquises par les spécialistes du rituel au cours de leur formation ou de leur initiation à l'exercice de responsabilités dans les Églises, essentiellement dans le cadre de leur propre pratique ou d'observations des pratiques d'autres pasteurs. Dans la délivrance, des manuels portant sur ses aspects pratiques et les procédures d'identification des esprits démoniaques, souvent édités en Afrique, constituent également une source importante pour la pose du diagnostic chez les pasteurs africains (Fancello, 2008). Au cours d'un entretien, un pasteur congolais d'une Église lausannoise nous exposait en ces termes sa manière de procéder aux diagnostics pour les cas de possession :

> « On trouve plusieurs cas comme ça : quand nous prions avec une personne – cette personne est venue [au culte] dans l'état normal – et pendant la prière, cette personne tombe. Et quand elle tombe, vous comprenez que cette personne parle, mais vous comprenez du coup que ce qu'elle dit, ce n'est plus elle dans son sens normal, dans sa logique normale, mais c'est plutôt un esprit qui parle. Il a pris possession [d'elle], il proférait des menaces, il proférait des choses comme ça, donc là, on parle d'un cas de possession. Et à force d'exercer, à force de se retrouver devant ces cas-là, on arrive à discerner, même quand une personne n'est

pas encore en transe, et quand une personne est devant nous : il nous arrive de discerner [un esprit] dans son langage, dans son discours ou dans sa façon d'être, dans sa façon de se comporter, dans sa façon de s'habiller, dans sa façon d'agir. [Par exemple] une personne qui a un esprit d'autodestruction, qui est en train de se mutiler : après, quand on parle avec la personne, [on réalise que] ce n'est pas dans son bon sens. Ce n'est pas seulement un cas psychologique, comme chez les médecins ou comme chez les psychothérapeutes, c'est un cas spirituel, et il y a lieu de chasser cet esprit-là qui habite en elle. Et selon l'expérience, [dans] la plupart des cas, quand on a chassé cet esprit qui agit dans les personnes, la personne est libérée, cet esprit est parti, et la personne est redevenue normale. Et nous croyons à ça, non pas parce que c'est un cas isolé, mais plutôt parce que nous avons des exemples par rapport à ça. (…) [Voici] un exemple sur la révélation [divine] de manière typique : tu parles avec une personne, tu lui poses les questions, il semble être normal, tout est bien, et tout d'un coup, Dieu te révèle quelque chose dans le domaine occulte. Par exemple, [Dieu te montre qu'il faut lui demander] : "est-ce que vous avez déjà été consulter un marabout et [est-ce] que vous gardez quelque chose chez vous à la maison ?" Ça c'est quelque chose qui sort de l'ordinaire. Normalement, quand on parle, il n'y a rien sur ce domaine [dans la conversation], et tout d'un coup, il y a une révélation de Dieu qui peut te dire : "Là, vous pouvez avoir quelque chose en vous que vous gardez encore". Et tout d'un coup, tu peux te dire : "Tiens, ça fait longtemps, des années, mais j'ai même oublié que j'avais ça [l'objet d'un marabout] à la maison". Ça fait partie de la révélation. »

Dans les propos du pasteur, les signes interprétés comme des indicateurs de possession se réfèrent essentiellement au comportement présent ou passé[26] de la personne : la transe, en premier lieu, lorsqu'elle se manifeste, mais aussi son langage, son discours, sa façon d'être, de se comporter, de s'habiller. En ce sens, le diagnostic de possession

26. La consultation d'un marabout constitue une conduite se référant au passé dont la trace (l'objet donné par le marabout) doit être détruite.

ne constitue pas uniquement une procédure thérapeutique visant à soulager les infortunés, mais également une manière de structurer, par la censure, le champ d'action possible des autres (Foucault, 1984a), puisque les comportements déviants seront considérés comme des cas de possession. Le langage, le discours, la façon d'être, de se comporter, de s'habiller ou d'agir s'écartant (trop) manifestement du champ des conduites acceptables (en fonction de la position de chacun dans l'Église) pourront valoir à la personne concernée le statut de « possédée », nécessitant un traitement rituel adapté (la délivrance) pour « redresser sa conduite ». En cela, la pose d'un diagnostic de possession constitue bien un acte de jugement et donc d'exercice du pouvoir – au sens foucaldien du terme – en agissant sur les actions d'autrui, par un effet de censure.

En Amérique latine, André Corten constatait l'omniprésence du discours biomédical dans les récits de miracle (Corten, 1999). Ce constat rejoint nos observations. La pose du diagnostic, dans les pratiques pentecôtistes des Églises visitées, se caractérise par sa complémentarité – et non sa substitution – aux diagnostics médicaux. Plusieurs interlocuteurs établissent un lien entre l'« impuissance » de la médecine et une origine spirituelle du trouble. Les explications spirituelles de la maladie, notamment en termes de possession, de sorcellerie, voire de punition divine en cas de désobéissance, sont d'autant plus mobilisées qu'elles ne trouvent pas d'explication et de traitement satisfaisant dans le cadre d'une prise en charge médicale classique. Cette répartition des champs de compétence entre le médecin et le pasteur, du point de vue du discours pentecôtiste, constitue un élément important pour comprendre les dispositifs thérapeutiques pentecôtistes. Les propos de Jules, un jeune Congolais requérant d'asile impliqué dans une Église de Renens, dans la région lausannoise, illustrent la complémentarité entre médecine et pentecôtisme, ce dernier étant davantage mobilisé, comme explication et comme traitement, lorsque la médecine atteint ses propres limites :

> « Le docteur va dire : "cette femme est malade", peut-être qu'il y a des problèmes de disque sur le dos, peut-être à la colonne vertébrale, ou bien il y a une déformation. (...) Ils ne vont pas te dire de choses spirituelles. Ils vont te [donner des indications] selon les études qu'ils ont étudiées pour la colonne vertébrale, (...)

ils vont te dire d'une manière scientifique, à la manière de la médecine, mais ils ne vont pas te dire d'une manière invisible, ce qui se passe dans ta vie. Mais cette femme-là, la Bible dit qu'elle était courbée pendant 18 ans, c'était [à cause] des esprits impurs (...)[27]. Mais quand Jésus a prié pour elle, sa colonne s'est redressée, c'était restauré, ça a pris la même forme qu'auparavant. Aujourd'hui, il y a encore de telles histoires qui se passent dans les hôpitaux, partout. Peut-être que quelqu'un qui souffre, c'est une maladie mystérieuse, ça ne se voit pas. Et puis tu pars à l'hôpital, mais ils [les médecins] disent : "on ne voit rien", et toi tu souffres, tu ne vois rien, tu souffres. Et quand on prie, maintenant, il y a une guérison divine, il y a le Saint Esprit qui connaît la maladie qui est spirituelle. Pour guérir, c'est comme ça. »

Selon nos observations, la pose du diagnostic est souvent plus élaborée lorsqu'il s'agit d'expliquer ce qui n'entre pas dans le champ de la médecine : des accidents (surtout s'ils sont répétitifs), des échecs récurrents, des troubles physiques dont les médecins n'ont pu identifier la cause, ou encore des problèmes que le discours médical qualifierait de « psychiatriques ». La psychiatrie constitue en effet l'un des principaux domaines dans lesquels le diagnostic pentecôtiste entre en concurrence directe avec le diagnostic médical[28]. Le cas de la personne s'automutilant évoquée par un pasteur congolais est emblématique de ce conflit d'interprétation au sujet de troubles ou de comportements relevant du domaine de la psychiatrie occidentale. Ainsi, des dirigeants d'Églises nous confiaient que, selon eux, la dépression ne constitue pas une maladie que l'on pourrait soigner avec des médicaments, mais bien une forme de tourment causée par une possession démoniaque. Ceci éclaire l'engagement de certaines Églises, telles que l'Église pour les Nations, dans les hôpitaux psychiatriques où des membres se rendaient régulièrement, généralement pour visiter une connaissance qui fréquente l'Église, saisissant également l'occasion de prier pour

---

27. Jules se réfère ici à un passage de la Bible, l'Évangile de Luc 13 : 11.

28. Du moins en ce qui concerne les Églises étudiées en Europe. Toutefois, dans les églises africaines, le Sida est souvent considéré comme une maladie d'origine spirituelle par les pasteurs pentecôtistes (cf. entre autres Fancello, 2007 ; Gusman, 2009).

d'autres patients de l'hôpital[29]. Contrairement à la majorité des champs de la médecine, reconnus comme utiles et en tous cas complémentaires à la guérison divine, la psychiatrie est jugée inefficace du fait même qu'elle ne s'attaque pas à la « vraie cause », spirituelle, du problème. Cette concurrence entre rituels pentecôtistes et traitements psychiatriques se fait également ressentir dans d'autres Églises. Un pasteur n'hésitait pas à comparer son rôle à celui d'un psychologue ou d'un psychiatre : « Il y a des gens qui ne savent pas quoi faire, qui sont désemparés, [qui viennent] pleurer ici. Parce que nous en tant que serviteurs de Dieu, c'est notre travail ici d'être à l'écoute. On fait le même travail qu'un psychiatre, qu'un psychologue, mais plus [encore]. Plus pourquoi ? Parce que les psychologues ne font qu'écouter la personne. Mais nous on écoute, mais en plus de cela, on montre à la personne qu'il y a des promesses pour celui qui croit en ce Dieu ». La dimension thérapeutique dans le pentecôtisme inclut donc le traitement des aspects « psychiques » de la personne, bien que ce traitement soit avant tout conceptualisé en termes spirituels, contestant les explications de ces maux selon le discours psychiatrique. L'espace rituel pentecôtiste, dans sa manière de formuler le problème (lorsqu'il est d'ordre « psychique »), autorise donc une mise en discours alternative du malheur qui peut être perçue comme émancipatrice pour les personnes ayant expérimenté une trajectoire thérapeutique psychiatrique infructueuse ou stigmatisante.

À l'exception du domaine psychiatrique, la dimension biomédicale est ici rarement contestée dans le processus thérapeutique. Parfois, le recours à la médecine est recommandé par les pasteurs qui la perçoivent comme complémentaire à la prière. Ainsi, le pasteur de l'Église pour les Nations, au cours d'une réunion de prière à Genève, affirmait que Dieu aide également à travers la médecine et les médicaments, tout en déplorant que dans le pentecôtisme indien au sein duquel il a grandi, les gens rechignent à consulter un médecin, préférant faire confiance à Dieu. Pour argumenter en faveur du recours à la médecine, le pasteur s'appuyait sur des passages bibliques recommandant l'usage de plantes ou aliments à des fins thérapeutiques, tout en citant quelques exemples de « remèdes » traditionnels indien (graines

29. À l'Église pour les Nations, on rencontre d'ailleurs un certain nombre de personnes qui souffrent de troubles « psychiques » ou qui ont effectué un séjour en hôpital psychiatrique.

de cumin, feuilles bouilles, bains de boue). Certaines catégories du discours biomédical sont par ailleurs intégrées au dispositif thérapeutique pentecôtiste et y remplissent une fonction à part entière : ainsi, la « parole du médecin » est fréquemment convoquée dans les témoignages de guérison. Cette parole sert toujours à renforcer le caractère miraculeux de la guérison. Garante de scientificité, elle valide la réalité du trouble par son diagnostic, elle accroît le caractère miraculeux de la guérison par le constat de l'impuissance de la médecine : Dieu apparaît toujours comme plus puissant que la science. Mais paradoxalement, la science matérialiste est nécessaire à l'existence du miracle. Elle est convoquée pour valider le caractère improbable, voire impossible selon les « lois naturelles », de la guérison constatée. Dès lors, seule une intervention divine est capable de détourner ces lois et le cours naturel des choses. Le témoignage d'Essi, une femme d'origine ghanéenne, constitue un cas typique de cette convocation des catégories du discours biomédical au sein des discours pentecôtistes :

> « Lorsque ma fille est née, (…) [les médecins] ont fait un scanner le troisième jour [après sa naissance] et ils ont réalisé qu'elle était née avec un seul rein. Ils ont dit "c'est okay, on peut vivre avec un seul rein, mais il faut que ce rein soit fonctionnel (*healthy*)". Alors ils ont fait d'autres tests, cinq jours, (…) et ils ont dit : "nous n'avons pas de bonnes nouvelles", parce que le rein se détériorait. Elle avait des reflux et quand elle urinait, la moitié de l'urine rentrait à nouveau et commençait à détruire le rein. Et ils ont dit qu'ils allaient la mettre sous traitement pendant toute sa vie, une prophylaxie, c'est un antibiotique, afin de prévenir les infections. Et plus tard, s'ils trouvent un donneur [d'organe], ils pourront l'opérer. J'étais si confuse, j'ai prié Dieu, et je me souviens bien, j'étais dans la clinique et j'ai entendu l'Esprit de Dieu dire : "Vas voir Isaïe." (…) Je ne me souviens pas quel verset, mais ça disait : "Crois-tu que ma main est trop courte pour sauver ? Ou mon oreille trop lourde pour entendre ?" Nous sommes rentrées à la maison et (…) j'ai commencé [à donner] l'antibiotique (…). Et quand elle a eu un mois, le pédiatre a appelé et dit : "il y a un professeur à l'hôpital cantonal qui veut voir votre bébé." (…) J'y suis allée, ils ont fait beaucoup de tests sur elle et ensuite ils ont dit qu'ils allaient lui faire un scanner. Ils

l'ont installée, et tout d'un coup, le gars qui prenait le scanner avait l'air ébahi, il était surpris, et il a appelé quelqu'un d'autre, ils regardaient tous les examens, et moi je priais dans mon esprit. Je disais : "Seigneur, si tu existes vraiment (*if you are really real*), je veux que tu me fasses un signe aujourd'hui." Quand ils ont terminé, (...) ils ont dit : "vous savez, je ne comprends pas ce qui s'est passé, mais maintenant elle a deux reins au lieu d'un seul." (...) Alors tout le monde était dans la clinique et voulait venir et la voir et l'embrasser. Parce que de temps en temps à l'hôpital, ils voient des choses qu'ils ne peuvent pas expliquer. Oui, ils savent que parfois il y a un miracle. (...) Et mon pédiatre a dit qu'il avait pratiqué pendant trente-cinq ans, mais n'avait jamais vu cela. (...) Et je lui ai expliqué que je suis chrétienne et que c'est un miracle. Il a dit : "Oulala, ah mais c'est un miracle !" (...) Il a utilisé le mot "miracle". Il sait que c'est Dieu. »

Le récit d'Essi relatant l'apparition miraculeuse du deuxième rein de sa fille, repose largement sur du vocabulaire médical : « tests », « scanners », « antibiotiques », « prophylaxie », « examens », « opération » occupent une importante partie de son récit. En arrière-plan, les prières d'Essi et les messages qu'elle reçoit de Dieu à travers un passage biblique contrastent avec l'activisme des médecins. Pourtant, c'est bien cette « arrière-scène », évoquée de manière sporadique entre deux événements médicaux, qui apparaît comme l'origine du miracle dans son récit. La description de l'arsenal médical constitue une argumentation en faveur du caractère miraculeux de l'événement : elle atteste le problème médical (absence d'un rein et détérioration du second) et l'impossibilité de sa résolution (mise en place de traitements préventifs mais contraignants). À la fin de son récit, Essi convoque également la parole du pédiatre pour attester du caractère miraculeux de l'apparition du rein. Ainsi, le récit acquiert un statut de « témoignage post-scientifique » (Corten, 1999 : 78) en absorbant l'aspect moderne du discours médical. Celui-ci est alors intégré dans la trame du récit de miracle et témoigne de l'agencéité divine qu'il atteste par le constat de l'impuissance de la médecine. Le sujet biomédical, défini par des normes et des lois scientifiques positivistes, constitue le socle qui permet l'élaboration du sujet pentecôtiste et la réalisation du processus thérapeutique pentecôtiste. Le sujet pentecôtiste guéri par Dieu s'inscrit dans le prolongement du sujet biomédical, puisque le caractère miraculeux de la guérison, son origine divine, ne peut qu'être établi par contraste avec une guérison « ordinaire », « naturelle » ou « médicale » qui s'inscrit dans la normalité scientifique sans contrarier les lois de la « nature ». Le récit de guérison miraculeuse s'inscrit ainsi dans un genre narratif dans lequel le sujet biomédical représente une prémisse à la guérison d'origine divine et donc à l'émergence du sujet pentecôtiste guéri par la puissance divine.

Traiter l'infortune : pratiques et controverses

Les démarches thérapeutiques proposées par les Églises et ministères pentecôtistes peuvent être présentés comme complémentaires ou comme concurrentes des traitements biomédicaux, en particulier lorsqu'ils concernent des cas « psychiatriques ». Les pasteurs affirment souvent s'attaquer aux véritables causes du problème, alors que les traitements médicamenteux ne feraient que calmer les symptômes. Le rituel pentecôtiste est alors présenté comme un traitement plus profond permettant de restaurer la personne touchée par l'infortune, ce que suggère ce pasteur congolais :

> « Il y a des gens qui font la dépression par exemple. Quelqu'un qui est déprimé dit : “ah non, parce que mon copain je l'aimais beaucoup, il m'a quitté.” Il fait la dépression pour ça. Il y a une autre personne, il fait la dépression parce qu'il a perdu un membre de la famille, un être cher, et il fait la dépression. Et un autre, il ne dort pas bien, il n'a pas sommeil la nuit, il voit des esprits, des hallucinations, des choses comme ça. Et ça je pense que si vous allez à l'hôpital, on va vous donner des somnifères qui vont juste vous permettre de dormir, mais ça ne résout pas le problème. Le problème il reste entier. Nous, ce que nous faisons, c'est nous entretenir avec la personne et chercher à comprendre la cause, parce que tout ce que nous voyons n'est que des effets, mais la cause du problème, et avec cette cause on commence à faire comme un traitement. Le traitement c'est d'abord lire la Bible qui est la réponse de Dieu par rapport à ça. Et puis on ajoute la prière par rapport à ça, et si ce sont des esprits [on dit] que “au nom de Jésus”, tous ces esprits-là, ils n'ont pas la place dans la personne, ils doivent partir et libérer la personne. »

Le pasteur mentionne la lecture de la Bible ainsi que la prière de délivrance comme traitement permettant de « libérer » la personne. Si le traitement rituel de l'infortune peut prendre des formes variées, la prière est la plus fréquente. Pour que la prière produise ses effets thérapeutiques, il importe que la personne qui l'énonce soit ointe, c'est-à-dire qu'elle dispose de la puissance de Dieu. La prière peut épouser chacune des trois formes présentées au début de ce chapitre : prière de guérison, prière pour la restauration, prière de délivrance. Outre la prière, d'autres traitements sont indiqués pour combattre l'infortune. Le jeûne est souvent recommandé, car il accroît l'efficacité de la prière et constitue un traitement nécessaire pour combattre certains types d'esprits. Il peut être pratiqué tant par le pasteur (qui peut ainsi accroître son degré de puissance spirituelle) que par l'infortuné lui-même, pour augmenter ses chances d'obtenir sa guérison. D'autres traitements peuvent encore être prescrits : lecture régulière de la Bible, observation de différents interdits (abstention d'alcool, de relations sexuelles hors mariage, interdiction de pratiques rituelles non pentecôtistes, de contacts avec certaines productions musicales ou culturelles[30]), participation régulière à l'Église, paiement de la dîme, pratique du combat spirituel, etc. Si le traitement pour combattre l'infortune est adapté à chaque cas singulier, la partie rituelle du traitement prend le plus souvent place dans le cadre collectif d'un service religieux au sein de l'Église.

Un vendredi soir du mois de mars 2009, dans une Église cosmopolite de la région lémanique, se tient une soirée de « prière et délivrance ». Les chaises sont disposées en deux colonnes à droite et à gauche de la salle principale, orientées vers un grand espace central dans lequel se dérouleront les prières personnelles et les délivrances. La soirée débute par des chants de louange entraînants, parfois accompagnés par quelques pas de danse. Des prières d'intercession pour le monde et les nations, associées aux événements qui scandent l'actualité, s'enchaînent et sont entrecoupées par des moments d'enseignements dispensés par une femme ghanéenne très engagée dans l'Église. Vers vingt-et-une heures, le pasteur reprend la direction de la soirée et demande aux participants si quelqu'un a besoin de la

30. Telles que de la littérature ou des jeux considérés comme empreints d'influences maléfiques.

prière. Plusieurs personnes répondent : une adolescente originaire des Philippines dont la sœur est en train de divorcer, une femme africaine dont le père est décédé et sera prochainement enterré, une femme allemande dont l'amie avait mal au ventre et n'a pu venir à la réunion ce soir-là.

La jeune fille originaire des Philippines dit qu'elle fait de mauvais rêves (*ugly dreams*). Le pasteur s'empresse alors de l'inviter à s'avancer vers l'espace central. L'adolescente a l'air un peu insécurisée, elle hésite. La Ghanéenne qui conduisait la prière en début de soirée l'encourage alors en lui disant : « Don't be affraid ! You're not alone. » La jeune fille s'avance, mais elle paraît très gênée. Le pasteur lui explique que le démon oppresse parfois les personnes à travers les rêves ou suscite des mauvais rêves, ou des rêves à caractère sexuel. Il lui recommande de se « couvrir » les yeux, les oreilles et l'esprit avec le « sang de Jésus » avant d'aller se coucher (« Cover your eyes, your ears, your mind with the Blood of Jesus »). Cette opération est censée constituer une protection efficace contre les démons. Le pasteur demande si d'autres personnes font des mauvais rêves. Il tente de les encourager et insiste sur le fait qu'il n'y a pas de honte à cela (« Don't be ashamed. ») Cinq autres femmes et un homme s'approchent. Le pasteur demande aussi à l'équipe du ministère qui l'assiste lorsqu'il pratique une délivrance (*deliverance ministry team*) de s'approcher de lui, puis il commence à prier sur l'adolescente. Pendant ce temps, les membres de l'équipe du ministère prient en langues et entourent les autres personnes. Le pasteur verse de l'huile sur les yeux et les oreilles de la jeune philippine, en prenant le temps de préciser que l'esprit sortirait par sa bouche. Puis, il lui impose les mains sur la tête en répétant frénétiquement : « Break it ! ». Il met sa main sur sa tête et assez rapidement, la jeune fille vomit ou crache dans la corbeille qu'on lui présente, suivant ainsi les suggestions du pasteur.

Un peu plus loin dans l'église, une femme de l'équipe du ministère prie sur une autre femme en claquant ses doigts très rapidement à droite et à gauche de son visage. Après un moment, celle-ci entre soudainement en transe et tombe à terre. Une assistante va chercher un large foulard et recouvre la femme qui git à terre. Plus tard, lorsqu'elle reprend ses esprits et s'assied, tandis que l'assistante lui présente la corbeille pour lui suggérer d'y vomir, la femme se relève, titube, puis s'écroule à nouveau au sol. Entre-temps, le pasteur s'est détourné de l'adolescente et s'occupe d'une autre femme d'origine africaine. Il prie longtemps sur elle, pose un doigt sur sa tête en le bougeant très légèrement et très rapidement pendant que l'équipe du ministère prie en langue, les mains posées sur son dos. Le pasteur pose parfois sa main sur la tête de la femme. Le rythme de ses prières répétitives reste constant et soutenu. Les membres de l'équipe du ministère gardent un contact physique avec la femme qu'ils entourent. L'assemblée prie en bougeant rapidement, de droite à gauche, avec de petits pas latéraux, en secouant les bras, les coudes pliés et parfois les poings fermés. La femme au centre du dispositif rituel se ramollit, elle devient flasque, souple, comme si la structure de son corps n'était plus constituée d'os, mais de caoutchouc. Elle se laisse pousser ou toucher par les membres de l'équipe du ministère – qui, comme elle, sont majoritairement des femmes – et qui posent leurs mains sur son dos et ses hanches. Après un long moment, elle se penche vers la corbeille qu'on lui présente et semble y vomir ou cracher bruyamment, en faisant quelques râles. On continue alors à prier pour elle, mais la prière s'est transformée : il ne s'agit plus d'une prière de délivrance s'adressant aux esprits chassés, on invoque désormais le Saint Esprit. Quelques femmes anticipent une chute imminente en enlevant des chaises près du lieu où se déroule la scène. Après quelque temps, la femme tombe effectivement à terre. Elle y reste pendant un instant, puis se relève. Une jeune mère de famille d'origine indienne et membre de l'équipe du ministère lui touche doucement les épaules, mais le pasteur fait comprendre à l'Indienne qu'il est préférable de laisser la femme tranquille. Celle-ci reprend peu à peu ses esprits, se relève lentement, s'assied sur une chaise et est rejointe par une connaissance qui lui dit : « Alors, t'es crevée, hein ? C'est bien. » Une fois la délivrance achevée, les femmes du ministère prodiguent des conseils, elles sont attentionnées, souriantes et écoutent les problèmes des personnes qui se sont présentées pour la délivrance : l'une se plaint de sa fatigue récurrente, l'autre évoque ses douleurs persistantes ou son malaise général. La soirée se termine à l'approche des vingt-deux heures, on range les chaises et les personnes quittent les lieux dans les temps, respectant la réglementation suisse en matière de tapage nocturne.

Les mauvais rêves constituent, dans cette Église cosmopolite comme dans de nombreuses autres Églises africaines, un motif de consultation fréquent. Pour contrer ces mauvais rêves, un traitement prophylactique est proposé par le pasteur à la jeune fille, à savoir le fait de se « couvrir » avec le « sang de Jésus » avant de se coucher, en particulier les yeux, les oreilles et l'esprit. Le sang de Jésus constitue une référence à la mort du Christ pour le salut de l'humanité, mais ce sang est également considéré comme une protection efficace contre l'infortune dans les Églises africaines, en particulier lorsque cette infortune est associée à une origine spirituelle (mauvais esprits ou sorcellerie). Si le pasteur recommande de se couvrir les organes sensoriels (yeux, oreilles) et l'« esprit », c'est que la vie onirique est perçue comme particulièrement sensible aux influences des esprits, car ouverte sur le monde invisible. Par conséquent, il convient de protéger les « canaux » d'entrée en contact avec le monde, à savoir les sens et l'esprit.

Au cours de la délivrance qui s'en suit, le pasteur est épaulé par l'équipe du ministère de délivrance (*ministry team*), composée essentiellement de femmes et de quelques hommes qui sont personnellement choisis par le pasteur. Leur rôle est de soutenir le pasteur dans ses opérations de délivrance, d'accomplir des délivrances de manière autonome lorsque la situation s'y prête et de prendre en charge les infortunés au terme de la séquence de délivrance, avec une empathie qui contraste avec la vigueur autoritaire de l'action rituelle. Chaque membre de ce ministère de délivrance est formé par le pasteur pendant un an au moins : ce dernier estime en effet qu'il est impossible de participer à la délivrance sans préparation, à cause des risques que cela comporte. En effet, un esprit chassé d'une personne est toujours susceptible de s'introduire chez ceux qui l'ont chassé, pour autant qu'ils montrent quelque vulnérabilité. Un autre rôle de l'équipe du ministère de délivrance consiste à préparer le terrain spirituel en créant une « atmosphère » (*atmosphere*) favorable à la délivrance, en la « chargeant » (*charge up*) de puissance spirituelle. Il s'agit aussi de mettre les personnes présentes en condition pour favoriser la délivrance, en particulier la personne qui se trouve au centre du dispositif rituel. Ce rôle est également assumé par l'ensemble des participants qui contribuent à cette « prise de contrôle sur l'atmosphère » (*taking control over the atmosphere*) en pratiquant le « parler en langues » ou la « guerre spirituelle ». L'activité corporelle des membres du ministère de délivrance évoque donc une situation de combat, les gestes manifestent la volonté d'une « prise d'autorité » (*taking authority*) sur les mauvais esprits.

L'ensemble des techniques décrites ici facilitent l'entrée dans un état de transe[31] : la répétitivité des gestes des participants, le flot ininterrompu du parler en langues, les petits mouvements frénétiques et légers réalisés sur le corps de l'« infortuné » qui vient recevoir sa délivrance. À cela s'ajoute le paradoxe résultant du fait que, si ce dernier se tient bel et bien au centre du dispositif rituel, les paroles du pasteur l'ignorent complètement, puisqu'elles s'adressent aux esprits ou à Dieu, mais presque jamais à lui-même. Selon nos observations, la forme de la transe dépend largement de la socialisation corporelle de la personne traitée, et non exclusivement du dispositif. Ainsi, dans cette Église cosmopolite de la région lémanique, nous avons observé chez des personnes d'origine africaine certaines formes de transe proches du « culte de possession » dans lesquelles le corps réalise des mouvements structurés et rapides, tournoyant sur lui-même ou à la manière d'une danse. Chez les personnes d'origine européenne, la transe se manifestait le plus souvent par une simple chute à terre ou parfois par une grande agitation du corps s'apparentant à une crise d'épilepsie. Des cris accompagnent parfois cette agitation. La forme de la transe est donc conditionnée par les référents des personnes traitées – constat qui fut également dressé par Ari Pedro Oro et Pablo Seman dans leur comparaison des pratiques de l'Église Universelle du Royaume de Dieu au Brésil et en Argentine (Oro & Seman, 2001 ; Oro, 2002). Les auteurs y exposent le fait qu'au Brésil, la transe de délivrance prend la forme des cultes de possession brésiliens (tels que l'ubanda ou le candomblé…), alors qu'en Argentine, elle s'inspirerait des films d'horreurs mettant en scène des exorcismes tels que « l'Exorciste ». Dans les dispositifs de délivrance de l'Église cosmopolite que nous avons exposés, la transe est recherchée, car elle signifie que l'esprit est dérangé, forcé à se manifester, et par conséquent peut être délogé du corps de la personne[32]. Toutefois, la frontière entre délivrance (qui s'adresse aux esprits) et invocation du Saint Esprit est ténue, et l'on glisse facilement d'une activité à l'autre :

31. Pour une définition de la transe à laquelle nous nous référons et de ses techniques d'induction, nous renvoyons le lecteur aux travaux de Melchior (1998).

32. Il arrive toutefois que la personne traitée n'entre pas en transe. Dans ce cas, le pasteur cherchera éventuellement les causes de cet empêchement ou recadrera la situation en affirmant qu'il y a bel et bien eu une délivrance, mais manifestée de manière plus discrète (par exemple par un bâillement, une impression intérieure ou une vision chez la personne traitée).

le Saint Esprit guérit et chasse les mauvais esprits. Pour prévenir leur retour, il est important d'être habité par le Saint Esprit, faute de quoi, les esprits retrouvant une « maison vide »[33] risqueraient de revenir en plus grand nombre encore. Dès lors, la logique du dispositif de délivrance implique nécessairement un engagement dans un processus de transformation de soi le conduisant à être habité par le Saint Esprit et à entrer dans le « combat ».

Les techniques inhérentes au dispositif rituel observé s'inspirent largement des pratiques de délivrance très répandues en Afrique et influencées par des prédicateurs itinérants d'autres continents (Europe, Amérique du Nord ou Asie). L'utilisation de l'huile, d'un tissu pour recouvrir les personnes tombées sur le sol, l'encadrement par des assistants (équipe du ministère), les gestes techniques (imposition des mains) ou l'encouragement au vomissement (car l'esprit peut sortir par la bouche) se retrouvent notamment dans les pratiques de délivrance d'Églises pentecôtistes en Afrique (Fancello, 2006). Le pasteur de l'Église, originaire d'Asie du Sud, estime d'ailleurs avoir appris beaucoup en matière de délivrance au contact des Africains qui fréquentent l'Église.

La pratique de la délivrance dans les Églises africaines pentecôtistes est très répandue et s'inscrit dans la continuité des pratiques des Églises Africaines Indépendantes (Onyinah, 2004). Historiquement, l'influence des missionnaires est déterminante dans l'expansion des pratiques de délivrance, puisqu'en associant les entités spirituelles africaines à des démons, ils renforcèrent la croyance dans les forces invisibles et la sorcellerie, sans pour autant proposer de moyens rituels pour s'y opposer. Les pratiques de délivrance des Églises Africaines Indépendantes, puis des pentecôtistes, répondent alors à ce besoin de protection contre les forces malfaisantes des esprits et de la sorcellerie (Meyer, 1999). Le pentecôtisme classique avait déjà développé la pratique de la délivrance, mais le champ de son application était alors plus restreint : la délivrance ne s'appliquait qu'à des personnes qui n'étaient pas encore « sauvées », ni baptisées du Saint Esprit. Il apparaissait alors comme inconcevable qu'une personne parlant en langues, baptisée du Saint Esprit, soit encore habitée par de mauvais esprits, car ceux-ci ne pourraient supporter la cohabitation avec l'Esprit de Dieu.

33. Cette expression se réfère à un passage biblique (Mat 12 : 44).

Avec l'émergence du « néo-pentecôtisme » – et partiellement déjà avec certains courants antérieurs – il est devenu acceptable et même courant d'affirmer qu'un chrétien pratiquant et baptisé du Saint Esprit puisse être possédé par des démons[34]. Cette position s'inspire d'auteurs en marge du pentecôtisme classique ayant développé des théories sur la démonologie et les pratiques de délivrance à partir des années 1950 : A. A. Allen (1911-1970), William Branham (1909-1965) ou Don Basham (1926-1989) figurent parmi les plus célèbres (Hunt, 1998). Au début des années 1960, au sein des Églises jamaïcaines de Londres, l'anthropologue Malcom J. Calley (1965) rapporte également la pratique de réunions de délivrance (*deliverance meeting*) destinées aux convertis et la présence de discours soulignant la nécessité de la délivrance pour les chrétiens et l'Église. Dès la fin des années 1960, des ministères de pasteurs spécialisés dans la délivrance virent le jour au sein du mouvement *Latter Rain*. Leurs pratiques et idées furent relayées en Afrique par des prédicateurs tels qu'Oral Roberts, Kenneth Hagin, Kenneth Copeland, Reinhard Bonnke ou Benny Hinn à partir des années 1970 et 1980, et jusque dans les années 2000 pour les plus récents (notamment Benny Hinn). Les livres et cassettes de ces auteurs, et plus tard, les CD, DVD et matériaux accessibles via Internet constituèrent les principaux médias de diffusion des pratiques et idées associées à la délivrance pentecôtiste en Afrique[35]. Derek Prince est l'un des auteurs ayant influencé la démonologie pentecôtiste en Afrique, ainsi que le développement des pratiques de délivrance sur ce continent. Dans ses ouvrages, il affirme qu'un chrétien peut être possédé ou victime de malédiction ancestrale malgré sa conversion et son baptême du Saint Esprit : la délivrance est alors nécessaire afin de libérer la personne des troubles causés par ces entités. Derek Prince établit un pont entre le système sorcellaire traditionnel et la démonologie moderne qui caractérise les pratiques de délivrance et le « Réveil du Diable » (Mary, 1998) dans le pentecôtisme africain.

C'est l'ensemble de ces influences, à la fois d'origine occidentale et africaine, que l'on retrouve dans la séquence de pratiques de délivrance que nous avons décrite dans la section précédente. À ces influences

34. C'est notamment le constat dressé par Opoku Onyinah de la *Church of Pentecost* (2004).

35. Notons toutefois que les « conférences » et « croisades » organisées dans les principales villes africaines par certains de ces orateurs y contribuèrent également grandement.

majeures, il convient d'ajouter le fait que la pratique de l'exorcisme est également familière à d'autres régions d'origine des participants « non africains » de cette Église[36]. Les conceptions et pratiques autour de la délivrance se sont donc enrichies des expériences et idées apportées par les uns et les autres, avec la diversité de leurs origines, conduisant à une jonction des cosmogonies donnant naissance à une démonologie particulièrement métissée dans laquelle se côtoient les divinités hindoues, la sorcellerie africaine ou le rationalisme helvétique.

La délivrance constitue une spécialisation de certaines Églises, à l'instar de l'Église pour les Nations, qui attire d'ailleurs un nombre considérable de personnes en quête d'une amélioration de leur condition. Mais sur la scène genevoise, l'Église pour les Nations n'est pas la seule à jouer la carte de la délivrance pentecôtiste. Edio Soares note qu'à l'Église Universelle du Royaume de Dieu, le vendredi, jour consacré à la délivrance, est le jour de la semaine attirant le plus grand nombre de participants, alors qu'au Brésil, c'est le lundi, jour consacré à la prospérité, qui connaît la plus grande affluence (Soares, 2010). Dans plusieurs Églises africaines en Suisse, nous avons également observé le recours à des pratiques de délivrance impliquant des manifestations de transe.

D'un côté, les pratiques de délivrance semblent donc jouir d'une certaine vitalité dans le contexte helvétique[37] ; de l'autre côté, le développement de formes moins « incarnées » du traitement de

36. Citons notamment les Philippines, d'où proviennent une partie des membres de l'Église, les Caraïbes ou encore l'Inde, où les discours portant sur la démonologie y sont également familiers : le pentecôtiste indien Lam Jeevaratnam avait par exemple publié une démonologie décrivant les signes de la possession démoniaque (Hollenweger, 1972 : 377).

37. Il importe de noter que la pratique de la délivrance n'est pas absente des Églises pentecôtistes suisses historiques, même si les prières de délivrance n'engendrent souvent pas de manifestation de transe. Johannes Widmer, fondateur de l'une des principales Églises pentecôtistes en Suisse (*Gemeinde für Urchristentum* appelée aujourd'hui *Bewegung Plus*) traitait, dans sa principale publication, du combat à mener contre le diable et ses complices cherchant à nuire aux chrétiens, à leurs animaux domestiques et même à leurs fromages – l'auteur était un fromager du canton de Berne (Hollenweger, 1972 : 378). Les conceptions démonologiques sont donc répandues dans le pentecôtisme helvétique dès ses débuts, bien que la délivrance et le combat spirituel épousent à présent des formes distinctes dans les espaces pentecôtistes de la migration africaine.

l'infortune, où les pratiques de transe perdent en centralité, au profit de pratiques axées sur la guérison et la restauration, plutôt que sur la délivrance, apparaissent comme une forme d'ajustement à la société suisse de certaines Églises fondées par des Africains. Plusieurs chercheurs ont constaté à cet égard qu'en Europe, les pratiques de délivrance tendent à prendre une forme plus euphémisée, moins incarnée et moins axée sur les manifestations physiques de la possession (van Dijk, 2001b ; Demart, 2010 ; Mary, 2010). Cette tendance répond, d'une part, à une volonté d'intégration des pasteurs, jugeant les manifestations corporelles et émotionnelles extravagantes peu compatibles avec leur intégration dans la société européenne (Demart, 2010). D'autre part, certaines « affaires » débouchant sur des procès juridiques et médiatiques ont conduit à un regain de prudence de la part des responsables de ces Églises (Mary, 2010). Ainsi, l'agitation et les cris au cours d'un culte peuvent être perçus comme des signes d'un manque de maturité spirituelle plutôt que comme la manifestation de la supériorité de la puissance de Dieu sur les esprits (Fancello, 2009)[38]. Outre l'agitation dérangeante des états de transe, l'un des éléments controversés dans la pratique de la délivrance porte sur la possibilité même pour un chrétien, converti et baptisé du Saint Esprit, d'être possédé par un mauvais esprit. En Suisse également, on rencontre des Églises africaines qui se distancient des pratiques de délivrance trop théâtralisées et tendent à formuler le combat contre l'infortune en termes de guérison, de restauration, ou de délivrance dans un sens plus métaphorique que ne le suggèrent les pratiques rituelles de type exorciste. Citons à cet égard le positionnement d'une femme pasteur dans l'Église nigériane *Redeemed Christian Church of God* en Suisse. Elle ne conteste pas la nécessité d'opérer parfois des délivrances, mais elle estime que ces cas restent exceptionnels :

> « Nous n'avons pas de ministère de délivrance à proprement parler dans l'Église. Nous prions pour les gens qui ont des besoins. Vous savez, certaines dénominations se concentrent

38. Notons à cet égard que les manifestations physiques de la délivrance sont controversées en Afrique également (Fancello 2006). Bien que des variations importantes en fonction du type d'Église existent, les Églises issues du pentecôtisme classique sont souvent plus réticentes face à ce genre de pratiques que les Églises nées dans les dernières décennies, qui ont parfois à leur tour transformé les pratiques du pentecôtisme classique.

> là-dessus. Il y a de bons côtés à cela, mais d'autres qui ne sont pas si bons, parce que beaucoup de gens pensent alors que tout ce qui ne se conforme pas à ce qu'ils pensent être juste est démoniaque, alors que ce n'est pas nécessairement le cas. Donc si on le rencontre [un démon], on l'identifie et on le chasse. Mais si vous avez vingt personnes dans l'Église, combien de fois les délivrez-vous (*cast the demons out of them*) ? »

Pour cette pasteure, l'insistance sur la délivrance risque de favoriser une vision dualiste et rigide du monde spirituel. Elle estime que les signes qui permettent d'identifier les cas « réels » de possession – par exemple, la présence d'une force surhumaine – en font *de facto* des cas exceptionnels : la délivrance ne constitue en aucun cas un passage obligé pour tout chrétien. Dans une autre Église de Genève, une prédicatrice d'origine congolaise insistait sur le changement d'attitude vis-à-vis des pratiques de transe, qui ne doivent plus être perçues comme un signe de l'efficacité du rituel de traitement de l'infortune : « Nous n'avons plus besoin de tomber ! », déclarait-elle ainsi lors d'un culte, en décembre 2009. La prédicatrice remettait en doute l'efficacité des pratiques provoquant un état de transe auxquelles elle privilégiait l'enseignement et l'imposition des mains sans chute à terre des corps. Ces positions contrastent avec les pratiques et discours de l'Église pour les Nations dans lesquels l'activité démoniaque est si omniprésente que la délivrance constitue presque un passage obligé de toute trajectoire chrétienne. Selon les enseignements du pasteur, le salut apporté par la conversion ne concerne que l'esprit de la personne convertie ; son corps et son âme[39] ont encore besoin de recevoir le salut, ce qui explique la possibilité pour un chrétien d'être encore physiquement habité par un mauvais esprit qui nuit à sa destinée. Selon cette position, la trajectoire rituelle qui conduit le chrétien à quitter l'infortune implique alors le recours aux pratiques de délivrance.

Mais au-delà des aspects strictement rituels, le cheminement qui conduit une personne à quitter l'infortune passe toujours par une transformation de ses conduites, attitudes et pratiques. Ces transformations peuvent épouser des formes différentes en fonction du type de

39. Le pasteur se réfère à la tripartition aristotélicienne classique de la personne dans le christianisme : corps, âme et esprit.

traitement appliqué – délivrance, guérison ou restauration. Mais dans tous les cas, la sortie de l'infortune implique un processus de transformation de soi qui prolonge les aspects strictement rituels : « apprendre à guérir, c'est d'abord apprendre à se transformer » (Bergé, 2006 : 235). Cette transformation implique alors un changement dans les actes du converti, mais aussi une reformulation de l'infortune, lorsque celle-ci persiste en dépit des traitements rituels.

Lorsque le traitement se conçoit en termes de délivrance, il s'agit essentiellement d'identifier les « portes » qui ont permis aux esprits de s'introduire dans la vie de la personne afin de les « sceller ». Ces « portes » engagent parfois la responsabilité de l'infortuné, alors que dans d'autres cas, il s'agit d'une ouverture involontaire aux esprits par contagion ou à travers les liens de parenté. Les « portes » se déclinent sous différentes formes : associées à la pratique rituelle, aux influences de la parenté, aux influences territoriales, aux influences sociétales, à la conduite morale, à la transgression de préceptes bibliques, à une contestation de l'autorité en place ou à des traumatismes psychologiques. Ainsi, la participation à des rituels non autorisés (non chrétiens, voire non pentecôtistes), la consultation d'un marabout, d'un voyant, l'astrologie, les pratiques de délivrance inappropriées (un esprit peut se transmettre alors que l'on désire le chasser) ou l'adhésion à des philosophies non chrétiennes constituent une porte d'entrée pour les esprits. Les liens de parenté (malédictions ancestrales), la sorcellerie, notamment par le fait de toucher, de recevoir et d'accepter un objet, un aliment ou une boisson, constituent un autre accès possible pour les esprits. La désobéissance à un « précepte biblique », à une vision divine ou à une demande du pasteur, ainsi que des conduites potentiellement néfastes pour l'Église – tels que le commérage, particulièrement nuisible à la cohésion d'une Église, ou le fait de ne pas payer sa dîme – peuvent également constituer des portes pour les esprits. Certaines conduites qui manifestent une influence du « monde » et sa déperdition morale, telle que la consommation de drogues, d'alcool, la fornication, la pornographie, ou encore certains films, livres, musiques ou jeux vidéo (notamment ceux qui mettent en scène de la magie ou des entités spirituelles), sont considérés comme d'autres « portes » pour les esprits. De plus, des émotions, telles que la peur, des événements traumatiques, tels que des violences subies ou exercées peuvent ouvrir l'accès des esprits à la personne. Pour terminer, l'atmosphère dans une pièce ou les influences territoriales exercées par les esprits constituent d'autres « portes » empruntées par les esprits.

Dans la plupart des cas, la délivrance engage l'infortuné à changer son comportement, à « fermer ces portes », c'est-à-dire à renoncer aux conduites qui ont permis l'accès des esprits à sa personne. Il sera donc enjoint de cesser de boire, de tromper son conjoint, de lire des livres du genre *heroic fantasy* ou de brûler le fétiche qu'il conserve depuis des années. Lorsque l'esprit est entré par simple contagion (à travers « l'atmosphère » ou par l'absorption d'un aliment), excluant toute responsabilité consciente de la personne, on lui demandera également de renforcer sa protection contre les esprits et la sorcellerie : « If you live a holy life, no curse, no witchcraft can touch you ! », affirmait le pasteur de l'Église pour les Nations au cours d'une soirée « prière et délivrance ». Vivre une vie sainte se résume à suivre les prescriptions pentecôtistes en matière de conduite rituelle, sociale et morale, en particulier la lecture régulière de la Bible, la prière, l'engagement dans une Église, le paiement de la dîme, le pardon ainsi que de respecter les tabous en matière de moralité. Par ailleurs, certains gestes rituels, tels que l'invocation à voix haute du « sang de Jésus »[40] comportent des vertus prophylactiques contre les attaques démoniaques.

Lorsque le traitement contre l'infortune se conçoit en d'autres termes que ceux de la délivrance, notamment en termes de guérison ou de restauration, un changement est également attendu dans la conduite de l'infortuné : celui-ci prend alors souvent la forme d'une alliance scellée entre Dieu et la personne. En Grande-Bretagne, l'Église nigériane *Redeemed Christian Church of God* insiste sur cette idée d'alliance (*covenant*) comme manière de quitter l'infortune et d'accéder à la prospérité (Hunt & Lightly, 2001). La notion est également courante dans les Églises que nous avons visitées, et elle est généralement associée à ce que l'on désigne par la « théologie de la prospérité », par exemple au sein de l'Église *New International Church* fondée par un

---

40. Au cours d'une délivrance, l'épouse du pasteur de l'Église pour les Nations insistait sur l'importance de dire les prières à voix haute, en particulier en matière de combat spirituel. Son explication précisait que le démon ne peut lire dans le cœur ou les pensées mais entend la voix, raison pour laquelle il est important de le chasser à voix haute : « The devil doesn't know what is in our heart. He cannot understand. But when we speak, the devil hears. You have to speak it out with your word ».

pasteur ghanéen à Bienne. Pour tourner le dos à l'infortune – qu'elle se présente sous la forme d'une maladie, d'un divorce, d'un échec financier, professionnel ou d'un chagrin d'amour – et pour accéder aux bénédictions matérielles, familiales, sociales ou spirituelles, il faudra sceller une alliance avec Dieu qui octroiera les bénédictions espérées en échange d'une contrepartie. Celle-ci peut se décliner en termes d'engagement dans l'Église, d'intensité de l'activité rituelle, de conduite morale ou d'apport matériel et financier à l'Église. L'accès aux bénédictions dépendra donc de la fidélité de la personne à l'alliance qu'il conclut avec Dieu (Rey, 2015). Les traitements thérapeutiques pentecôtistes contre l'infortune conduisent généralement l'infortuné dans un processus de transformation de ses conduites et de ses attitudes, qui constitue l'unique garantie de la pérennité du traitement. Si la « maison reste vide » et les « portes ouvertes », les esprits reviendront en plus grand nombre encore ; si l'alliance n'est pas respectée, Dieu retirera ses bénédictions et l'infortune frappera à nouveau à la porte. En ce sens, les traitements pentecôtistes pour quitter l'infortune ne se limitent pas aux aspects strictement rituels, mais se prolongent toujours dans un processus de transformation de soi[41].

Lorsqu'en dépit des traitements rituels, le malheur persiste, l'infortuné doit parfois constater l'échec du traitement et résoudre le paradoxe de l'absence de la réalisation des promesses de la conversion (Rey, 2015). Une maladie qui se prolonge ou s'aggrave, une situation familiale qui se dégrade, un chômage qui perdure, un permis de séjour qui se fait attendre peuvent conduire à une prise de distances avec un Dieu qui ne tient pas ses promesses. Un interlocuteur africain rencontrant d'interminables problèmes administratifs dans la régulation de son séjour, malgré sa fréquentation d'une Église pentecôtiste, nous confiait ainsi sa lassitude : « Souvent j'ai des déceptions. J'ai [même] dit que si je rencontre Jésus, je vais le frapper car je suis dans la

41. De nombreux pentecôtistes témoignent ainsi d'une transformation de leur personnalité perçue comme positive : une femme angolaise nous témoignait ainsi de son changement d'un tempérament colérique, « qui aimait beaucoup l'ambiance » et les sorties nocturnes à une personnalité calme et centrée sur la vie domestique ; un jeune Indien nous confiait avoir surmonté une forte timidité qu'il jugeait handicapante au quotidien. Des transformations analogues sont souvent affirmées dans les récits de conversion au niveau de la personnalité, des traits de caractère du sujet converti et guéri, délivré ou restauré.

difficulté ». Car si la persistance du malheur peut parfois être attribuée à une « rupture de l'alliance » ou à une désobéissance à un commandement divin de la part de l'infortuné, un problème se pose lorsqu'il s'abat sur les plus fidèles des membres de l'Église. Le dispositif rituel se doit de tenir compte de la persistance du malheur en dépit des prières et de résoudre le paradoxe d'un Dieu promettant la prospérité sans pour autant la concéder. Comme le souligne Christophe Monnot, les personnes malades (ou, dans notre cas, qui subissent l'infortune d'une manière plus générale) se trouvent dans une position de légitimation délicate vis-à-vis de leur environnement de croyance (Monnot, 2009). L'enjeu consistera donc à redire l'infortune qu'ils expérimentent de manière à la rendre légitime et acceptable, y compris dans des formes de pentecôtisme fortement marquées par la théologie de la prospérité. La résolution de ce paradoxe passe par une reformulation de l'infortune qui lui confère un statut provisoire[42] tout en réhabilitant l'infortuné.

Mais au-delà d'une simple légitimation de l'infortuné et de sa situation, la reformulation du malheur dans le cadre du dispositif rituel procède à une redéfinition de la personne et de sa destinée effaçant ses caractéristiques singulières pour l'insérer dans une histoire globale (Rey, 2010). Si le malheur ne disparaît pas, il s'insère dans une trame narrative qui lui confère une nouvelle dimension en l'associant à l'histoire collective de l'humanité et le plan de Dieu pour la fin des temps, transformant le « malheur » personnel en « tribulation » collective. Cette reformulation du malheur conduit également à l'écriture d'un nouveau sujet dans l'activité rituelle, dont les attributs relèvent bien moins d'une trajectoire singulière que d'une destinée collective. Les infortunés fréquentant régulièrement l'Église peuvent progressivement s'identifier à ce sujet narratif et l'incorporer à travers des « techniques du corps » (Csordas, 1988) qui l'objectivent.

Ce processus peut être illustré par la trajectoire de Destinee, une femme trentenaire originaire d'Afrique australe et rencontrée à l'occasion d'une réunion d'un groupe de femmes d'une Église de la région lémanique. Cela faisait encore peu de temps que Destinee fréquentait l'Église. Elle avait alors sollicité la prière, en précisant

42. Sarah Demart évoque à ce propos une forme d'« institutionnalisation de l'attente » (2008 : 150).

qu'elle se sentait « vide » (*empty*) et qu'elle manquait de foi. Destinee a vécu plusieurs années de dépression et un mariage difficile avec un époux suisse qu'elle qualifie de « manipulateur » et qui l'instrumentalisait contre son gré. Mère de quatre enfants, Destinee estime être restée prisonnière de cette relation à cause de son isolement (elle n'a pas d'autre famille en Europe), du train de vie confortable que lui offrait son époux, mais aussi parce qu'il insinuait qu'elle ne pourrait plus séjourner en Suisse si elle s'avisait de le quitter. Malgré tout, leur couple se conclut par un échec et Destinee plongea encore davantage dans son mal-être, aggravé par un conflit autour de la garde des enfants et d'une détérioration de son train de vie. C'est à ce moment qu'intervient sa rencontre avec le groupe de femmes. Destinee estime que sans leur soutien, elle serait probablement encore en dépression. C'est donc dans le cadre de cette Église que Destinee se convertit. L'infortune ne l'a pas quittée pour autant et Destinee affirme que la dépression est « une lutte permanente » de laquelle elle n'est pas encore sortie. En février 2009, Destinee se fait baptiser dans l'Église. Dans les mois qui précèdent et qui suivent son baptême, elle se présente à de nombreuses reprises afin que l'on prie pour elle. Ce sont parfois des prières de guérison que l'on prononce en imposant les mains sur son corps, mais le plus souvent, il s'agit de prières de délivrance, car le « manque de foi » et le « sentiment de vide » qu'elle évoque en sollicitant la prière sont généralement interprétés comme des problèmes spirituels. Avec le temps, Destinee est devenue régulière dans sa fréquentation de l'Église, elle a progressivement incorporé l'habitus de la « combattante » qu'elle manifeste dans les activités rituelles de l'Église. Si elle rejoint parfois les réunions avec une mine abattue, elle a appris, à l'instar des autres femmes fréquentant ce groupe, à transformer son abattement en combat.

Destinee a rejoint l'Église alors qu'elle vivait une situation difficile, souffrant d'isolement, à la suite d'une rupture relationnelle à laquelle s'ajoutait une dépression. Elle s'y est convertie et y a suivi une trajectoire rituelle de traitement de l'infortune que nous avons développée dans ce chapitre. Si le soutien de coreligionnaires lui a apporté du réconfort, sa situation ne s'est pourtant pas radicalement modifiée : sa situation familiale, financière et sa santé restent précaires. Mais une transformation s'opère bien chez elle, observable dans son comportement et sa posture pendant les activités rituelles de l'Église, au fil des semaines : Destinee transforme peu à peu son rapport à l'infortune en lui conférant une nouvelle dimension, celle du « combat spirituel ». En fréquentant régulièrement les cultes, ainsi que les réunions du groupe de femmes, elle se transforme peu à peu en « combattante ». Le traitement rituel aboutit, pour la plupart des infortunés, à l'émergence d'une subjectivité transformée, à un sujet porteur d'un nouveau rapport à soi, au monde et à l'histoire[43]. Cette émergence coïncide avec une transition de statut : l'infortuné devient un combattant, de vulnérable face à l'infortune, il s'arme par sa pratique rituelle régulière et son étroite collaboration avec le Saint Esprit qui désormais l'habite.

Entrer dans le combat : le baptême du Saint Esprit

Le baptême du Saint Esprit caractérise historiquement le pentecôtisme, que l'on distingue souvent ainsi de courants de Réveil antérieurs issus du protestantisme. Mais désormais, dans certaines tendances contemporaines du pentecôtisme, ce rituel débouche sur la pratique du combat spirituel conduisant à l'émergence d'un nouveau type de sujet : le combattant ou l'intercesseur. Dans la plupart des Églises pentecôtistes au sein desquelles nous avons enquêté, une conception classique du baptême du Saint Esprit est toujours enseignée et appliquée[44]. Ce baptême s'y pratique le plus souvent dans le cadre de l'Église, avec imposition des mains, bien qu'il soit admis que le baptême du Saint Esprit puisse être expérimenté dans d'autres conditions, y compris dans le cadre d'une prière solitaire. Toutefois, une partie considérable des membres avaient déjà été baptisés du Saint Esprit avant leur arrivée en Suisse. L'entreprise migratoire étant perçue comme potentiellement dangereuse à cause des risques qu'il comporte (accidents, mauvaises rencontres, etc.), le

---

43. Rijk van Dijk (2001a) souligne également que le pentecôtisme affirme à la fois que la personne est un produit du passé, mais que ce passé peut être inspecté, interrogé et finalement rejeté. Ce processus établit le fondement d'une nouvelle subjectivité (*subjective identity*).

44. Par exemple dans l'Église ghanéenne *Lighthouse Chapel International*. Toutefois, contrairement à la position dominante dans le pentecôtisme classique, le baptême du Saint Esprit n'est plus considéré comme nécessaire au salut *post-mortem*, la conversion étant suffisante.

baptême du Saint Esprit participe parfois à la préparation rituelle pour les candidats au départ (Rey, 2013). Dans une optique similaire, Rijk van Dijk mentionne le parcours de Ghanéens immigrés aux Pays-Bas ayant fréquenté en grand nombre des camps de délivrance pentecôtistes avant de se rendre en Europe (van Dijk, 1997, 2001b). Délivrance et baptême du Saint Esprit constituent ainsi deux étapes possibles d'un processus de préparation rituelle, le premier levant les obstacles empêchant la migration et le second « armant » le migrant pour résister à l'infortune. La pratique des charismes se déploie alors dans le cadre d'une métaphore guerrière, celle du combat spirituel.

Défaire et refaire le sujet : exorcisme et adorcisme

Le baptême du Saint Esprit peut être envisagé comme complémentaire des pratiques de délivrance, lorsque celles-ci sont mobilisées : ces deux types de pratiques présentent en effet d'importantes analogies, tout en constituant deux étapes distinctes dans le processus de transformation pentecôtiste. La principale analogie entre le baptême du Saint Esprit et la pratique de la délivrance réside dans leur renvoi à ce que Michel Foucault nomme les « pratiques divisantes » (Foucault, 1984b) consistant en une division du sujet à l'intérieur de lui-même (ou division des autres). Pour le philosophe, ce processus permet de transformer le sujet en objet. Cet objet devient à la fois « manipulable » (notamment par le discours ou par la pratique rituelle) et privé de sa capacité d'agir et de son libre arbitre (on manipule les objets, mais les objets n'agissent pas d'eux-mêmes, si ce n'est de manière mécanique et déterminée). Le processus de transformation pentecôtiste passe par la médiation de ces pratiques divisantes. Dans la pratique de la délivrance, il s'agit de défaire le sujet, de le décomposer en plusieurs entités dont on expulse une partie. Dans le baptême du Saint Esprit, le sujet est reconstruit, mais en association avec une entité tierce (le Saint Esprit).

Dans les pratiques rituelles de délivrance, telles qu'elles sont notamment conduites à l'Église pour les Nations, le sujet s'efface et est objectifié. Il est transformé en objet, en étant d'une part complètement passif pendant le rituel (on recommande même qu'il s'abstienne de prier pendant la délivrance) et d'autre part, en étant absent de l'interlocution, car le pasteur s'adresse au démon et non à l'infortuné en tant que personne. Cet effacement de la personne consciente, imposé par l'injonction à la passivité et par la négation de la personne dans l'interlocution, peut conduire à l'irruption de l'« autre » : l'esprit malfaisant. Cette irruption est la plus manifeste lorsque la personne entre en transe. La délivrance en tant que pratique divisante atteint alors son aboutissement : la division est réalisée non seulement d'un point de vue discursif, mais également d'un point de vue corporel[45]. Le sujet incorpore la division interne de sa personne qui lui est proposée par le dispositif rituel ; il admet et manifeste la présence d'une entité malfaisante en lui-même, responsable de son malheur ou de sa méconduite. Mais ce qui est essentiel dans la délivrance, c'est que cette entité soit conçue comme étrangère et illégitime. Le sujet est alors divisé, mais dans le but d'expulser l'une de ses parties, de l'externaliser. Ce processus autorise une « disjonction avec un moi qui accepte la souffrance » (Corten, 1999 : 230). L'infortune ou le comportement blâmable sont dissociés de la personne ; s'ils ont pu faire corps avec elle, ce n'est que par ruse, et il convient de réduire à néant cette association malheureuse à travers le rituel de délivrance qui chassera l'esprit à l'origine du trouble.

Dans la pratique rituelle du baptême du Saint Esprit, il s'agit de se « rendre disponible », de « s'ouvrir » afin de permettre au Saint Esprit d'entrer dans la personne. La présence du Saint Esprit sera alors manifestée par la faculté de parler en langues, et parfois par des formes de transe plus spectaculaires et proches de celles associées à la délivrance[46]. Certaines paroles de chants et de prières manifestent

45. Rappelons toutefois que les pratiques de délivrance n'incluent pas systématiquement de manifestations de transe et se réalisent parfois sur un plan essentiellement discursif.

46. Dans certains cas, la frontière entre les manifestations de transe attribuées aux esprits malfaisants et celles attribuées au Saint Esprit est ténue, bien que ces dernières fassent souvent l'objet d'une certaine réprobation sociale dans les milieux pentecôtistes. En effet, une opinion largement partagée veut que les expressions corporelles trop exubérantes de la présence du Saint Esprit témoignent d'une immaturité spirituelle de la personne qui n'arrive pas encore à se contrôler. Toutefois, lorsque cette exubérance est collective et concerne toute une foule, il se peut qu'elle soit davantage perçue comme le signe d'une forte onction du spécialiste du rituel ou d'une présence particulièrement forte du Saint Esprit. Frank Bartleman (1982), prédicateur et témoin du Réveil d'Azuza Street, n'hésite d'ailleurs pas à parler de « possession » en référence au Saint Esprit.

un effacement du sujet et sa transformation en objet : « Remplis-nous Seigneur. Fais de nous des vases » ou « Use this vessel, Lord ! » sont des expressions entendues dans les réunions de prière à l'Église pour les Nations ou à l'Église *Lighthouse Chapel International.* Le sujet est également identifié à un canal (*channel*) qui se met à la disposition du Saint Esprit, devenant ainsi un simple instrument de son action. Certains chants insistent sur la nécessité de défaire le sujet pour permettre à Dieu d'agir : « Break me, melt me, mould me, fill me »[47]. La personne doit être cassée, fondue, moulue pour, en fin de compte, être remplie du Saint Esprit.

Dans le baptême du Saint Esprit, on assiste, en parallèle à cette transformation du sujet en objet, à une réintroduction progressive du sujet. La personne est invitée à participer activement au rituel, à un certain degré du moins. Alors que dans la délivrance, le sujet subit l'expulsion des démons de son corps, dans le baptême du Saint Esprit, le sujet est amené à collaborer, par exemple, en levant ses mains ou en s'initiant activement au parler en langues[48]. Si le Saint Esprit est souvent considéré *in fine* comme l'auteur de l'action, il s'instaure néanmoins une forme de collaboration avec le sujet dans le rituel. Ainsi naît une nouvelle association entre le sujet pentecôtiste et le Saint Esprit. Le cas échéant, la présence du Saint Esprit chez une personne constituera également un gage de durabilité de la délivrance[49]. Lorsqu'il est pratiqué en lien avec des pratiques de délivrance, le baptême du Saint Esprit consiste donc à substituer une association (à des esprits) par une autre association (au Saint Esprit). Dans ce sens, il n'est pas inapproprié d'appliquer le terme « adorcisme » au baptême du Saint Esprit.

Les rituels pentecôtistes défont le sujet pour mieux le reconstituer. Ils le dissocient de certaines entités pour l'associer à une autre. Ce processus constitue une dimension importante de l'itinéraire rituel de transformation du sujet pentecôtiste. Dans les Églises influencées par le néo-pentecôtisme, ce sujet s'inscrit souvent dans un univers spirituel

47. Tiré du recueil de chants de l'Église pour les Nations.

48. Il s'agira, par exemple, d'ouvrir la bouche ou de commencer à articuler des sons tels que « lalalalala ».

49. Les membres du Ministère de délivrance de l'Église pour les Nations affirment que les esprits malfaisants reviendront facilement si la personne délivrée n'est pas habitée par le Saint Esprit, selon la métaphore de la « maison vide ».

fortement polarisé, ouvrant sur la pratique du combat spirituel. La glossolalie y est conçue comme une arme puissante contre les forces malignes. Le recours à l'idée de combat spirituel est ancré dans l'histoire des mouvements de Réveil. Les premiers pentecôtistes concevaient également l'existence de puissances antagonistes amenées à se confronter l'une à l'autre. Le prédicateur Smith Wigglesworth formulait la visite indésirable d'adeptes du spiritisme dans ses réunions de prière dans les termes d'un combat entre puissances divine et démoniaques : « Il y a une puissance (*power*) qui vient de Dieu et il y a une puissance qui est Satan. Lorsque le Saint Esprit est venu les premiers jours, des spiritistes sont venus à nos rencontres. (…) L'Esprit du Seigneur est venu puissamment sur moi et j'ai crié : "Vous, les démons, disparaissez d'ici !" Et ils sont sortis. » (Wigglesworth, 2007 [1938] : 29).

En 1960, cette idée d'une confrontation entre puissances divine et démoniaques fut théorisée en tant qu'outil missiologique par le pentecôtiste et anthropologue Alan R. Tippett sous le terme de *power encounter*. Selon sa théorie appliquée à la Polynésie du Sud, l'acceptation de la foi chrétienne dépendrait de l'expérimentation de la supériorité du Dieu chrétien sur les divinités polynésiennes. Le *power encounter* est devenu une stratégie missionnaire s'appuyant sur les pratiques de guérison ou de délivrance. Cet outil fut repris par des mouvements tels que le *Church Growth* (Holvast, 2009) qui a exercé une influence incontestable sur les générations les plus récentes du pentecôtisme et dont le plus célèbre représentant est probablement Peter Wagner.

La notion de « guerre spirituelle » (*spiritual warfare*), dérivée de l'idée de *power encounter* et enrichie par la dimension territoriale de cette confrontation, fut popularisée dans les années 1980 par des prédicateurs américains et connut un grand succès à partir des années 1990, notamment en Amérique latine ou en Afrique (Bastian, 2006 ; Holvast, 2009). Dans la guerre spirituelle, il ne s'agit plus simplement de gagner des âmes une à une, mais également des entités collectives telles que des villes et des nations. C'est la société entière qu'il s'agit de convertir et de remettre dans le droit chemin à travers un combat rituel contre les esprits qui demeurent en ces lieux. Au cours des deux dernières décennies, la pratique du combat spirituel s'est introduite de manière plus ou moins diffuse dans les Églises relevant du néo-pentecôtisme, à travers son style rhétorique ou des pratiques rituelles mettant en œuvre les idées de guerre et de conquête (Rey, 2010). À Genève, de nombreuses Églises pentecôtistes issues de la migration pratiquent le combat spirituel (Rey, 2010 ; Soares, 2010). Leur rhétorique mobilise fréquemment des métaphores guerrières. Les participants aux cultes peuvent être identifiés à des haches de guerre (*battle-axe*) utilisées par Dieu pour mener le combat, à des combattants au milieu d'un champ de bataille : « There is war, and there are warriors in this room ! », s'écriait ainsi une prédicatrice au Ministère des Filles de Sion. À l'Église *Lighthouse Chapel International*, les termes *battle* et *victory* font partie du vocabulaire courant des services religieux. Et si cette guerre se joue d'abord sur le plan spirituel, elle implique des revendications et des injonctions dont les implications se jouent bel et bien dans l'ici-bas.

Le combat spirituel vise une moralisation de la société. Qu'il s'agisse de « nettoyer » certains lieux des esprits mondains empêchant la vie de chrétien ou d'investir les sphères de la prostitution dans lesquelles travaillent des compatriotes (Maskens, 2010), les Églises issues de la migration s'engagent dans la lutte pour une remoralisation de la société européenne qu'ils jugent sécularisée et pervertie : « ces acteurs religieux défient la place généralement accordée au religieux dans la société (...) – qui relève communément du registre de la vie privée – en s'engageant de manière militante dans la sphère publique. Ils pensent être là où les gens de bonnes mœurs ne sont plus, là où les agents de l'État n'osent pas aller, là où l'ordre et le sens "moral" ont disparu » (Maskens, 2010 : 343).

En traitant la question de la moralité sur un plan général et collectif, à travers la notion de « guerre », et non plus sur un plan individuel comme le ferait la notion classique de « conversion personnelle » conduisant à un redressement moral (personnel), les discours pentecôtistes contestent l'assignation de la foi à la sphère privée admise dans une partie de l'Europe occidentale. Ce n'est plus l'« individu non converti » qui constitue la cible de l'évangélisation, mais la « nation païenne » ou la « ville décadente ». Dans ce glissement du singulier (l'individu) au collectif (la nation / la ville / la société), les pentecôtistes, par la pratique de la guerre spirituelle, investissent l'espace public et politisent les questions morales[50].

50. Gonzalez (2008, 2014) développe également la tension entre une anthropologie évangélique individualiste classique et une anthropologie évangélique composant avec la notion de « collectif ».

Le combat spirituel peut être porteur de revendications politiques liées à la situation des migrants. Celles-ci s'inscrivent souvent dans la forme de « prières pour la nation » qui sont très fréquentes dans les Églises. La Suisse, mais également ses autorités politiques, sont la cible de prières. Ainsi, la Conférence *Hour of Encounter* organisée annuellement par l'Église *New International Church* à Bienne fut initiée, selon le récit de son pasteur, à la suite d'une vision divine reçue dans le Palais Fédéral (siège du parlement et du gouvernement suisse) lui recommandant de prier pour la Suisse :

> « C'était en 2005. Nous étions un groupe de personnes, une vingtaine, et nous avions décidé d'aller au *Bundeshaus* (Palais Fédéral) en janvier 2005. Nous sentions que nous voulions y aller et prier pour la Suisse. Alors nous sommes montés sur le toit, comme des touristes, mais nous étions tous chrétiens. Nous sommes montés et nous avons imploré Dieu (*crying to God*) et dit : "Bénis cette nation Seigneur ! Nous voulons voir tes bénédictions, nous voulons voir tes présents ! Nous voulons voir des changements dans cette nation, plus de drogue !" (...) Et quand on priait, j'ai eu une vision, une vision ouverte. (...) Et j'ai eu une forte impression que Dieu me disait qu'il voulait qu'on commence à prier pour la Suisse comme on ne l'avait jamais fait auparavant, et qu'il fallait organiser une prière, une Conférence, afin de favoriser une prise de conscience, pour que les gens puissent s'unir et prier pour la Suisse, et aussi pour enseigner la prière. (...) Alors nous l'avons fait depuis 2005 jusqu'à aujourd'hui chaque année. »

Dans la démarche du pasteur ghanéen, l'investissement des lieux physiques où s'exerce le pouvoir politique afin d'y prier pour la Suisse est caractéristique du combat spirituel. Cette démarche débouche sur une vision qui conduira à la mise en place d'une Conférence annuelle de plusieurs jours réunissant des personnes de diverses origines. Nous reviendrons ultérieurement sur cette Conférence et plus généralement sur la manière dont la pratique du combat spirituel implique une contestation de l'ordre politique et social helvétique. Retenons pour l'instant que la pratique rituelle du combat spirituel offre un espace pour l'énonciation de revendications et de critiques d'ordre politique, relatives (entre autres) à la situation des migrants. Mais ce qui nous intéresse dans l'immédiat, c'est la manière dont ce combat spirituel, en tant que pratique rituelle, contribue au processus de transformation du sujet pentecôtiste.

De l'infortune au combat : devenir un intercesseur

Selon la logique rituelle, après avoir été baptisé par le Saint Esprit, le sujet pentecôtiste est armé pour remplir sa nouvelle mission : intercéder pour le monde et les nations, prier pour les malades et chasser les esprits impurs. Le baptême du Saint Esprit habilite le sujet pentecôtiste à pratiquer le combat spirituel[51]. Dans le langage pentecôtiste, deux termes assez proches sont utilisés pour qualifier ce nouveau sujet : combattant et intercesseur[52]. Le combattant (*warrior* ou *prayer warrior*) est celui qui s'engage dans cette guerre spirituelle et lutte contre les maux qui menacent la société. L'intercesseur (*intercessor*) remplit une fonction similaire, il se tient entre Dieu et le monde et favorise son action dans celui-ci ou évite sa destruction, par analogie au récit biblique de Sodome et Gomorrhe (Rey, 2010). Pour illustrer ce processus, suivons la trajectoire de Laeticia et son entrée dans le combat spirituel. Laeticia est une femme d'une cinquantaine d'années qui est co-responsable d'un ministère dans une Église de la région lémanique et membre du ministère de délivrance. Si elle a aujourd'hui deux fils atteignant l'âge adulte, elle estime que ce sont les difficultés qu'elle a rencontrées pour enfanter qui l'ont conduite, après y avoir été invitée par une connaissance, à fréquenter une Église pentecôtiste genevoise, puis à s'y convertir. Après une dizaine d'années passées dans cette Église, Laeticia éprouve le besoin de changer d'Église :

> « Je suis venue ici parce que dans mon parcours chrétien, je sentais que j'étais enfermée, c'est comme si j'étais dans une prison. C'était très bien là où j'étais avant, mais après dix ans, comme je grandissais [spirituellement], je me disais : "il y a

51. Avant le baptême du Saint Esprit, le sujet ne dispose pas des pré-requis nécessaires à cette activité et se trouverait démuni face aux attaques du démon.

52. D'autres qualificatifs pourront être appliqués qui sont également associés à l'idée de combat, comme par exemple le guetteur (*watchman*) qui scrute l'arrivée de l'ennemi à l'horizon.

produit ses effets en tant que « pratique divisante » : elle produit Laeticia en tant que sujet divisé, ce qui se manifeste chez elle par la sensation d'un corps étranger (une pieuvre) en elle. Elle « découvre » alors sa propre association avec un esprit malfaisant. Selon Laeticia, cette première séance de délivrance ne suffira pas pour qu'elle se fasse définitivement délivrer du mal qui la trouble. Mais en fréquentant régulièrement les cultes, elle devient plus autonome dans sa délivrance, jusqu'à devenir actrice de sa propre délivrance :

> « J'ai su aussi, quand le pasteur a prié pour moi, [que la délivrance] n'était pas finie, qu'il y avait encore autre chose. Mais je le faisais toute seule à la maison, je me libérais : l'auto-délivrance, toute seule. Et je savais ensuite quand c'était fini ou quand ça n'était pas fini, parce que pendant la prière, je disais à Dieu : "S'il y a encore quelque chose en moi qui n'est pas de toi, tu fais le ministère toi-même." Et alors je priais, je faisais la prière, et je disais : "Qui que vous soyez en moi, je ne vous veux pas dans ma vie." »

Après quelques années, le pasteur de l'Église demande à Laeticia de devenir membre du ministère de délivrance et de l'assister au cours des séances de délivrance. Laeticia précise que ce nouveau rôle lui avait été préalablement annoncé par Dieu en rêve :

> « C'est le pasteur qui dit qui peut venir pour prier avec les gens, qui choisit les gens. Mais avant qu'il ne m'ait appelée pour ça, j'ai eu un rêve, et dans le rêve, je voyais que j'étais dans l'église en train de louer le Seigneur, et le pasteur est venu vers moi, il a imposé les mains sur moi et il a dit : "tu es consacrée pour le service de Dieu." ça je l'ai eu bien avant, peut-être six mois, une année avant [qu'il me demande d'entrer dans le ministère]. »

Laeticia est une participante fidèle aux cultes de l'Église. Elle codirige désormais un autre ministère destiné aux femmes de l'Église et s'engage volontiers dans d'autres activités. Pourtant, sa vie ne ressemble aucunement à un long fleuve tranquille. Originaire des Caraïbes, Laeticia a rencontré son futur mari alors que celui-ci y passait ses vacances. Son mariage l'amène alors en Suisse, mais elle vit avec un mari violent et souffrant psychiquement, provoquant de grandes crises dans leur vie familiale. Lorsque Laeticia évoque son engagement dans l'Église, son entrée dans le ministère de délivrance, elle mentionne en parallèle les difficultés liées à sa situation familiale que ne résout pas totalement son adhésion au pentecôtisme.

Mais elle trouve dans ses engagements dans l'Église une nouvelle posture, celle d'une combattante qui se met au service de la délivrance et de l'intercession pour le monde. À l'instar de ses coreligionnaires, Laeticia s'investit dans des pratiques rituelles qui lui permettent d'inscrire son histoire personnelle dans un combat qui n'a rien de personnel. L'intercession lui permet de sublimer ses problèmes personnels en les élevant à un niveau général, celui d'une guerre globale et spirituelle. Dans les réunions de femmes qu'anime Laeticia, cette mise en parallèle entre difficultés personnelles et combat spirituel est palpable. L'intercession pour les nations, les Églises, les problèmes et conflits politiques ou les problèmes internes à l'Église occupent la place centrale des prières. Mais entre deux prières, les femmes évoquent leur situation, leurs problèmes, communiquent et se consolent, sans jamais que cela ne semble constituer le cœur de leur activité.

En février 2009, au cours de l'une de ces rencontres, les premières supplications de l'après-midi sont de l'ordre de l'« intercession ». Les participantes se posent en intercesseur, elles prient pour que Dieu délivre, ramène à lui les égarés. Elles prient pour leur ville, pour la Suisse, avec une voix forte et déterminée, presque autoritaire, en déployant toute la gestuelle de la combattante : les bras levés ou tendus et les poings serrés, le pas déterminé, prenant possession de l'espace disponible. Pourtant, avec l'avancement de la prière, le ton de l'intercession glisse de manière lente et presque imperceptible. Elle devient alors plainte, gémissement. Les paroles déplorent que tant de gens courent vers l'enfer. Mais le ton de la voix semble dire autre chose, de plus personnel. Sonia, une femme originaire des Seychelles, se met à pleurer. Mais que pleure-t-elle ? Les âmes damnées et les problèmes des Églises suisses ou la maladie de sa sœur atteinte de fibromyalgie ? Les deux peut-être. Elle pleure pour les périls qui menacent les Églises suisses, les pasteurs infidèles et les croyants endormis… et ces « malheurs » font écho aux siens, si bien que, peut-être, ses larmes ne soulagent pas seulement les blessures provoquées par le monde ecclésial. La femme du pasteur reprend alors l'intercession. Sa supplication s'accompagne d'une grimace et de quelques larmes.

Sa voix, d'habitude forte et déterminée, se charge d'un ton de lamentation. Une jeune femme qui prend le relais de la prière supplie Dieu et ses « sœurs »[53] de prier pour elle, de prier pour son fiancé qui vient de perdre son travail et qui le vit très mal, de prier afin qu'elle puisse le soutenir au mieux et pour qu'elle puisse trouver un logement et un travail. En quelques mots, tout est dit. Deux autres femmes prient à haute voix en évoquant des problèmes personnels.

De combattantes pour le salut du monde, les femmes se sont soudain transformées en quémandeuses de prières les unes pour les autres, sollicitant ainsi un soutien réciproque[54]. Les réactions des femmes ont changé. À présent, elles se font discrètes, attentives, leur ton est compatissant. C'est pendant cette courte parenthèse qu'elles se montrent fatiguées par tous les « combats » à mener dans cette vie. Mais elles semblent ne pas vouloir s'épancher trop longtemps sur ces malheurs. La pudeur subsiste au sujet des difficultés personnelles rencontrées, car elles sont peu compatibles avec les bénédictions qui sont promises au chrétien. Elles s'épanchent donc avec le corps, ce corps qui sait mieux que les mots dire ce qui ne se dit pas. La rhétorique de l'intercession qui avait ouvert l'après-midi reprend peu à peu. Elles prient à nouveau pour les Églises locales, pour les chrétiens refroidis, pour les autorités suisses. Mais quelque chose a changé : la complainte devient plus forte, le corps est plus impliqué. Olga finit sa longue supplication monocorde allongée par terre, une jeune étudiante l'imite, le bruit se fait plus fort, répétitif, on tape du poing sur la table, on crie, on hurle presque. Il y a quelque chose de chaotique, de désordonné, jusqu'à dix-huit heures, où la prière s'achève et chacun rentre chez soi.

Les trajectoires personnelles des participantes et le déroulement des activités rituelles le montrent : les combattantes ne sont pas définitivement « sorties de l'infortune », le malheur continue de croiser leur quotidien. Mais leur posture a changé. Elles ont intégré désormais l'idée que cette infortune n'a rien de personnel, qu'elle s'inscrit dans un conflit qui concerne l'humanité toute entière et détermine le cours de l'histoire. Ce combat s'inscrit dans une temporalité millénariste

53. Dans les milieux pentecôtistes, le terme « sœur » s'applique à une autre femme pentecôtiste.

54. Dans ce groupe, c'est essentiellement sous la forme de demande de prières que se transmettent les informations personnelles, car les bavardages à la sortie des réunions sont peu nombreux.

propre au pentecôtisme que nous développerons plus amplement dans le prochain chapitre. Les problèmes personnels sont élevés à des enjeux globaux, ils sont métaphorisés, associés aux persécutions et tribulations pré-millénaristes. Ainsi, prier en premier lieu pour les nations, pour les grands maux de l'humanité et dans un deuxième temps seulement pour les problèmes personnels est une manière d'inscrire les difficultés personnelles dans un combat global, de désingulariser les problèmes quotidiens en les solidarisant avec les grandes causes de l'évangélisation et du combat spirituel. Le dispositif rituel pentecôtiste permet donc à ses participants de revêtir l'habit de combattant, adoptant ainsi une posture guerrière et non défaitiste face à l'adversité. C'est ainsi que le sujet pentecôtiste passe de l'infortune au combat : il devient un intercesseur.

Chapitre 3

Chronotopes et migration

Territoires pentecôtistes

Lorsque le converti pentecôtiste devient intercesseur, il entame un processus qui implique son insertion dans un espace-temps narratif singulier, ou chronotope (Bakhtin, 1988), se déployant dans l'activité rituelle. Pour Bakhtin, le chronotope est une configuration de l'espace-temps, qui prend forme dans le langage et le discours. Nous déclinerons ici les chronotopes rituels à travers une description des territoires, puis des temporalités instaurées par les dispositifs pentecôtistes. Dans leurs pratiques, les « combattants » dessinent un territoire spécifique, le lieu du combat, qui est pleinement constitutif de l'itinéraire rituel proposé[1]. Le territoire pentecôtiste est instauré à travers diverses séquences rituelles, du combat spirituel à la prédication dominicale. Il est construit à différentes échelles dont nous allons développer les principales unités : la nation, la ville et l'espace construit.

Dans les discours pentecôtistes, les nations bibliques sont bien souvent assimilées aux États-nations. Cette assimilation fonde l'inscription territoriale de la nation et dessine un monde divisé en unités

1. Le territoire est une notion qui désigne un espace géographique en relation avec un collectif qui s'y réfère. Il émerge d'un processus de construction sociale qui le rattache d'emblée à un groupe ou à « tout autre collectif dont les membres peuvent employer un "nous" identifiant » (Tarrius, 2001 : 44). La relation entre le groupe et cet espace épouse souvent la forme possessive pour le groupe social qui s'y reconnaît (Droz & Miéville-Ott, 2005) : l'espace géographique sous-tendu par la notion de territoire est donc lesté de dimensions identitaires et implique les droits d'un collectif sur cet espace.

territoriales constituées par les États-nations. Ceux-ci sont souvent déshistoricisés, puis juxtaposés aux nations bibliques, en tant que peuples solidaires de territoires (Rey, 2010). L'État-nation constitue alors un repère majeur dans la production du territoire pentecôtiste. Le monde est ainsi présenté comme une somme d'(États-)nations, qui se superposent aux nations bibliques, au point parfois de s'y confondre. Sous diverses modalités, les références aux nations sont récurrentes dans le pentecôtisme. L'une d'entre elles se manifeste dans le nom de nombreuses Églises. L'Église pour les Nations arbore ainsi la « nation » en tant qu'élément constitutif de son nom. Si la territorialité associée à l'État-nation n'est pas encore explicite dans ce nom d'Église – la nation pouvant éventuellement se référer à un peuple, reléguant les références territoriales au second plan, elle l'est davantage dans les nombreuses Églises qui s'affublent du qualificatif « international »[2], telles que l'Église *New International Church* à Bienne ou l'Église *Lighthouse Chapel International*. Ce qualificatif manifeste alors l'intention de s'implanter dans divers (États-)nations (*Lighthouse Chapel International*) ou d'accueillir une population internationale (*New International Church*). On peut comprendre cette rhétorique de l'internationalité au sein des mouvements pentecôtistes comme insistant sur la nécessité d'agir à l'échelle d'un monde globalisé. Un auteur influent du combat spirituel mentionnait ainsi la nécessité de cette action : « Il est temps que nous exercions une foi planétaire, que nous priions à l'échelle du monde et que nous nous attendions à une action internationale de l'Esprit de Dieu » (Dawson, 1991 : 50). Bien que l'action proposée soit effectivement globale (la foi planétaire), derrière l'action « internationale », la nation subsiste en tant qu'unité territoriale, car ce sont bien les (États-)nations qui constituent l'unité de l'« inter-national » et le champ d'action de l'Esprit de Dieu.

Dans les Églises étudiées à Genève et dans d'autres villes de Suisse, les références aux États-nations peuvent également se manifester dans l'agencement de l'espace des églises. Le recours aux drapeaux de

---

2. Le qualificatif « international » est apparu au XIXe siècle (Rey, 2006), soit après l'émergence des conceptions nationalistes du XVIIIe siècle qui faisaient coïncider participation politique, activité économique et investissement patriotique avec une organisation territoriale de la nation. Par conséquent, ce qualificatif sous-tend une dimension territoriale de la nation et son champ sémantique se réfère à l'État-nation territorial plutôt qu'aux nations bibliques.

divers États, symbolisant les États-nations contemporains, associés aux références bibliques, constitue une modalité de la mise en scène de l'internationalité, réelle ou rhétorique, des Églises. Loin de représenter un cas isolé, cette mise en scène constitue une pratique pentecôtiste répandue sur plusieurs continents. À l'Église *New International Church* dans la ville de Bienne, un défilé fut organisé au cours de la Conférence annuelle de l'Église en 2011 dans laquelle les participants portaient de grands drapeaux représentant leur nation d'origine. Dans ce dispositif rituel, les participants étaient identifiés à partir de leur nationalité, renvoyant à une division territoriale par États-nations. Une distinction analogue est établie par l'Église pour les Nations, où la poutre centrale de la salle de culte est ornée de drapeaux des nations de personnes ayant participé aux services dominicaux. Cet agencement de l'espace affiche la nation comme unité territoriale. En 2008, au siège de l'Église *Lighthouse Chapel International* à Accra, un défilé de drapeaux fut organisé pour mettre en scène les différents États dans lesquels la dénomination est implantée. Ce défilé marquait l'inauguration du nouveau siège de cette Église. Des représentants des pays où sont implantées des assemblées de l'Église défilaient ainsi en portant le drapeau de leur pays. Bien que la quasi-totalité des défilants furent africains, et majoritairement ghanéens, les drapeaux représentés incluaient de nombreux État américains, asiatiques ou européens – et notamment la Suisse. Dans cette pratique, les drapeaux ne symbolisent plus les nations des participants au culte, mais les territoires d'implantation de l'Église.

Ce recours aux drapeaux ne se limite pas aux assemblées cosmopolites, puisque nous l'avons également relevé dans certaines zones rurales du Ghana, éloignées des grands centres urbains, où un défilé des drapeaux de plusieurs pays, dont les États-Unis, l'Allemagne, la Grande-Bretagne, les Pays-Bas, le Japon, le Ghana ou le Togo, visait, selon l'organisateur de l'événement, à manifester la portée universelle du message chrétien. Un pasteur nous indiqua que ce recours aux drapeaux constitue également une manière d'accueillir dignement les hôtes de marque : l'assemblée locale s'arrange pour disposer de quelques drapeaux afin d'accueillir un invité important en visite dans la région. Loin de disparaître, effacé par la distinction entre convertis et non convertis, l'État-nation constitue un principe de distinction majeur souvent réactivé par les dispositifs rituels et renvoyant à une forme de territorialité.

Une autre pratique consiste à questionner l'origine des nouveaux venus. À l'Église pour les Nations, en identifiant les participants sur la base de leur origine, en réponse à la question : « where are you from ? », les pratiquants, identifiés par leur « nation », se positionnent dans une appartenance renvoyant à une externalité territoriale : ils résident certes sur le territoire suisse, dans la ville de Genève, mais leur origine les rattache à une autre nation dont le territoire est ailleurs. Ce positionnement renvoie davantage à une dynamique diasporique qu'à une dynamique d'intégration : l'appartenance à la nation pointe en permanence vers un ailleurs qui n'est pas la Suisse. Mais cette observation au sein de l'Église pour les Nations ne peut être généralisée, car les pratiques observées en la matière sont plus diversifiées.

Dans certaines Églises africaines francophones, on rencontre au contraire des discours d'identification à la Suisse ou à ses régions sur une base territoriale. Un pasteur de l'Église Carrefour pour Christ déclarait ainsi à son auditoire, constitué majoritairement de Congolais, la nécessité d'accueillir les « étrangers » (c'est-à-dire les personnes arrivées en Suisse récemment) dans l'Église et de ne pas céder à une attitude xénophobe envers ces « étrangers » : « Maintenant je suis Vaudois, mais j'ai des origines togolaises, mon grand-père vient du Togo. (...) Avant, tu ne pouvais même pas manger la fondue, mais maintenant les Suisses ont ouvert leur cœur. Nous sommes suisses. Il faut aussi à notre tour accueillir les étrangers ». Ce discours, contrairement au recours aux drapeaux à l'Église pour les Nations, renvoie à une forme d'appartenance à la Suisse qui situe l'auditoire à l'intérieur de ses frontières territoriales, voire régionales. Les « étrangers », ceux dont le territoire est ailleurs, ce sont les autres, les « migrants », arrivés récemment en Suisse. Cette rhétorique, destinée aux membres de l'Église, renvoie à un positionnement territorial interne à la Suisse qui, contrairement au discours précédent, marque une identification à la nation helvétique, et plus précisément au canton de Vaud[3].

La nation est aussi centrale dans la pratique du combat spirituel. À l'Église pour les Nations, le combat implique souvent une lutte sur

3. Cette identification au canton de Vaud marque d'une part une maîtrise des enjeux identitaires internes à la Suisse – où le système confédéral tend à valoriser l'autonomie des cantons et les identifications sur une base cantonale – et rappelle d'autre part que l'échelle « nationale » n'est pas nécessairement la plus pertinente pour l'analyse (Salzbrunn, 2007).

la base d'unités territoriales constituées par les État-Nations. On y prie pour la Suisse, pour Israël, pour l'Afghanistan ou le Zimbabwe, en fonction des événements politiques qui marquent l'actualité. Dans les dispositifs rituels, les État constituent ainsi des unités, tant pour l'action de Dieu que pour celle des démons. La présence physique des intercesseurs sur le champ de bataille n'est pas déterminante puisque ces combats sont avant tout spirituels. Toutefois, des « points de contact » sont parfois utilisés afin de toucher les régions concernées par la prière : une carte, un prospectus, un objet symbolisant l'État en question. Un pasteur indien en visite incitait ainsi les participants à prier pour l'Inde où des chrétiens sont persécutés. Il présenta un petit carnet qu'il avait apporté pour le distribuer à l'assemblée et demanda de prier pour l'Église en imposant les mains sur ce carnet : « Lay your hands on this leaflet and pray for India. » À travers ce carnet, c'est tout le territoire d'une nation contemporaine, l'Inde, dans ses frontières territoriales actuelles, qui constitue la cible de la prière d'intercession. L'opération métonymique du pasteur indien consiste à réifier la nation en omettant sa dimension historique.

Dans son ethnographie d'une Église charismatique en Suède, Simon Coleman (2009) rapporte le recours à des cartes dans la littérature de l'Église. Il note que les cartes représentent les frontières des États, ainsi que les villes, mais elles incluent peu d'autres détails topographiques. Cette observation est révélatrice d'une seconde unité importante dans la production du territoire : la ville. En Afrique notamment, les stratégies d'expansion des Églises néopentecôtistes se concentrent essentiellement sur les zones urbaines (Moyet, 2005), contrairement au pentecôtisme classique qui, dans son développement, a fortement investi les milieux ruraux d'Afrique de l'Ouest (Laurent, 2003 ; Fancello, 2006). L'ancrage urbain de la vague néopentecôtiste se prolonge ainsi avec l'investissement de l'espace diasporique. Alors que le monde rural apparaît comme le grand absent de la rhétorique territoriale des Églises issues de la migration en Suisse, la ville se présente comme le lieu de tous les enjeux.

Au Ghana, habiter en ville constitue déjà un signe de réussite sociale pour de nombreux habitants des agglomérations d'Accra ou de Kumasi. Vu de la ville, le village est présenté comme un lieu obscur où règnent les traditions païennes. La ville, au contraire, possède un pouvoir d'attraction sur les personnes aspirant à une vie « moderne », aspiration partagée par de nombreux membres d'Églises charismatiques. Les Églises constituent d'ailleurs d'importants repères pour les nouveaux arrivants en ville et participent à un processus de recommunautarisation religieuse pour les convertis issus des campagnes (Fancello, 2006). Si elles participent au processus d'« intégration » des nouveaux résidents issus des campagnes, les Églises néopentecôtistes concentrent leurs activités dans les zones urbaines. À ce sujet, un pasteur de l'Église ghanéenne *Lighthouse Chapel International* déplorait un certain dédain du monde rural : « There are many souls in the village that need to be saved. But nobody wants to go there. Jesus is sending you to the dark places. » Ces propos associant le village à un lieu obscur sont caractéristiques des discours pentecôtistes de nombreux pays africains. La condamnation des pratiques rituelles « démoniaques » associées au village fait apparaître la ville, par contraste, comme un lieu permettant d'échapper aux malédictions ancestrales.

Vue d'Europe, la ville n'apparaît plus vraiment en opposition au monde rural européen, celui-ci étant largement ignoré par les discours pentecôtistes[4]. Dès lors, la ville apparaît de manière plus ambivalente, comme un lieu de confrontation entre forces divines et démoniaques, comme le lieu où se joue la lutte contre les esprits malfaisants. Ce discours sur la ville est également celui du combat spirituel. Yannick Fer souligne à ce titre que le pentecôtisme se révèle porteur d'une mobilisation collective en vue de l'évangélisation « qui passe par une réinvention du territoire comme repère symbolique permettant d'identifier l'ennemi, de définir l'espace où se joue le combat spirituel » (Fer, 2007 : 209). Ce territoire se présente sous une forme urbaine et la ville y est envisagée comme une sorte de « personnalité englobante ». Les prières pour la ville dans laquelle est implantée l'Église, qu'il s'agisse de Genève, de Bâle ou de Lausanne, font toujours partie de la rhétorique pentecôtiste et établissent la ville en tant qu'unité incontournable du territoire pentecôtiste.

A une échelle inférieure, l'espace construit représente une autre unité du territoire pentecôtiste. L'espace de la maison et celui de l'église

---

4. Notons à ce propos qu'en Suisse, les Africains résident essentiellement dans les agglomérations urbaines – contrairement à d'autres catégories de populations (notamment portugaise, turque ou italienne) qui habitent également les régions rurales ou semi-urbaines (Piguet, 2005).

en constituent les deux modalités principales. Cette unité territoriale se manifeste notamment dans la pratique du combat spirituel, lorsqu'elle consiste à « nettoyer » spirituellement certains lieux des esprits qui l'habitent, qu'il s'agisse de lieux d'habitation, ou de culte. L'espace délimité par les murs du bâtiment est conçu comme potentiellement dépositaire d'influences, tantôt fastes, tantôt néfastes, liées à l'histoire immédiate ou plus ancienne des lieux. La pratique rituelle du combat spirituel est censée agir sur ces influences et reconfigurer le territoire immédiat. Les lieux de culte sont ainsi investis par des pratiques qui envisagent les locaux de l'église comme un territoire spirituel qu'il s'agit de rendre propice à l'onction et à l'efficacité du rituel. À l'Église pour les Nations, avant chaque culte, un petit nombre de personnes parcourt la salle principale de long en large, en priant à voix haute et en mobilisant la gestuelle du combat spirituel. Cette pratique vise à instaurer une « atmosphère » favorable dans l'église, dénuée d'influences malfaisantes, de « chauffer » l'église ou de « charger » (*charge up*) l'atmosphère en puissance spirituelle, en onction.

Selon les discours circulant dans les espaces pentecôtistes de la migration africaine en Suisse, tout bâtiment peut subir de telles influences. Au cours d'un service dominical, le pasteur de l'Église *Lighthouse Chapel International* de Lausanne conseillait à son auditoire d'être attentif à l'atmosphère au moment de pénétrer dans une nouvelle pièce et de chercher à la contrôler. En cas contraire, l'on risque de subir les influences malignes associées aux événements tragiques ou actions considérées comme répréhensibles qui y auraient été commises :

> « Chaque fois que vous pénétrez dans une pièce, vous devez recadrer (*frame*) l'atmosphère de la pièce. Modifiez (*fashion*) l'atmosphère. Créez une atmosphère, parce que vous ne savez pas ce qui s'est passé dans cette pièce. Si vous dormez à l'hôtel, il se peut qu'un esprit ait été laissé sur le lit. Chaque fois que je vais à l'hôtel, je prends le contrôle de l'atmosphère. Peut-être que des gens sont venus dans cette pièce pour y forniquer et qu'ils ont laissé un esprit dans cette pièce. »

Face à cet esprit, une attitude passive, une posture non combattante transformerait toute personne en proie facile. La posture du combattant consiste alors à « prendre autorité » sur l'atmosphère par la parole, que ce soit à l'église, dans la famille ou au travail : « Dieu a créé le monde avec la Parole. Alors parle de ton monde. Parle de ton travail. Crée une atmosphère dans ton travail. Parle et configure (*frame*) le monde de la manière dont tu aimerais le voir. *Life and death are at the power of tongue.* » Ainsi, le rapport à l'espace immédiat, dans ses dimensions tant sociales que matérielles, renvoie à la posture du combattant.

Au-delà des différentes échelles à partir desquelles se décline le territoire pentecôtiste, soulignons que si ces catégories permettent de penser le territoire local sur lequel vivent les pratiquants, elles permettent également d'aborder le territoire de manière globale, la même grille de lecture étant applicable dans tous les contextes. Le discours sur les esprits, par exemple, permet d'appréhender le territoire dans sa globalité tout en rendant compte des particularismes associés au contexte local ; cette même grille de lecture peut être appliquée, quels que soient le pays ou la ville envisagés : seul le type d'esprit change. La démonologie pentecôtiste offre donc un langage pour dire le territoire global dans sa diversité.

De nombreuses Églises se font le relais des conceptions du territoire envisagé dans une perspective globale, à travers les lunettes du combat spirituel. À l'Église La Main de l'Eternel à Genève, une prédicatrice d'origine congolaise évoquait ses projets d'évangélisation en Guadeloupe, en prenant le soin de préciser que les démons y sont plus difficiles à vaincre qu'en Suisse : « Là-bas, [en Guadeloupe], il y a des [démons] géants, ce n'est pas comme ici, les démons. » À l'Église pour les Nations, au cours d'une soirée de délivrance, le pasteur indien y expliquait notamment qu'en Afrique, certaines personnes préparent des filtres d'amour (*love potions*) afin que quelqu'un tombe amoureux d'eux. Selon lui, ces potions attirent des « esprits sexuellement pervers » (*sexual perverse spirits*) et les gens commencent à avoir des rêves érotiques et de l'excitation sexuelle nocturne à cause de ces mariages spirituels avec ces esprits. On reconnaît ici la description des « maris de nuit » (Rey, 2013) évoqués par le pasteur indien de l'Église. Celui-ci ajoute que sur le sous-continent indien, les esprits malfaisants correspondent aux différentes divinités hindoues - qui seraient en réalité des démons. Ces logiques de diabolisation de la tradition (Meyer, 1999), que celle-ci renvoie à la Guadeloupe, à l'Inde ou à l'Afrique, offrent un langage qui permet de décrire les territoires d'ici et d'ailleurs, tout en dégageant une même posture pour aborder l'ensemble de ces territoires : celle du combat spirituel.

Cette appréhension, à la fois globale et différenciée du territoire dans le discours du combat spirituel, fait écho à l'importance croissante accordée à la dimension internationale dans la « présentation de soi » des Églises pentecôtistes. Au Ghana, cette tendance remonte aux années 1980, où les Églises charismatiques affichèrent leur volonté de s'étendre au-delà des limites de l'État-nation (van Dijk, 1997). En parallèle, toute une rhétorique du combat spirituel mené à une échelle globale se développait dans la littérature pentecôtiste. On peut faire l'hypothèse que cette tendance est liée à l'émergence des discours sur la mondialisation. Mais elle fait également écho à une transnationalisation réelle d'un certain nombre de dénominations pentecôtistes, ce qui a pour effet d'induire chez leurs membres l'idée qu'ils ont une place dans le monde globalisé (Aubrée, 2003 : 81). Le territoire est dès lors appréhendé dans une dimension globale et la transnationalisation des Églises pose les jalons de ce rapport au territoire.

Dans les discours du combat spirituel, les combattants pentecôtistes sont invités à appréhender le territoire à la manière du Saint Esprit, ne reconnaissant aucune frontière légitime dans leur action. Le rapport établi avec le territoire est alors celui d'un espace ouvert, ou du moins à ouvrir, au sein duquel les frontières constitueraient autant de barrières à faire tomber, autant d'esprits à chasser, autant de principautés spirituelles à détrôner. Un pasteur ghanéen rencontré à Genève et dirigeant une Église de l'agglomération d'Accra relayait cette vision d'un territoire global constituant un champ d'action unique : « Je leur enseigne [aux gens de mon Église] que le monde est notre scène d'action (*our stage*). Ils ne portent pas leur regard seulement sur le Ghana, mais ils peuvent regarder au-delà des frontières du Ghana. » Le monde apparaît comme le champ d'action des pentecôtistes, comme une terre à conquérir, à évangéliser. Alors que le champ de nuisance des esprits dits territoriaux reste cantonné à un espace délimité (une ville, un État, etc.), le champ d'action du Saint Esprit est parfois conçu comme exempt de limites territoriales. La fondatrice du ministère des Filles de Sion expliquait ainsi la transnationalisation récente de son ministère[5] par l'action du même Saint Esprit,

5. En juillet 2009, des embryons de groupes affiliés au ministère des Filles de Sion se retrouvaient au Ghana, en Espagne, aux États-Unis et au Kenya.

à l'œuvre dans des endroits différents. Actif à une échelle globale, le rapport du Saint Esprit au territoire constituerait ainsi l'antithèse de celui des esprits territoriaux qui sont assujettis aux limites territoriales de la ville ou de l'État-nation[6].

La politique des esprits territoriaux

Selon les dispositifs rituels pentecôtistes, des esprits sont associés au territoire et le caractérisent par effet métonymique : ils habitent des espaces, des maisons, des villes ou des nations sur lesquels ils exerceraient une influence. Ces esprits « territoriaux » qui sont évoqués dans les rituels pentecôtistes se retrouvent en particulier dans la pratique du combat spirituel. Des auteurs tels que John Dawson, un Néo-zélandais établi en Californie, ainsi que le mouvement Jeunesse en Mission (*Youth With a Mission*) auquel il est rattaché, ont joué un rôle prépondérant dans la diffusion de pratiques associées à ces esprits territoriaux au sein de cercles pentecôtistes. En 1989 naquît un mouvement qui se proposait de cartographier ces esprits territoriaux en utilisant des méthodes « scientifiques » inspirées des sciences sociales, en particulier de l'anthropologie : le *Spiritual Mapping* (Mézié, 2008 ; Holvast, 2009). La même année, John Dawson publiait un ouvrage qui développait la dimension territoriale de la démonologie pentecôtiste (Dawson, 1991). Il y décrit la présence de « principautés » ou « puissances » qui renvoient à des entités de haut rang dans la panoplie des esprits mauvais, organisées de manière hiérarchique, en suivant une autorité et une chaîne de commandements. Selon lui, ces principautés, dominations et puissances constituent les catégories d'esprits qui cherchent à dominer des territoires, des peuples ou des groupes culturels ou ethniques. S'il a contribué à diffuser ces idées, celles-ci n'étaient toutefois pas nouvelles. En 1974 déjà, le Congrès international pour l'évangélisation mondiale de Lausanne – qui naquît notamment sous l'impulsion de Billy Graham – affirmait la nécessité d'un engagement dans la guerre spirituelle (*spiritual warfare*) contre les principautés (*principalities*) et puissances du mal (*powers of evil*) cherchant à déstabiliser l'Église et à réduire à néant ses efforts

6. On pressent ici le rapport positif à la mobilité instauré par cette opposition entre le Saint Esprit et les esprits territoriaux dans leur rapport au territoire.

d'évangélisation. En 1989, la seconde édition de cette Conférence, à Manille, ouvrit la voie à la diffusion des idées au sujet des esprits territoriaux dans les milieux pentecôtistes.

Selon la conception du combat spirituel, les esprits habitent des espaces déterminés et exercent une influence sur les personnes ou les groupes qui résident sur leur territoire. On retrouve alors les unités principales du territoire, à savoir l'État-nation, la ville et l'espace construit. Dans les villes, le combat contre ces esprits territoriaux s'exprime dans la pratique des « marches pour Jésus » et autres défilés visant à marquer symboliquement une prise de possession du territoire, telles que le pratiquent occasionnellement des Églises évangéliques en Suisse – y compris des Églises issues de la migration. Ces marches s'inscrivent dans la continuité de stratégies de prises de possession territoriales développées par le mouvement Jeunesse en Mission, qui organisa la première « marche pour Jésus » à Londres dans les années 1980 (Fer, 2010). Les pratiques du combat spirituel contribuent ainsi à produire le territoire pentecôtiste : en cherchant à chasser les « principautés » qui règnent sur une ville, ils tentent de la transformer. La production du territoire pentecôtiste, par la pratique du combat spirituel, s'accompagne donc d'un projet de transformation de la société urbaine visant à la rendre ouverte à l'évangélisation.

Les esprits s'attachent à des unités territoriales à large échelle, mais ils investissent également les espaces construits tels que la maison et l'église. Au printemps 2010, dans l'agglomération d'Accra, le fondateur de l'Église *Christ Foundation Family Chapel* mettait en garde un pasteur moins expérimenté contre les risques liés à la pratique de la délivrance, en-dehors des lieux associés à cette pratique rituelle. Il insistait notamment sur la nécessité de s'abstenir de pratiquer la délivrance à son propre domicile, car les gens pourraient « déverser leurs démons » et repartir en les laissant sur place. Ces démons resteraient alors dans la maison du pasteur qui, sans en connaître la cause, pourrait rencontrer des problèmes ou se disputer avec son épouse. Pour cette raison, la délivrance devrait se pratiquer exclusivement dans un lieu neutre ou dans l'église. Des discours similaires se retrouvent dans les espaces pentecôtistes de la migration africaine en Suisse et jouissent d'une certaine popularité, incluant les esprits qui « rôdent dans la chambre des enfants» et la nécessité de «nettoyer» les lieux spirituellement, comme le souligne ce pasteur d'origine congolaise:

> «Je change d'appartement, j'entre dans l'appartement et puis j'ai l'insomnie depuis que je suis dans cet appartement-là. Il n'y a que des querelles dans notre couple depuis qu'on a changé d'appartement. Depuis que j'ai changé d'appartement, mes enfants n'obéissent plus à la maison, mes enfants ne restent pas. Attention! Il faut savoir que peut-être, dans cette maison... Parce que les murs ont des oreilles, comme on nous dit! L'atmosphère de ceux qui y habitaient, les anciens locataires de cet appartement... Peut-être c'était un couple à problèmes, ou c'était une maison de prostituées. Toi tu ne sais pas, tu vas à la régie, tu achètes la maison ou tu loues la maison, tu habites dans cette atmosphère polluée. Une maison qui était sollicitée par les prostituées: il faut la délivrance. Il faut prier et prendre possession sur ces esprits qui ont, pas "hanté", je ne peux pas utiliser le mot "hanté" ou "envoûté", non, je veux dire qui ont "pollué" l'atmosphère. C'est la même chose dans les villes, chaque ville. Quand on dit que la ville de Genève a ses esprits, la ville de Lausanne a ses esprits: "ah, quand j'habitais Lausanne, quand j'ai fait mes études à Fribourg, tout allait bien, mais maintenant à Lausanne, je suis toujours en retard, je suis toujours fatigué." Non, il y a des esprits, il y a des esprits sur des villes. Il y a des esprits sur les villes, il y a des esprits sur les pays. Quand je voyage, si je veux aller travailler au Canada, aux États-Unis, je prie: "Seigneur, il y a des esprits sur cette ville-là, moi je prends l'autorité sur cet esprit-là. Je veux entrer dans l'atmosphère clair, je change d'appartement, Seigneur...", je prie sur cet appartement-là (...) que je loue, je paie mon argent, je veux le repos, je veux la paix, je ne veux pas hériter la pollution des anciens locataires.»

Les esprits territoriaux apparaissent comme une manière de dire le territoire, de rendre compte de ses différentes dimensions associées au vécu et aux difficultés rencontrées par les migrants. Ils constituent un langage pour thématiser la relation des migrants avec leur lieu de vie, qu'il s'agisse de l'immeuble, de la ville ou du pays. Ce langage évoque des ruptures dans le rapport à la société, le rejet d'un monde jugé perverti. En ce sens, les esprits territoriaux constituent des marqueurs de frontières avec des modes de vie décadents d'une Europe dont certains aspects, montés en épingle (tels que la prostitution ou l'homosexualité), reproduisent l'opposition propre aux courants de Réveil entre l'« Église » et le « monde ». Mais le rapport à la société évoqué par le recours aux esprits territoriaux ne se limite pas à une évocation des problèmes, des points de tension et de rupture entre la société européenne et les migrants pentecôtistes. Le langage des esprits territoriaux et, plus largement, les discours et pratiques du combat spirituel auxquels ils sont associés, revendiquent une transformation du territoire, à travers l'expulsion des esprits. Le combat spirituel instaure donc un rapport au territoire – et de ce fait, aux collectifs qui s'y rapportent – qui implique une visée transformative que l'on pourrait bien qualifier de politique.

La « présence du diable » sur le territoire helvétique renvoie parfois à des enjeux d'ordre politique bien concrets : les migrants inscrivent alors dans la pratique du combat spirituel leurs critiques à l'égard de la société helvétique, leurs frustrations vis-à-vis du système juridique ou leurs aspirations politiques. En affirmant l'influence malfaisante des esprits territoriaux sur la Suisse et en identifiant les types d'esprits territoriaux impliqués, les combattants adoptent une position critique vis-à-vis de la société suisse. Un esprit fréquemment associé à la Suisse – et plus généralement à l'Occident – est l'« esprit de matérialisme », dans le double sens d'un attachement excessif aux biens matériels et d'un rejet des affaires spirituelles. Cette dénonciation du matérialisme est mentionnée par Maïté Maskens chez des fidèles latino-américains en Belgique (Maskens, 2010). Le matérialisme renvoie parfois à l'« esprit de l'argent » (ou Mammon), source d'obsession pour l'argent. Un pasteur ghanéen identifiait cet esprit comme la cible principale du combat spirituel en Suisse :

> « Lorsque nous avons commencé à prier pour la Suisse, nos prières étaient en priorité fortement dirigées contre l'esprit de Mammon. Il y a beaucoup de gens qui sont en captivité financière (*financial bondage*), même si la Suisse est considérée comme un pays riche. Les gens sont pauvres en esprit, à cause de leurs problèmes d'argent. Ça vient de l'amour de l'argent, et ça devient une forme de captivité. Alors nous avons prié pour

> que les gens n'aiment plus autant l'argent, qu'ils considèrent l'argent comme quelque chose à dépenser et non comme quelque chose qui donne une orientation à leur vie. »

L'esprit de matérialisme est à la source d'une attitude païenne et sceptique vis-à-vis de la vie spirituelle. Cette attitude serait caractéristique des Suisses – et s'appliquerait par ailleurs à d'autres Européens. Elle expliquerait la sécularisation de la société, la tiédeur ou l'indifférence des Helvètes pour les choses de Dieu. Mais le rejet de l'esprit de matérialisme coïncide aussi avec la volonté de raviver l'engagement des membres au sein de leur Église. Il constitue également une dénonciation des compatriotes qui étaient très pratiquants en Afrique et qui négligèrent leur foi après leur installation en Suisse, succombant ainsi à l'esprit de matérialisme. Le pasteur de l'Église *Lighthouse Chapel International* de Neuchâtel reprenait ainsi ce discours : « En Europe, on a plutôt tendance à rester à la maison qu'à aller à l'Église. Il faut faire un effort explicite si l'on veut vraiment aller à l'Église (...), c'est dû à l'effet des biens matériels sur les gens. Une personne qui a beaucoup de problèmes aura davantage tendance à se tourner (*lean*) vers Dieu. » Dans ces discours dénonçant le matérialisme, le combat spirituel vise la société suisse, tombée dans la séduction de l'argent. Toutefois, il convient de garder à l'esprit que les récepteurs de ces discours sont presque exclusivement des personnes ayant une trajectoire migratoire. Par conséquent, c'est bien moins à la société suisse qu'aux migrants eux-mêmes que s'adressent ces discours qui ont pour effet de prévenir une assimilation des membres des Églises à la société suisse et de maintenir une frontière avec elle. En cela, la dénonciation du matérialisme s'apparente à d'autres entreprises des pentecôtistes migrants, visant par exemple le redressement des mœurs en Europe, qui, comme le souligne Sandra Fancello (2008), limitent l'émancipation des migrants plus qu'ils ne transforment la société européenne.

L'esprit de Mammon renvoie également à la position de la Suisse en tant que place financière, en particulier dans les centres urbains de Genève et de Zurich. Un prédicateur ghanéen en visite au ministère des Filles de Sion y situait la cause des conflits et problèmes de la ville de Genève et du pays : « That's why there are so many struggles in Geneva and in this country. There is a mighty spirit of money. They worship another God that is money. » Avec l'esprit d'argent, la prospérité financière apparaît dans son ambivalence : signe de bénédiction divine d'une part, elle peut également manifester l'œuvre des démons. Associée à une personne prospère et pieuse, elle peut être perçue comme une bénédiction, alors que lorsqu'elle est associée aux esprits territoriaux – et lorsque l'argent est détenu par des non chrétiens (Fancello, 2010) – elle manifeste l'œuvre du Malin. L'esprit de Mammon renvoie ainsi au schème classique de l'ambivalence de l'opulence, tantôt associée à la bénédiction divine, tantôt associée à la sorcellerie ou à l'idolâtrie.

Le discours du combat spirituel prend également la forme plus générale d'une dénonciation de la perte de valeurs dans la société suisse, du manque d'encadrement de la jeunesse en déperdition, des mœurs sexuelles jugées décadentes. Une femme résidant à Genève et ayant fréquenté l'Église pour les Nations ainsi que l'Église *Lighthouse Chapel International* reprenait ainsi ce discours, qui rejoint les préoccupations des évangéliques européens :

> « Nous sommes encore en train d'essayer d'établir nos racines dans la société suisse. Nous avons identifié les besoins. Nous observons qu'il y a beaucoup de jeunes qui se suicident à dix-huit ans déjà. Quel est le problème ? Certains ont des besoins auxquels on n'a pas répondu. Nous voyons aussi que l'Église devrait jouer un rôle plus actif dans la société. Il y a longtemps, en Suisse, les enfants étaient disciplinés (*disciplined*) par leurs parents et ce n'était pas considéré comme un abus. Mais maintenant, c'est perçu comme de la maltraitance au point où là où auparavant 10 % des enfants étaient diagnostiqués comme hyperactifs, il y en a maintenant 40 %, et c'est simplement parce qu'ils n'ont pas été éduqués, contenus (*restrained*). Nous avons aussi remarqué que certaines choses qui étaient moralement taboues ne le sont plus, par exemple, ça n'était pas correct qu'une jeune fille vive avec son fiancé avant le mariage en Suisse. Aujourd'hui tu peux te marier et demain tu dis : "Je ne t'aime plus". Pourquoi ? Parce que les valeurs ont changé, les valeurs de la famille, les valeurs morales ne sont plus là. »

Ce discours dénonce la perte de valeurs, la déstructuration de la famille et la libéralisation des mœurs sexuelles. Mais il renvoie également à l'histoire de la Suisse, perçue comme plus chrétienne à une époque où le concubinage et le divorce étaient socialement illégitimes. On retrouve cette même idée d'une société européenne historiquement plus conforme aux plans divins dans le discours du pasteur ghanéen mentionné précédemment : « Une personne qui a beaucoup de problèmes aura davantage tendance à se tourner vers Dieu. C'est comme ça que les Européens étaient au Moyen Âge, lorsque les choses étaient moins aisées. L'Europe croyait davantage en Dieu. » Pour ces chrétiens, la Suisse connut un destin analogue. Selon un pasteur congolais interrogé, elle aurait été fondée sur des bases chrétiennes, dont l'hymne national constitue une relique. Elle bénéficierait encore des bénédictions liées à ses racines et la prospérité financière de la Suisse s'expliquerait ainsi par son histoire chrétienne. Mais aujourd'hui, elle se serait muée en « cimetière de l'Évangile » :

> « La Suisse est encore un cimetière de l'Évangile. Il faut vraiment une grâce particulière du Seigneur. Or, dans le commencement, la Suisse a connu un Réveil, un Réveil vraiment digne de ce nom. Et même dans les institutions. Si tu écoutes même l'hymne national suisse, ça te dit déjà beaucoup de choses. C'est un psaume, un psaume de la Bible, presque, ça parle de Dieu. Et même dans les livres qui ont conservé toutes les déclarations qu'ils ont fait de la Suisse, ça a commencé par : "Au nom de Dieu". Et il y avait un certain nombre de gens qui voulaient enlever ces choses-là. Ça dit déjà beaucoup, mais qu'est-ce qui fait que les gens, ils se sont plongés encore dans l'ignorance ? »

Cette représentation de la Suisse justifie la pratique du combat spirituel pour rechristianiser le pays et pour repousser les esprits qui dominent le continent. Inspirée par la mouvance du *Church Growth* dans la lignée de Peter Wagner (Mézié, 2008 ; Holvast, 2009), cette pratique prend une forme plus explicitement politique, notamment par la contestation de certains aspects de la loi, et rejoint ainsi la tentation théocratique de certains courants évangéliques suisses (Gonzalez, 2014). Un pasteur déplorait par exemple le fait que la Suisse se considère comme un pays chrétien alors que la médiumnité y est pratiquée en toute légalité. La médiumnité, pratique très répandue et démoniaque aux yeux des pentecôtistes, serait à l'origine de la prolifération de l'esprit de divination dans le pays, esprit qui expliquerait une partie des maux sociaux et psychologiques qui le minent. À travers une législation libérale en la matière, les institutions politiques suisses favoriseraient selon lui la prolifération de cet esprit dans le pays, nécessitant un redoublement d'ardeur dans la pratique du combat spirituel.

Le langage des esprits territoriaux permet également d'exprimer les désillusions accumulées au cours de trajectoires migratoires. La dépression ou le suicide sont soulignés par de nombreux interlocuteurs africains comme des maux très caractéristiques des sociétés européennes et presque absents des sociétés africaines. Si l'esprit de pauvreté tourmente les pays d'Afrique, les régions européennes sont la proie d'esprits qui occasionnent des douleurs d'ordre psychologique, s'attaquent au psychisme ou isolent les sujets. Une chrétienne nigériane associait les problèmes touchant les habitants de la Suisse à des maux tels que la tristesse, la solitude ou la dépression, en dépit d'un certain confort matériel :

> « Au Nigéria, les gens sont aussi en captivité (*bondage*), mais c'est différent. Ce ne sont pas les mêmes choses qui réduisent les gens en esclavage. Ici en Suisse, beaucoup de gens sont malheureux, ils ne sont heureux ni avec eux-mêmes, ni avec les autres. Ils sont tristes la plupart du temps. Je pense que c'est une forme de captivité. Ils sont fâchés, ont l'air tristes, se sentent déprimés. On ne connaît pas la dépression en Afrique, au Nigéria. Parce qu'on vit avec la famille, ensemble, on est heureux. En Afrique, on vit en groupe, ici, on vit seul, en solitaire. Je pense que les gens aiment être seuls, alors qu'au Nigéria, on n'aime pas être seul. (...) On n'a pas le temps d'être triste, il y a des gens autour de toi pour te rendre heureux. C'est une autre société. (...) Ici, tu as assez à manger, que tu travailles ou non, le gouvernement prend soin de toi. Là-bas, tu dois travailler avant de manger. »

On peut émettre l'hypothèse selon laquelle ce discours serait le corollaire de frustrations liées à la trajectoire migratoire, souvent associées à une mobilité sociale descendante. Le contraste entre l'Europe et l'Afrique, qui emprunte largement aux représentations de l'Afrique en vigueur en Europe, pourrait être synthétisé en ces termes : l'Afrique pauvre et joyeuse, l'Europe riche et triste. Cette femme nigériane, comme beaucoup d'autres migrants, a subit un déclassement social consécutif à sa migration. Au bénéfice d'une formation de niveau supérieur, elle est employée comme caissière dans un supermarché. Cette trajectoire sociale descendante, associée aux tourments administratifs et juridiques réservés aux Africains en Suisse, occasionne un sentiment d'inaccomplissement chez nombre de migrants africains qui fréquentent les Églises pentecôtistes.

Bien qu'il vive en Suisse depuis plus de quinze ans, Sena, un jeune homme de nationalité togolaise, se trouve dans une situation juridique précaire. En 1997, il se voit confisquer son passeport par l'ambassade du Togo, alors qu'il voulait le faire renouveler. La raison de cette confiscation, Sena la suppose liée à l'engagement politique de sa famille au Togo ainsi qu'à ses propres engagements au sein d'associations et de réseaux politico-associatifs. À cause du retrait de son passeport, Sena n'a pas pu faire renouveler son permis de séjour et, depuis lors, il vit sans pièces d'identité. Malgré cela, il dispose d'un emploi stable et déclaré, mais l'absence de passeport entrave sa mobilité internationale, ce qu'il vit comme un très fort handicap. De nombreuses activités lui sont par conséquent interdites : visiter l'Europe, participer à des réseaux et rassemblements politico-associatifs internationaux, rendre visite à sa famille qui, entre-temps, s'est établie au Ghana. Lorsqu'il fait le bilan de son expérience migratoire, c'est une certaine amertume qui apparaît dans les propos de Sena :

> « Je suis ici, on me prend pour un étranger, et puis c'est un choc et je n'ai plus de pays actuellement. Voilà l'événement dramatique. On croit que quand on part de chez nous, on est plus heureux ailleurs. On n'est pas heureux ailleurs. Et j'ai voulu dire à mes frères africains aussi cela, on n'est pas heureux en Europe. On peut trouver à manger, à vivre, mais on n'est quand même pas intégrés. »

Cette amertume au sujet de l'adversité rencontrée en Suisse et des restrictions, en termes de mobilité, que lui posent son statut juridique engendre une certain ressenti face à un Jésus qui semble parfois sourd à ses demandes. Pourtant, Sena continue de fréquenter une Église dans laquelle se pratique le combat spirituel qui transparaît, en filigrane, dans ses discours :

> « Il faut prier pour la Suisse, parce que la Suisse, si tu vois la situation, elle est cacophonique. Le chômage a augmenté et puis dans les cinq années à venir, il y aura plus de violence économique, c'est-à-dire que les gens vont commencer à braquer les banques, s'attaquer aux riches. Il faut prier beaucoup. Moi j'aime bien qu'on prie pour ce pays parce que c'est un deuxième pays que je connais, c'est un pays où j'ai habité pendant des années, même s'il y a de mauvaises choses, j'ai vécu de bonnes choses, de bonnes relations, des amitiés avec des gens corrects. »

Le combat spirituel tire une partie de sa popularité auprès des migrants du fait qu'il offre un espace pour l'énonciation de critiques vis-à-vis de la société suisse, de son système judiciaire et politique, pour des populations généralement exclues des processus décisionnels (Rey, 2018)[7]. À l'instar de Sena, les migrants rencontrés dans les Églises pentecôtistes se trouvent souvent dans une situation juridique instable ou ont traversé des difficultés analogues. Hormis une partie des membres de l'Église pour les Nations travaillant dans les milieux internationaux genevois (ONU et organisations internationales), de nombreux migrants fréquentant les Églises pentecôtistes expérimentent leur séjour en Suisse comme un déclassement social d'un point de vue professionnel et effectuent des travaux non qualifiés, en dépit de leur niveau parfois élevé de qualifications[8]. À l'Église *New International Church* à Bienne, cette critique du système suisse, jugé trop complexe, trop opaque, élitiste et aliénant, s'exprime également dans la pratique du combat spirituel, et le pasteur n'hésite pas à mettre en évidence la « dureté » du système suisse qui induit, chez celui qui bénéficie de son soutien, le sentiment d'être un « *looser* ». Il dénonce le « prix à payer », en termes de déconsidération sociale, pour accéder aux prestations

7. Notons toutefois qu'en Suisse, quelques cantons octroient le droit de vote aux étrangers sur les plans cantonal et communal. De plus, il arrive que certaines personnes « naturalisées » ont obtenu la citoyenneté suisse et participent à la vie politique suisse. Dans la plupart des Églises issues de la migration africaine, la majorité des membres ont un statut juridique reconnu, qui peut aller de requérant d'asile à résident avec un permis stable (permis C).
8. Les analyses statistiques de l'immigration africaine en Suisse convergent avec ces observations (Efionayi-Mäder, Pecoraro, & Steiner, 2011). Le déclassement social est particulièrement prononcé parmi les migrants africains, en comparaison avec d'autres catégories de migrants.

sociales ou pour se frayer un chemin dans le système administratif suisse. La perte de statut social, la déconsidération engendrée par les procédures du chômage ou des services sociaux contrastent avec des formes inaccessibles d'accomplissement de soi.

Dans ce contexte, devenir un combattant, c'est opposer une résistance à la subjectivation opérée par le système social et politique suisse qui associe le migrant à un fardeau inutile. Le combat spirituel questionne et conteste le prix à payer, en termes de déclassement social, pour bénéficier de la « manne » occidentale. C'est sous cette lumière que l'on peut comprendre la pratique du combat spirituel, qui suggère une inversion du rapport entre les migrants pentecôtistes et la société d'accueil. Cette inversion du stigmate (Fancello, 2010) se manifeste essentiellement sous la forme de la rhétorique de la conquête, qui redistribue les rôles des dominants et dominés.

Discours de conquête et politiques migratoires

Au cours d'une réunion du Ministère des femmes en janvier 2009, à l'Église pour les Nations, une femme indienne conduit l'intercession. La prière épouse la forme du combat spirituel et la rhétorique de la conquête de la ville de Genève : « We bind the power of darkness! We bind the rulers of this city! We claim this city for God! » La jeune femme intercède en priant pour que les forces du mal soient « liées » et quittent définitivement le pays. Quelques mois plus tard, dans une autre ville, un prédicateur insiste sur la nécessité de résister à l'avancée des Ténèbres : « Si on ne se lève pas, les Ténèbres vont gagner du terrain, et on risque d'y perdre jusqu'à sa propre foi. Nous devons discuter de ce que nous voulons comme impact pour notre Église. Quel impact voulons-nous avoir pour [la ville de] Bâle ? » Une semaine plus tôt, le pasteur de l'Église *Lighthouse Chapel International* de Berne tenait un discours aux métaphores guerrières sur la thématique de la conquête spirituelle : « Take your army together! We take the land by spirit! » Ces discours présentent un point commun : le recours à une rhétorique conquérante, qui est un thème transversal parmi les Églises fondées par des Africains en Europe (Knibbe, 2009 ; Fancello & Mary, 2010b). En se basant sur des versets bibliques de l'entrée du peuple élu sur ses terres, les discours insistent sur le fait que les combattants « conquièrent » et « possèdent » ces terres que Dieu leur a données.

Pour Karagiannis et Glick-Schiller (2006), cette pratique ne constitue pas une simple action imaginaire participant au bien-être psychologique des migrants, mais contribue activement à donner forme à leur participation sur leur lieu de vie. Nous explorerons ici deux domaines dans lesquels cette rhétorique de la conquête contribue à donner forme à cette participation. La première, propre à la condition de migrant, consiste en une contestation des politiques de gestion des frontières du territoire de l'État-nation associée à des restrictions de la mobilité. La seconde, liée à l'idée de domination spirituelle et politique (*dominion*), résonne plus largement dans le monde évangélique et correspond à une volonté de prendre le pouvoir dans les sphères d'influence de la société.

La référence au récit biblique de l'Exode ou de l'entrée sur la Terre promise fait écho aux trajectoires migratoires. Elle constitue une trame narrative sur laquelle se construit le rapport aux territoires européens, permettant de légitimer la présence des migrants (Maskens, 2008 : 59). Elle s'accompagne d'une rhétorique de la conquête qui contribue à renverser l'ordre des hiérarchies en termes de rapport au territoire, renversement qui contraste avec la situation juridique des migrants. En effet, la plupart des migrants africains résidant en Suisse bénéficient d'un statut juridique précaire. Un peu plus du quart des migrants d'origine sub-saharienne a acquis la nationalité suisse (Efionayi-Mäder, 2009). La grande majorité des migrants africains sont par conséquent exclus des droits de citoyenneté. Et bien souvent, c'est la précarité qui prédomine quant à la durée de leur présence juridique légitime sur le territoire suisse : seuls un quart d'entre eux bénéficierait d'un permis de résidence stable (permis C) leur permettant d'envisager un avenir en Suisse sur le long terme (Efionayi-Mäder, *et al.*, 2011). Plus de la moitié des migrants d'origine sub-saharienne est par conséquent soumis aux aléas des procédures administratives et des décisions juridiques. Parfois admis à titre provisoire en Suisse ou sans statut légal, les migrants sont considérés par les politiques migratoires suisses comme des hôtes, parfois indésirables, parfois tolérés, et aux droits limités.

S'ils ne se traduisent qu'exceptionnellement par une action atteignant les sphères politiques ou médiatiques, les dispositifs rituels induisent toutefois un rapport au territoire suisse dans lequel les migrants se positionnent comme des contributeurs actifs à la prospérité du pays. L'intercession pour la Suisse constitue un contre-pied à l'exclusion des droits de citoyenneté et soutient le sentiment de participer à la vie politique du pays, puisque cette dernière, selon la conception du *spiritual warfare*, comporte un pendant invisible et spirituel. Ce positionnement apparaît clairement chez de nombreux interlocuteurs pentecôtistes, à l'instar de cette femme pasteur dans le canton de Vaud :

> « Quand on se réunit, c'est pour intercéder pour la Suisse, pour que le Réveil vienne en Suisse, pour que Dieu touche les Suisses, pour que Dieu amène plus la paix dans le cœur des gens en Suisse, ici. C'est un ministère qui prie beaucoup pour la Suisse et aussi pour les autres pays. On prie pour la Suisse, parce que d'abord, c'est un pays que Dieu nous a donné, que nous les Africains on est dedans. Si alors ça devient aussi notre pays, quand la Suisse est dans la paix, nous aussi on est dans la paix. Alors la Bible dit que nous devrons prier pour le pays qui nous accueille. On voit aussi des témoignages parce qu'on voit que la Suisse est un pays [où] la paix règne beaucoup. On prie même pour les gouvernants suisses, pour la politique aussi, que la paix règne. Et à travers toutes ces prières, nous on voit quand même que Dieu est en train de faire de grandes choses en Suisse. »

Ce discours mérite d'être mis en contraste avec les débats sur les politiques migratoires de la Suisse et la domination de ces débats par l'Union Démocratique du Centre (UDC), parti de droite populiste. Depuis plusieurs années, l'UDC, premier parti de Suisse sur le plan électoral, avait remporté plusieurs succès politiques en stigmatisant les politiques migratoires jugées trop libérales. Il avait financé de nombreuses campagnes d'affichage qui présentaient les étrangers comme des « moutons noirs » ou des « corbeaux » profitant du système suisse. Le discours de la femme pasteur sur les intercesseurs renverse cette image et positionne les Africains en bienfaiteurs de la Suisse. À travers leur prière pour ce pays, les pratiquants pentecôtistes contribuent rituellement à la prospérité de la Suisse, ils appellent la bénédiction divine sur le pays. Le positionnement des migrants africains dans les discours de conquête spirituelle tranche avec l'ambiance politique dominante en matière de politique migratoire et opère un renversement symbolique de l'ordre des hiérarchies (Demart, 2008) dans le rapport au territoire.

Les discours au sujet de la conquête spirituelle de l'Europe par les chrétiens africains, dont les antécédants historiques remontent aux missionnaires européens, il y a plus d'un siècle (Fancello & Mary, 2010a), ne s'appuient pas exclusivement sur l'interprétation des textes bibliques de l'Exode ou de l'entrée en Terre promise. Ils font aussi écho à un courant du néo-pentecôtisme américain appelé *dominionism*. Le terme fut initialement utilisé dans les années 1980 par des chercheurs en sciences sociales pour désigner un mouvement de chrétiens conservateurs qui cherchaient à influencer le gouvernement par des actions politiques en vue d'instaurer une nation gouvernée par des principes chrétiens, puis il fut repris par Peter Wagner et d'autres mouvements faisant la promotion de ces idées, tels que le *Church Growth* ou la *New Apostolic Reformation* (Holvast, 2009). Renvoyant initialement à la droite chrétienne aux États-Unis, la théologie du *dominionism* évoque ainsi les courants prônant l'imposition de principes chrétiens dans les sphères d'influences de la société, en vue de la rendre conforme aux préceptes chrétiens. Dans cette théologie, la conquête n'est pas seulement rituelle, elle ne se cantonne pas à chasser les esprits territoriaux d'une ville ou à intercéder pour la bénédiction d'une nation. Elle prône la prise de pouvoir effective à travers l'accès de personnes chrétiennes aux sphères politiques, aux positions d'influence au sein d'une société. Ce courant se retrouve de manière plus ou moins marquée dans les Églises. À l'Église pour les Nations, par exemple, plusieurs prédicateurs insistèrent sur l'importance d'amener chaque sphère de la société sous le contrôle des disciples du Christ. Ceci implique également d'accroître le pouvoir économique des chrétiens, ce que professe ce prédicateur ghanéen de passage :

> « À qui revient-il de contrôler les richesses du monde ? À nous ! Les chrétiens doivent abandonner cette mentalité de pauvreté. Dieu n'est pas pauvre et nous ne pouvons pas le servir si nous sommes pauvres. Amen ? Le succès implique un *leadership* à différents niveaux. Jésus a connu le succès. Il est important de voter pour des Chrétiens, d'aller au gouvernement. Maintenant, il y a un président et vice-président converti (*born again*) au Ghana. Il faut se défaire de la mentalité séculière. La politique,

> le business, l'éducation, les médias, le sport, les arts, le theâtre : pénétrez les domaines clés de la culture. Nous devons proposer une alternative chrétienne au monde. Mais pour cela, nous avons besoin d'argent, et cet argent doit venir des chrétiens. »

Le prédicateur dénonce les distinctions entre le séculier et le sacré, entre la politique et la foi, entre l'argent et l'Église comme erronées. Cet extrait de prédication est caractéristique des courants prônant la domination des chrétiens sur la société. Ces propos prennent tout leur sens si l'on considère le fait que l'auditoire est en partie composé de diplomates, fonctionnaires internationaux et cadres dans des entreprises multinationales, qui côtoient effectivement des sphères d'influences politiques et économiques. La conquête n'est plus simplement métaphorique, elle vise la rechristianisation des sociétés européennes[9].

Les temps du territoire

Histoire spirituelle, temps bibliques et Réveils historiques

A l'occasion d'une soirée de prière à Genève, un pasteur rapporta le récit d'une délivrance qu'il entreprit chez une femme qui « entendait des bruits » dans son appartement. Alors qu'il priait sur cette femme, son visage se mit à changer, manifestant la présence d'un esprit en elle. Le pasteur questionna l'esprit sur la raison de sa présence. L'esprit lui répondit : « The Romans used to worship me here. » Le pasteur demanda alors son identité à l'esprit : « Who are you ? » L'esprit lui répondit : « The legions of Geneva. » Ce récit de délivrance relève de pratiques associées au combat spirituel ou au *Spiritual Mapping* consistant à sonder l'histoire d'un lieu (en l'occurrence l'appartement de la femme), afin d'en découvrir l'histoire spirituelle. Cette histoire permet d'identifier les esprits territoriaux qui en empêchent l'évangélisation ou qui tourmentent ses habitants. Dans ce récit, ce sont les cultes à des divinités romaines qui auraient été accomplis à cet endroit

9. La dimension stratégique de cette conquête est soulignée par de nombreux auteurs et touche des milieux évangéliques variés. En Suisse par exemple, elle peut être mise en relation avec la création du parti évangélique, ou d'organismes tels que le Réseau évangélique qui ambitionne d'« étendre le Royaume de Dieu » à travers son engagement dans la société (Gonzalez, 2014).

qui expliqueraient la présence de ces esprits. Selon cette conception, l'histoire est avant tout un espace temporel chargé de forces occultes et d'influences malignes avec lesquelles il faut rompre. Dans la pratique du combat spirituel, les combattants pentecôtistes rejettent le déterminisme par les forces du passé qui tentent de les assujettir. Ce rejet suggère une temporalité où le sujet se positionne en rupture avec le passé, temporalité qui fut notamment propagée par les missions protestantes en Afrique, ce que souligne Birgit Meyer : « Protestant missions certainly propagated the new temporal sense which Habermas – inspired by Hegel – found to be the characteristic feature of modernity: Rather than perceiving life as a continuation of longstanding traditions, modern subjects focus on an elusive present that has be renewed continuously by breaking with the past, and are to draw normativity from the present (Habermas, 1986). This, at least, summarizes the modern condition according to modernist discourse. Yet there are reasons to assume that the adoption of this new temporal sense and the "break with the past" which it entails is more problematic than it sounds, both in the West and (...) in Africa » (Meyer, 1998 : 317).

Le « passé » avec lequel l'on rompt est parfois fantasmé, notamment quand il s'agit d'un passé collectif, et diabolisé, comme lorsque ces pentecôtistes évoquent une Europe qui n'aurait été christianisée que superficiellement et qui demeure à leurs yeux soumise au démon. Dans les discours pentecôtistes, l'histoire du territoire n'est toutefois pas exclusivement chargée d'influences malfaisantes. Dans certains cas, plus rares, l'histoire est convoquée afin d'expliquer les bénédictions dont bénéficie une région, un pays. C'est le cas de la Suisse dont les racines chrétiennes expliqueraient sa prospérité économique actuelle. La référence aux Réveils historiques qui ont marqué la Suisse, tels que le Réveil de la ville de Genève au XIXe siècle, font également partie des références positives à l'histoire du pays dans une optique positive, présageant un Réveil à venir.

Une autre temporalité convoquée dans les pratiques pentecôtistes associées au territoire est la temporalité biblique. Il s'agit de convoquer des territoires apparaissant dans les récits bibliques en les juxtaposant à des lieux du présent. Les villes peuvent ainsi être identifiées à « Sodome et Gomorrhe » ou une région associée à la « Terre promise ». La destinée biblique de ces endroits s'applique aux lieux qui y sont associés : le territoire est ainsi constitué par une référence biblique et les possibilités offertes par le champ sémantique qui l'accompagne. Ainsi, le site accueillant le siège de l'Église *Lighthouse Chapel International* à Accra est riche en évocations de la Terre promise. L'ensemble des bâtiments blancs et les allées agrémentées de jardins contrastent avec la poussière de la rue alentour. Le lieu est baptisé d'un nom hébreu, *the Qodesh* (le sanctuaire), l'usage de l'hébreu évoquant à lui seul l'espace-temps biblique. La référence à la Terre promise est manifeste dans certaines appellations, telles qu'un restaurant baptisé *Promised Land* et une cafétéria *Honey and Milk* situés dans de petites maisonnettes à l'entrée de l'enceinte.

En se référant à la Terre promise, c'est l'ensemble des récits bibliques associés qui sont convoqués, notamment le récit de l'Exode qui résonne dans l'histoire de l'Église et contribue à la construction de son mythe. Le siège de l'Église *Lighthouse Chapel International* était précédemment installé dans un autre quartier de la ville (*Korle-Gonno*). L'Église se résolut à fuir ce quartier à la suite d'irruptions de violence de la part de traditionnalistes ga qui dénonçaient une violation des tabous liés au festival *Homowo*, notamment à cause du volume sonore des cultes (van Dijk, 2001). Le nouveau site, dans un blanc immaculé, fut inauguré en 2008 par l'évocation de ces persécutions qui donnent tout leur sens aux références à la Terre promise. Cette référence est d'ailleurs loin d'être un cas isolé. Ainsi, au cours d'un entretien, un pasteur de l'Église *Royalhouse Chapel International* associait également les lieux sur lesquels furent bâtis le siège de l'Église à l'évocation de la Terre promise : « Normally we refer to this place as our Promised Land, because the Lord promised through a prophecy that he was going to give us a place on the Ringroad. The prophecy was given by several visiting ministers. » La *Ringroad*, à laquelle se réfère le pasteur, constitue l'un des axes routiers principaux d'Accra, qui en contourne le centre-ville. Ce positionnement stratégique explique l'association de l'emplacement de l'Église à la « Terre promise », et ce d'autant plus qu'il aurait été annoncé par plusieurs prophéties.

La référence aux territoires bibliques participe à la production du territoire pentecôtiste en l'insérant dans la trame narrative des récits bibliques, tout en procédant à une forme d'abolition du temps historique. C'est généralement l'« ici et maintenant » qui est concerné par le recours à ces références bibliques et c'est au présent, voire au futur, que se conjugue la territorialité dessinée par les récits bibliques. Ces récits issus du passé font émerger le territoire du présent ou présagent de celui du futur, à travers une opération de juxtaposition entre territoire biblique et territoire contemporain. L'association réalisée entre le territoire biblique et le territoire contemporain constitue un levier pour l'identification au peuple hébreu qui lie ainsi la destinée de ce peuple à celle des chrétiens ou de l'Église. Dans les évocations de l'histoire du peuple hébreu, on assiste à une forme d'écrasement du temps : les récits sont appliqués à la communauté du présent, souvent à l'Église, sans référence à leur épaisseur historique. Comme l'illustrent les exemples ci-dessus, cette identification permet d'expliquer les mésaventures de l'Église, de justifier sa posture face à l'adversité, de souder ses membres ou de prédire sa destinée à venir. Mais elle permet avant tout de reformuler les enjeux du présent à partir des enjeux bibliques, de réinterpréter les problèmes ordinaires à partir des trames narratives disponibles dans la Bible.

Dans la temporalité pentecôtiste, le présent est souvent marqué par une tension permanente sous le signe de l'attente : attente du Réveil, attente du retour du Christ. Cette attente n'engendre pas de posture passive, bien au contraire. Elle est active puisque les intercesseurs reçoivent la mission de préparer le Réveil et de travailler en vue du retour du Christ. Cette attente active s'exprime notamment dans la pratique du combat spirituel. Dans la logique rituelle, le combat contre les démons contribue en effet à préparer le terrain du Réveil, puisque ces esprits malfaisants s'opposent à l'évangélisation et à la conversion de nouvelles âmes – éléments caractéristiques d'un Réveil. Le Réveil constitue ainsi un horizon temporel des pratiques d'intercession, qui fonde un rapport spécifique au territoire, à travers un rappel des Réveils historiques, localisés à Genève ou ailleurs.

Millenium, guerres et capitalisme

L'attente active dans la temporalité pentecôtiste se manifeste également d'une autre manière, à travers l'attention portée aux « signes des temps ». Ces signes sont discernés dans la lecture des événements politiques, climatiques ou sanitaires qui marquent l'actualité : un tremblement de terre, une guerre, un raz-de-marée, une épidémie ou un attentat. Ils sont perçus comme autant d'indices de la dérive croissante d'un monde en phase pré-millénariste. Ils constituent des indications de l'approche du millénium et de l'accomplissement des prophéties bibliques. Cette temporalité pré-millénariste comporte des implications territoriales et politiques. Un vendredi soir du printemps 2009, le pasteur de l'Église pour les Nations prêcha sur le sujet du combat spirituel : « God wants us to bind the strongman[10] who is holding the people captive. Every city has a territorial spirit », affirma-t-il, citant le livre de Daniel dans la Bible où apparaît la figure du Prince de Perse (*Prince of Persia*) qui serait un démon[11]. Le pasteur établit un lien entre ce Prince de Perse et l'Iran contemporain et évoqua le président iranien de l'époque, Mahmoud Ahmadinejad, dont il critiqua le négationnisme de la Shoah. Il déplora le fait que le président américain Barak Obama aurait refusé l'offre d'évangéliques qui voulaient prier avec lui, déclarant qu'il préférait prier seul. Il prédit qu'aux États-Unis, on permettra bientôt les mariages homosexuels. Un prédicateur de passage, originaire de Jordanie et résidant aux États-Unis, prit alors le relais de la prédication. Ayant évoqué le retour possible du Christ cette année-même, en 2009, bien que l'Église ne soit pas encore prête, il enchaîna sur les prises de positions ouvertement politiques du pasteur : il regretta que George W. Bush n'ait pas ordonné trois jours de jeûne et de prière au moment de la crise financière de 2008. Il se scandalisa du fait que, pour la première fois en 75 ans, le président Barak Obama ait refusé de faire une prière (*declaration of prayer*) pour le pays. Il affirma son soutien à Benyamin Netanyahou, qui serait menacé de mort et que l'on pousserait à abandonner la Terre Sainte, à la donner aux musulmans. Il évoqua le « danger démographique » représenté par l'islam et prédit que dans vingt-cinq ans, les musulmans règneront sur l'Europe et y implanteront la charia : « It's based on documented facts ! »

Ces deux prêches mettent en évidence plusieurs éléments associant la pratique du combat spirituel à un univers spatio-temporel singulier dans lequel prennent sens les événements politiques : ces événements ne sont pas lus comme le résultat de forces politiques et historiques, mais de forces spirituelles et de l'eschatologie millénariste. Cette lecture nous a semblé particulièrement fréquente au sein de l'Église pour les Nations. L'Iran est ainsi positionné aux côtés du démon, sous la figure du « Prince de Perse », associée au président

10. L'« homme fort » (*stongman*) est une référence biblique à la figure du diable.

11. Cette interprétation est largement partagée au sein du courant du combat spirituel.

iranien, en référence au livre biblique de Daniel. Le négationnisme et les politiques hostiles à l'encontre d'Israël en seraient des émanations. Le combat spirituel se manifeste également dans la politique intérieure des États. Si le pasteur de l'Église pour les Nations mentionne rarement des événements issus de la politique suisse, signe de la faible implication de l'Église dans les enjeux locaux, il évoque par contre fréquemment les questions qui font la une de l'actualité internationale, y compris les questions de politique interne aux États-Unis. Ses prises de position contre l'homosexualité ou les doutes exprimés à l'égard de la piété du président américain résonnent avec certaines postures évangéliques outre-Atlantique. C'est le combat spirituel qui donne son sens à ces prises de positions, car les événements politiques sont lus comme le produit de conflits qui se jouent sur un plan spirituel. Le prédicateur originaire de Jordanie établit quant à lui une opposition entre « les musulmans » et Israël, opposition qui transforme le conflit israélo-palestinien en conflit religieux, effaçant les dimensions historique et politique du conflit. Cette opposition avec « les musulmans » est ensuite transférée vers l'Europe, en instaurant une concurrence démographique entre Européens et musulmans sur la base de critères démographiques. Les musulmans apparaissent ainsi comme les ennemis communs d'Israël et des Européens, conformément à une version chrétienne du sionisme, dans la lignée du dispensationalisme pré-millénariste, largement répandu en Afrique et dans la diaspora (Gifford, 2001).

Cette stigmatisation de l'islam et des régions musulmanes est caractéristique de la pratique du combat spirituel. L'une des formes de cette stigmatisation fut associée au *Spiritual Mapping*. Cette technique consiste à cartographier les régions non christianisées sur terre, ce qui conduisit à l'identification d'un espace géographique entre les latitudes 10° et 40°, appelé la « fenêtre 10/40 » (*10/40 Window*), comprenant la plupart des pays musulmans : « On the basis of computer calculations, it had been concluded that 97 % of the non Christian ("unreached") world population lived between the 10th and 40th parallels, roughly North Africa, the Middle East and Central Asia right through to Japan. (…) The "resistant peoples" in the window were designated mission's "last frontier". (…) In the end times, determined by the movement to be in the 1990s, God had given a special technique for breaking this resistance: Spiritual Mapping. If it was meant to be used within the 10/40 Window, the technique of Spiritual Mapping soon became

> sûrement plus." Et c'est comme si j'étais fermée et limitée, comme si j'étais dans une prison, et à l'extérieur de la prison il y avait un énorme cadeau qui m'attendait, et c'était impossible de sortir pour me l'accaparer. Et alors je me suis dit : "j'ai besoin de connaître autre chose". Et donc, j'ai quitté cette Église et je suis venue ici, et là, j'ai beaucoup appris. Dans l'autre Église, il n'y avait pas ce ministère de délivrance. Et moi-même, après, j'ai compris que j'étais dans une prison et que j'avais besoin de sortir de cette prison pour prendre ce qui est à moi. Et chaque fois que je venais ici, je me disais : "Mais oui, c'est ça que je voulais !", c'est comme si l'Esprit de Dieu me disait : "Mais voilà, c'est ce qu'il te faut". Donc je suis rentrée dans une autre dimension, parce que je savais que le diable existait, que les gens pouvaient avoir des esprits. Je me disais : "Non, mais moi je suis enfant de Dieu, ça ne me concerne pas !" Et après j'ai compris que j'étais enfermée dans une prison, et puis j'avais besoin d'aide pour me sortir de cette prison. Donc c'est ça la captivité, j'étais quand même captive, même si Christ était dans ma vie, j'étais quand même limitée. »

Le changement de perspective de Laeticia au sujet des pratiques de délivrance illustre la tension qui parcourt le pentecôtisme à ce sujet. La première Église qu'elle fréquente enseigne une conception classique selon laquelle un chrétien baptisé du Saint Esprit ne peut être habité par un démon. La nouvelle Église à laquelle Laeticia se rattache désormais prêche, au contraire, que cette possibilité existe et concerne de nombreux chrétiens. Dans le récit de Laeticia, la conception de la délivrance et les pratiques associées constituent l'élément charnière aboutissant à son changement d'affiliation d'Église. Elle décide de se présenter pour recevoir une prière de délivrance, expérience qu'elle décrit ensuite par ces mots :

> « Quand le pasteur a prié pour moi, j'ai ressenti dans mon estomac les sensations comme d'une pieuvre, quelque chose de bizarre, quelque chose d'étranger en moi. »

A travers le dispositif de délivrance, Laeticia se découvre « habitée » par une entité étrangère. Le dispositif rituel pentecôtiste used outside the window as well. » (Holvast, 2009 : 97) En construisant une opposition entre musulmans et Européens, le prédicateur relaie la vague d'islamophobie qui parcourt le monde occidental, ravivée par les attentats terroristes. Mais la concurrence avec l'islam arbore également un caractère eschatologique puisque selon le *Spiritual Mapping*, la fenêtre 10/40 désigne les dernières zones géographiques à évangéliser, les dernières nations que l'Évangile n'a pas atteintes.

Hormis cette zone géographique spécifique, Israël représente aussi un territoire renvoyant à diverses temporalités passées et à venir, à la fois bibliques et prophétiques. À l'Église pour les Nations, un prédicateur développait ainsi la thématique du « guetteur » (*watchman*) en projetant sur un écran des images des murailles de Jérusalem et des références bibliques au livre d'Esaïe. La thématique des guetteurs sur les murailles de Jérusalem constitue un thème eschatologique classique dans les courants millénaristes. John Dawson (1991) associe ces guetteurs (ou gardes) à un « conseil spirituel caché » qui « se tient à la brèche jusqu'à ce que surgisse la victoire » (p. 89). Dans cette perspective, la création de l'État d'Israël comporte en elle-même un caractère eschatologique puisqu'elle constitue une étape indispensable à la seconde venue du Christ : le retour des tribus d'Israël sur les terres que Dieu a données à leurs ancêtres (Rigal-Cellier, 2003). Dès lors, le positionnement pentecôtiste millénariste vis-à-vis de la politique proche-orientale soutient souvent les politiques les plus radicales, s'opposant à tout partage des terres avec un État palestinien, seul État ne bénéficiant d'aucune légitimité au regard de cette vision millénariste[12]. À ce propos, un événement anecdotique qui se déroula à l'Église pour les Nations nous paraît hautement significatif. Il est d'usage que dans chaque culte dominical, on demande aux nouveaux venus dans l'Église de se présenter et de mentionner leur pays d'origine. L'orateur répète alors le pays d'origine au microphone et adresse un « *welcome* » aux nouveaux venus. Un jour, un couple de Palestiniens assista à un service dominical. En fin de culte, l'orateur demanda aux nouveaux participants de se présenter et d'indiquer leur pays d'origine. Il dut demander au jeune couple de répéter à trois reprises leur origine,

12. La posture des évangéliques vis-à-vis du conflit iraélo-palestinien était auparavant plus nuancée. Ainsi, jusqu'à la fin des années 1970, les palestiniens chrétiens pouvaient compter sur le soutien des États-Unis. Cette tendance s'inversa notamment avec la croissance des juifs messianiques, de tendance évangélique (Fath, 2004).

comme si la Palestine ne faisait pas partie des origines possibles. Quand il comprit enfin qu'il s'agissait de la Palestine, l'orateur ne répéta pas le nom du pays, comme il le fait généralement, mais il se contenta de souhaiter la bienvenue au jeune couple de Palestiniens.

Ce soutien de principe à Israël est indépendant des événements politiques qui font l'actualité proche-orientale. Par contraste, l'antisionisme est considéré comme un signe eschatologique. En effet, le scénario millénariste relayé à l'Église pour les Nations prévoit que l'Armageddon, la bataille finale avant le millénium, opposera Israël à des ennemis venant des quatre points cardinaux, selon un schème d'interprétation pré-millénariste classique des prophéties bibliques. Un cours biblique sur le thème de l'apocalypse, dispensé par un prédicateur ghanéen, suggérait que la Russie, l'Iran, la Chine et l'OTAN pourraient représenter ces ennemis venant des quatre points cardinaux. Les chrétiens habités par le Saint Esprit pourront échapper à ce terrible drame, car ils seront enlevés dans les cieux pour la durée des combats. Au terme de cette guerre, Israël vaincra, mais il faudra sept ans pour débarrasser la ville de Jérusalem des corps des victimes de cette guerre.

La posture millénariste vis-à-vis du conflit israélo-palestinien apparaît alors dans toute son ambigüité. Il semble que celle-ci soit davantage favorable à un attisement du conflit qu'à son apaisement. Selon cette lecture millénariste des événements politiques, cette guerre n'est pas un conflit comme les autres, elle est le signe de l'approche du millénium. Plus qu'un allié d'Israël (ou de la droite israélienne), le millénarisme apparaît comme une prophétie auto-réalisante (Droz, 2000) annonçant la guerre en Israël : soutenant la ligne dure de la politique israélienne hostile à un partage des terres et à la reconnaissance de l'État de Palestine, la logique millénariste verrait dans l'attisement du conflit qui s'ensuit la réalisation des prophéties bibliques.

Le millénarisme entraîne des pratiques sociales performatives (Droz, 2000) qui se manifestent également dans le domaine économique. La temporalité millénariste introduit une urgence permanente qui confère une nouvelle dimension aux actions effectuées. En insistant sur l'« ici et maintenant », elle engendre une posture favorable au système économique capitaliste. Au cours d'un culte dominical à l'Église pour les Nations, un prédicateur, âgé d'environ soixante-dix ans, raconta qu'en 1976, quelqu'un avait prophétisé pour lui qu'il ne mourrait pas avant le retour du Christ. Depuis lors, il refuse la maladie, les maux et il se porte très bien. Le prédicateur fit souvent référence au retour du Christ, mais il ne donna ni date, ni délai précis, tout en répétant l'imminence de son retour : « I believe we are in the midnight hour already. The Lord delays his coming because the church is not ready yet. » Pour argumenter ses propos, il évoqua tous les problèmes économiques et politiques, la crise financière de 2008 en particulier. Il se référa beaucoup au déclin des États-Unis, au fait que les Chinois possèdent une grande partie de la dette des États-Unis et qu'ils pourraient mettre le pays en faillite. Réfutant la posture post-millénariste et dominioniste, il encouragea les participants à mettre leurs projets en oeuvre dans les plus brefs délais. Dans ce discours, l'imminence du retour du Christ fait entrevoir le présent dans une dimension d'urgence permanente et la consommation est encouragée, alors que les conséquences de cette consommation, à moyen ou long terme, sont éludées, au vu de l'imminence de la seconde venue de Jésus. La temporalité pré-millénariste apparaît favorable à un consumérisme plutôt hédoniste, qui s'accorde avec un système économique capitaliste :

> « Certains prédicateurs pensent que l'on devrait préparer le Royaume de Dieu en règnant sur la terre, que l'on devrait préparer la terre entière et simplement attendre que Jésus vienne et règne. [C'est erroné :] beaucoup de gens seront tués par l'Anti-Christ. Il pourrait vous tuer vous-même ! Mais la meilleure chose à faire est de servir Dieu. Ne jouez pas avec la Parole de Dieu ! Si vous voulez bâtir une maison, faites-le maintenant parce que vous ne savez pas combien de temps il vous reste ! Je pense que certaines banques vont s'effondrer, alors gardez du cash dans vos maisons. Si le gouvernement s'effondre, qui va vous protéger ? Il n'y aura plus d'argent dans les banques. »

Le prédicateur ajouta qu'actuellement, l'argent est virtuel, ce n'est que du papier qui circule, du numérique, et que même dans les transactions boursières, il n'y a pas vraiment d'argent qui circule. Il intercéda ensuite pour Genève, pour la Suisse, les États-Unis, la France, les Philippines, Israël, pour l'Afrique, le Botswana, le Swaziland, le Congo, le Cameroun, l'Afrique du Nord, de l'Ouest, Centrale, du Sud, l'Asie, l'Inde, l'Europe. Il affirma que pendant le millénium, les chrétiens règneront sur terre, chacun sur un petit bout de la terre, sous la direction de Dieu.

Cet extrait de prédiction met en évidence la distinction entre pré-millénarisme et post-millénarisme[13] et l'inscription de la référence aux nations dans le scénario millénariste. Le prédicateur associe en effet les prières pour les nations énumérées avec la venue du millénium. Il passe sans transition de l'un à l'autre, comme si temporalité millénariste et État-nation étaient étroitement associés et constituaient les facettes d'une même médaille. Nous avons déjà souligné le fait que la nation représente une cible des prières dans la perspective pré-millénariste, puisque l'annonce de l'Évangile aux nations constitue une condition de la seconde venue du Christ (Rey, 2010). La nation comme unité du territoire n'est en rien fortuite. Le millénarisme confère à la nation une dimension eschatologique : elle est la cible d'une conquête spirituelle qui a pour objectif de hâter la seconde venue de Jésus.

---

13. Contrairement à d'autres, ce prédicateur réfute la posture post-millénariste, souvent associée au *dominionism* et plus optimiste dans son rapport à la société. Le post-millénarisme postule que le retour du Christ ne s'opérera qu'au terme du millénium et que les chrétiens doivent mettre à profit cette période pour établir le Royaume de Dieu et préparer la seconde venue de Jésus, réfutant l'idée des tourments apocalyptiques (Rigal-Cellier, 2003 : 36-37).

Chapitre 4

Construire l'autorité : l'onction

L'onction constitue l'ultime étape de l'itinéraire rituel dans lequel s'engage le converti pentecôtiste. Nous étudierons l'histoire et les transformations de cette onction, les propriétés qui lui sont attribuées, ses modes de transmission, ainsi que ses conséquences rituelles et sociales dans la configuration de l'autorité au sein des Églises. Etymologiquement, l'onction vient du latin *unctio* qui désigne l'action d'oindre, c'est-à-dire de frotter, d'enduire de graisse. Au IIIe siècle, le verbe *unguere* signifie « enduire d'huile sainte », puis « consacrer » un roi ou un prêtre[1]. Le participe passé *unctus* signifie « élégant », puis « bien garni, riche, copieux », alors que substantivé, il désigne le « messie », le « Christ » en latin chrétien. Le mot français onction se référait initialement au geste rituel sacramentel d'application de l'huile sainte à une personne. Quant à la traduction anglaise de l'onction, *anointing*, elle dérive de l'ancien français *anoint*. L'onction telle qu'elle est pratiquée dans les courants récents du (néo-)pentecôtisme a passablement évolué à partir de ce même champ sémantique. Aujourd'hui, l'onction est encore associée à l'huile et à une forme de consécration, mais son statut est passé de celui d'une action (enduire d'huile) à celui d'une « substance » qui confère une puissance spirituelle à celui qui la détient. Pour comprendre le cheminement historique qui a conduit l'onction à ce statut, nous allons suivre sa trace à partir de la première génération de pentecôtistes.

---

1. Cette pratique de consécration (notamment d'un roi ou d'un prophète) par l'onction d'huile est d'ailleurs antérieure au christianisme.

Du classique au néo : transformations de l'onction pentecôtiste

Au cours de ses prédications à Azuza Street, William J. Seymour établit déjà une distinction entre l'« onction » (*unction*) du Saint Esprit et le « baptême » du Saint Esprit. L'accent chez Seymour est clairement mis sur le baptême du Saint Esprit qui constitue l'expérience clé qu'il s'agit de rechercher assidûment. C'est le baptême et non l'onction qui confère la puissance spirituelle (*enduement of power*)[2] : « Before Pentecost, the disciples were filled with the unction of the Holy Spirit that sustained them until they received the Holy Ghost baptism. Many People today are filled with joy and gladness, but they are far from the enduement of power » (Seymour, 2008 : 79). Cette « onction du Saint Esprit » à laquelle se réfère Seymour peut précéder le baptême du Saint Esprit qui constitue l'expérience ultime de la vie de chrétien. Dans ses descriptions des réunions d'Azuza Street, Frank Bartleman établit également une distinction entre l'onction (*anointing*) et le baptême du Saint Esprit. L'onction est octroyée à une personne pour accomplir une tâche bien précise, généralement pour la prédication (Bartleman, 1982). L'idée d'efficacité de la prédication, qui deviendra centrale par la suite, est déjà sous-jacente à la notion d'onction, notamment dans le cadre de campagnes d'évangélisation. Frank Bartleman établit un lien direct entre l'intensité de son onction et le nombre de convertis à l'issue de la rencontre. Mais contrairement aux pratiques contemporaines que nous avons étudiées, pour lui, l'onction est octroyée directement par Dieu qui choisit la personne qu'il oint pour accomplir une tâche spécifique.

Smith Wigglesworth, l'un des prédicateurs les plus influents des débuts du pentecôtisme, est également l'une des sources du pentecôtisme classique de référence pour l'usage contemporain de l'onction[3]. Dans ses écrits, notamment *Faith That Prevails* (1938) et *Everincreasing*

---

2. La conception du baptême du Saint Esprit comme octroi de puissance est largement répandue dans le pentecôtisme classique. Elle était déjà présente dans des mouvements de Réveil antérieurs. À la fin du XIXe siècle, Andrew Murray avait déjà établi une distinction claire entre la nouvelle naissance et le baptême du Saint Esprit considéré comme une dotation de puissance (*enduement with power*) (Hollenweger, 1972).

3. L'auteur a notamment été réédité récemment sous le titre de *Wigglesworth on the Anointing* (Wigglesworth, 2000) – bien qu'il n'ait lui-même jamais inclus le

Faith (1924), il traite à plusieurs reprises de l'onction (*anointing*). Plusieurs usages de cette onction peuvent être distingués de ses écrits. Tout d'abord, l'onction désigne le geste d'application de l'huile aux malades. Dans *Everincreasing Faith*, Wigglesworth relate de nombreuses onctions qu'il a effectuées au cours des réunions de Réveil lorsqu'une personne malade se présentait devant lui. Dans le cas des réunions de Réveil pentecôtistes, la guérison de la personne malade est attendue après l'onction. Cette pratique de l'onction est la plus classique et se retrouve dans la plupart des Églises et courants chrétiens bien avant le pentecôtisme. La seconde utilisation de l'onction chez Wigglesworth est liée à la consécration par Dieu au ministère. Comme chez Bartleman et d'autres prédicateurs du pentecôtisme classique, c'est Dieu qui choisit celui à qui il délivre l'onction. Cette élection n'implique aucune pratique rituelle spécifique, mais se mesure à l'abondance des dons du Saint Esprit reçus et à l'autorité dans le ministère. Dans un troisième usage, Wigglesworth associe l'onction au Réveil engendrant de nombreuses conversions qui, dans la conception de l'époque, renvoyaient à une prise de conscience de ses péchés menant à une repentance personnelle[4]. Un dernier usage de l'onction par Wigglesworth implique une opposition entre l'« onction » et la « lettre » apparente dans ses écrits. Cette opposition[5] renvoie à d'autres dichotomies classiques dans les mouvements de Réveil : foi et religion, Églises réveillées et Églises mortes, chrétiens convertis et chrétiens nominaux (Rey, 2010). Dans ce contexte, agir sous l'onction renvoie à la nécessité de prolonger l'effervescence du Réveil pentecôtiste sous la conduite du Saint Esprit, par opposition à la routine de la lettre.

---

terme *anointing* dans le titre de ses publications. Nous avons repéré cet ouvrage à Accra dans une librairie au siège de l'Église *Lighthouse Chapel International*.

4. Dans ses écrits, Wigglesworth distingue généralement la puissance de Dieu et l'onction comme deux éléments distincts. L'onction se réfère à une consécration pour le ministère alors que la manifestation de la puissance de Dieu constitue le propre d'un Réveil. L'expression *fresh anointing* qu'emploie Wigglesworth y est déjà précurseur des transformations futures de l'onction. Cette formulation est en effet courante dans les Églises pentecôtistes de la troisième vague. Elle est notamment reprise dans le titre d'un livre d'un auteur populaire et influent au sein de ces milieux (Hagin, 1989).

5. Cette opposition est souvent formulée en termes d'« esprit » et de « lettre », dont l'opposition entre « onction » et « lettre » constitue une variation. La « lettre » est ici connotée négativement et indique un rejet d'une approche doctrinale de la Bible au détriment de l'inspiration, du charisme.

En Afrique de l'Ouest, l'« onction » est également utilisée dans des cadres rituels, en-dehors du contexte pentecôtiste, notamment dans certaines Églises prophétiques. Un détour par ces usages paraît nécessaire afin de mieux comprendre le succès actuel de l'onction dans les milieux pentecôtistes de ce continent, et par extension, dans les Églises que nous étudions en Suisse. Dans plusieurs Églises nées à partir des mouvements prophétiques dans le contexte colonial, l'onction a occupé une place centrale, tant dans les pratiques rituelles que dans la légitimation de l'autorité spirituelle. William Wadé Harris, catéchiste lettré de formation méthodiste libérien né en 1860, estimait que son « onction » par Dieu en 1910, alors qu'il était en prison sous le régime américano-libérien, était à l'origine de ses dons et de sa mission de prophète : « C'est à ce moment que Dieu m'a oint. L'Esprit descendit avec un bruit sur ma tête, comme ça… (il imite le bruit d'un jet d'eau [« shie--- » dans les notes]). C'était comme de la glace sur ma tête, et sur toute ma peau. Il a fait cela trois fois de suite. J'étais en transe »[6]. Harris est parfois considéré comme un précurseur du pentecôtisme en Afrique (Shank, 1999). Comme d'autres prophètes avant lui, Harris conduisit une lutte contre les féticheurs et de spectaculaires exorcismes qui le rendirent populaire (Dozon, 1995). L'onction prophétique accordée par Dieu se manifeste chez lui par la transe et une sensation de fraîcheur (la glace). Pour Shank, l'« onction » du prophète Harris trouverait un antécédent au sein de la société Glébo dans la figure des *deyabo* qui contrôlaient vents, pluie, vie, mort et santé tout en officiant comme contre-sorciers.

Parmi les prophétismes africains, l'Église du Christianisme Céleste offre un très bon exemple de l'institutionnalisation de l'onction (Henry, 2001 ; Mary, 2005, 2009). Dans cette Église, l'onction est associée à la progression des fidèles sur l'échelle des grades très hiérarchisée de l'Église. Cette progression est déterminée par l'onction d'huile sainte donnée par le Pasteur, chef de l'Église, qui leur permet d'accéder au statut recherché de « visionnaire ». À Noël, les candidats à ce statut se rendent en pèlerinage à Imeko ou Sémé (Nigéria) pour y recevoir l'onction. Le rituel de l'onction est lié tant à un lieu et à la puissance spirituelle qui y émane qu'à une personne, seule habilitée à donner l'onction (le Pasteur). La transmission de l'onction constitue

6. Propos rapportés par Pierre Benoît, un missionnaire protestant, cité dans Shank (1999).

d'ailleurs un enjeu important de toutes les Églises se rattachant à la tradition aladura. Ces pratiques ont été notamment réinvesties par E. Adeboye, leader de la *Redeemed Christian Church of God* (Ukah, 2008). À l'instar des autres Églises charismatiques africaines, on peut y observer des pratiques rituelles autour de l'onction et de sa transmission, qui relèvent des influences croisées des prophétismes africains et des pentecôtismes.

L'onction a, au cours des dernières décennies, gagné en centralité dans certains courants du néo-pentecôtisme, au point qu'on lui accorde parfois davantage d'importance qu'aux dons du Saint Esprit. C'est notamment la position de Benny Hinn (1993), un prédicateur américain influent de l'onction. Sa position fait écho au constat que nous avons dressé au cours de nos propres recherches ethnographiques dans les Églises africaines en Suisse : l'onction y joue un rôle bien plus important que les dons dans les pratiques rituelles et sociales. Dans le néo-pentecôtisme, le baptême du Saint Esprit est parfois directement associé à l'expérience de la conversion. Il n'y constitue dès lors plus un événement distinct ni ultérieur à celle-ci. En revanche, le néo-pentecôtiste pourra vivre une succession d'expériences spirituelles impliquant une « prise de pouvoir » (*empowerment*) pour l'extension du Royaume de Dieu (Holvast, 2009). Cette prise de pouvoir, symbolique, mais parfois politique, est caractéristique du néo-pentecôtisme qui refuse l'idée d'une séparation du monde que prône le pentecôtisme classique. Elle s'inscrit généralement dans un univers polarisé, caractéristique du combat spirituel où s'affrontent Dieu et les démons. « This power is received for a (power-)encounter with the satanic. One of the consequences of this is cosmic and moral duality among Third Wavers. There is little room for natural or neutral dynamics: something is either divine ("God-willed") or satanic. Its intensely pragmatic emphasis aims at the extension of "the kingdom", expressed in multiplying churches and changing society » (Holvast, 2009 : 38).

La guerre entre les forces divines et sataniques constitue ainsi l'arrière-plan cosmogonique de ces expérimentations de la puissance divine, puissance qui prendra, dans certains courants du néo-pentecôtisme, un nom précis : l'onction. Dans les années 1990, des groupes se forment à partir de pratiques reposant sur un transfert (*impartation*) d'onction de la part d'une personne « ointe » vers les autres participants, ce transfert devant aboutir à une amélioration qualitative de la vie spirituelle et à une sensibilité accrue à la volonté divine des personnes ayant reçu cette onction. Les événements au cours desquels se déroulent ces transferts sont parfois qualifiés de « Réveil ». L'un des plus célèbres d'entre eux est connu sous le nom de la Bénédiction de Toronto, et fut particulièrement controversé en vertu du caractère spectaculaire et contagieux des pratiques qu'il engendra (tremblements, rires, bruits d'animaux), qualifiées d'« hystériques » par certains observateurs critiques et de « démoniaques » ou « trompeuses » par certains opposants[7]. Il débuta le 20 janvier 1994 à la *Toronto Airport Christian Fellowship* sous la direction d'un couple pastoral, John et Carol Arnott, qui s'étaient eux-mêmes rendus en Argentine pour y « chercher l'onction » auprès de l'évangéliste Claudio Freidzon. Le prédicateur invité qui initia la Bénédiction de Toronto, Randy Clark, estimait quant à lui avoir reçu une « onction fraîche » (*fresh anointing*) au cours de rencontres de Réveil tenues en 1993 par le Sud-Africain Rodney Howard-Brown (Poloma, 2003). Pendant trois ans, la Bénédiction de Toronto attira des milliers de visiteurs du monde entier qui ramenaient à leur tour la précieuse onction dans leurs Églises. Son principal relais en Suisse fut l'Église *Basileia* (*Vineyard*) de Berne (Favre, 2006). Bien que la Bénédiction de Toronto fût controversée au sein du pentecôtisme helvétique, son introduction a contribué à la diffusion de nouvelles pratiques impliquant notamment le recours à l'onction.

Au cours des années 1990 se précise une théorie, mais surtout une pratique de l'onction chez les prédicateurs. Contrairement au baptême du Saint Esprit, qui n'arrive qu'une fois au cours d'une vie, l'onction doit être recherchée en permanence et peut faire l'objet de multiples réceptions. Le prédicateur Benny Hinn devient l'un des prédicateurs phares de l'onction et exerce une influence internationale. Ses ouvrages et vidéos sur l'onction sont diffusés dans le monde entier et constituent une source majeure pour ces pratiques. L'un de ses livres annonce ainsi son programme : « mon propos est d'encourager cette merveilleuse relation suivie que vous entretenez avec l'Esprit et de vous faire toucher du doigt la réalité de la puissance qui permet de servir le Seigneur Jésus selon l'appel particulier qu'il

7. En Suisse, la controverse autour de la Bénédiction de Toronto est notamment relayée par la *Evangelische Informationsstelle*, un centre d'information sur les phénomènes religieux et les sectes financé par les Églises réformées de Suisse alémanique.

nous adresse. Cette puissance, c'est l'onction du Saint-Esprit que Jésus avait promise après sa résurrection : « (…) vous recevrez une puissance, celle du Saint-Esprit survenant sur vous, et vous serez mes témoins » (Actes 1.8). (…) Il ne s'agit pas du baptême du Saint-Esprit, bien que celui-ci soit important. L'onction, c'est la puissance – la puissance qui permet de servir Dieu (…) de combattre les démons et la maladie » (Hinn, 1993 : 7-8). Au cours des conférences qu'il anime, Benny Hinn fait état de démonstrations spectaculaires de cette onction en provoquant des transes au sein de la foule en état d'hypnose collective. L'influence qu'il exerce dans les Église où nous avons réalisé nos recherches ethnographiques est indéniable. Les responsables de ces Églises, notamment de l'Église ghanéenne *Lighthouse Chapel International*, de l'Église pour les Nations et de plusieurs Églises fondées par des pasteurs congolais, citent Benny Hinn en référence comme source d'inspiration et modèle pour leur pratique. En 2012, il fut invité à Accra par Dag Heward-Mills, fondateur de l'Église *Lighthouse Chapel International*, pour animer la conférence annuelle de l'Église *Iron Sharpenth Iron* (le fer aiguise le fer), destinée spécifiquement aux personnes actives dans le ministère.

En Afrique, des pratiques néo-pentecôtistes autour de l'onction se sont également diffusées plus largement depuis deux décennies. Ainsi Paul Gifford estime-t-il que l'insistance sur l'onction marque un tournant au sein du pentecôtisme ghanéen. Alors que dans les années 1990, les pratiques de délivrance se déroulaient essentiellement dans les camps de prière où les esprits étaient identifiés moyennant le recours à des questionnaires détaillés, à partir de la fin des années 1990, la délivrance fut conduite de plus en plus souvent par un « homme de Dieu oint » (*anointed man of God*) agissant sous l'inspiration divine. Le recours au questionnaire devint parfois superflu, de même que l'interrogation détaillée de l'infortuné puisque le mal, sa cause et son remède étaient directement révélés à l'homme de Dieu qui avait reçu l'onction (Gifford, 2004a, 2004b). Si les camps de prière n'ont pas disparu pour autant, les nouvelles pratiques ont essentiellement essaimé au sein des Églises charismatiques alors en pleine croissance. À partir des années 2000, des rituels autour de l'onction émergèrent au sein d'Églises telles que la *Winners' Chapel* au Nigéria ou la *Royalhouse Chapel International* au Ghana. L'onction est devenue progressivement un concept-clé dans tout le secteur charismatique.

L'onction et sa transmission deviennent un enjeu central qui reconfigure l'autorité spirituelle et les relations de pouvoir au sein des Églises pentecôtistes. Une attention croissante est accordée aux personnes ointes, ces « hommes de Dieu » qui, grâce à leur onction, sont dotées d'une puissance spirituelle dont elles peuvent user librement et qui est au fondement de l'efficacité de leurs prières (Rey, 2009, 2014). L'insistance sur le charisme personnel s'en retrouve accrue. Un ancien pasteur d'origine congolaise résume par ces mots la centralité des enjeux associés à l'onction : « On parle tout le temps de l'onction, et chacun la définit à sa manière. Les uns disent que (...) [celui qui a l'onction] a plus de pouvoir que les autres : le pouvoir de guérir des gens, le pouvoir de faire un certain nombre de spectacles charismatiques dans le culte. Celui qui a plus d'onction fait beaucoup de miracles. (...) Dans les Églises africaines, ils comprennent l'onction comme quelqu'un qui a une grâce spéciale de Dieu que les autres n'ont pas et cette grâce-là fait de lui qu'il soit détenteur d'un pouvoir, plus que les autres. (...) C'est rattaché à sa personne. (...) C'est vraiment le message principal aujourd'hui [dans les églises africaines], on prêche l'onction : « Tu vas recevoir l'onction, je vais donner l'onction. » Cette onction est censée faciliter la vie des personnes ointes qui avance et ne bute plus sur des obstacles administratifs ou structurels. « The anointing of the breaker allows you to go through every gate », affirmait une responsable du ministère des Filles de Sion au cours d'une réunion, « If your husband has no job, children are intellectually limited, if you have financial problems, you will break through! » Si la puissance de l'onction permet d'obtenir le succès dans un grand nombre de domaines, elle comporte également un effet prophylactique, puisque l'onction est recherchée tant pour quitter l'infortune que pour éviter qu'elle ne s'abatte sur soi. Mais surtout, les personnes ointes sont perçues comme détentrices d'un pouvoir qui leur permet non seulement d'agir sur leurs propres conditions de vie de manière favorable, mais également sur celles d'autrui. »

L'onction comme substance

Les propriétés de l'onction telles qu'elles apparaissent dans les discours, les pratiques rituelles et les représentations graphiques de l'onction nous permettront de mieux comprendre les usages rituels qui en sont faits et les pratiques sociales que l'onction contribue à configurer. Dans ses développements récents, l'onction est considérée comme une « substance ». Cette propriété permettra d'éclairer les pratiques rituelles autour de la transmission de l'onction, et notamment celles qui impliquent le recours à une utilisation presque « mécanique » de l'onction. En tant que substance, l'onction est « manipulable ». Celui qui détient cette substance peut en user à sa guise et choisir les situations dans lesquelles il juge nécessaire d'y recourir ou élire les personnes auxquelles il souhaite la transmettre. Dag Heward-Mills compare ainsi l'onction à un pistolet : « The anointing is like your gun. It does certain specific things. You just have to use it and direct it where you want to. Every anointing has a way of working itself out to achieve specific results » (2000 : 27).

En tant que substance, l'onction possède en quelque sorte des « propriétés physiques », bien qu'elle soit « invisible ». L'onction ne se voit que lorsqu'elle est figurée ou suggérée sur des affiches et des tracts qui annoncent un événement spécial tel qu'une « conférence », un « séminaire » ou des « journées » de miracles et de guérisons. Parfois, l'onction est suggérée par un simple halo de lumière qui entoure l'orateur annoncé. D'autres fois, elle est plus explicitement représentée : un éclair, un feu, de l'eau jaillissante. Ces représentations ont ceci de commun qu'elles figurent des éléments chargés d'énergie, en mouvement, fluides, qu'il n'est pas possible de contenir.

Une représentation de l'onction qui ornait le mur central de l'Église *New International Church* à Bienne tout au long de l'année 2009 représente un jeune homme blanc, de dos, les bras levés, dont les menottes ont été brisées par une nuée lumineuse descendant du ciel. La forme de cette nuée s'apparente à celle d'un éclair : il s'agit de l'onction. Derrière le jeune homme se trouve une représentation du globe terrestre sur lequel se dressent des gratte-ciel évoquant un environnement urbain. En haut de l'image, au milieu de la nuée, l'année 2009 est inscrite, à côté de laquelle on peut lire en deux langues (allemand et anglais[8]) : « année du succès surnaturel ». La liste des obstacles surmontés est exposée en-dessous : pauvreté, dépression, maladie, liens (*Gefangenschaft*), faible estime de soi, péché, etc. Cette

8. Le pasteur de l'Église prêche en anglais et une traduction en allemand est toujours assurée pendant les cultes. Une traduction simultanée en français est également disponible pour les francophones, qui disposent de casques audio.

représentation met l'accent sur l'efficacité de l'onction, signifiée par la libération des bras du jeune homme lié par des menottes et la liste des maux surmontés grâce à elle. L'onction y est représentée avec des propriétés lumineuse et électrique évoquant une forme d'énergie[9].

L'onction s'inscrit dans un espace-temps. Elle est présente dans un lieu et durant une période limitée. Pour en bénéficier, il importe de se trouver au bon endroit, au bon moment. Il en découle une insistance sur l'instant présent, sur la disponibilité immédiate de l'onction. Pendant une prière, une responsable du ministère des Filles de Sion s'écriait ainsi : « This place is electric! There is a tangible anointing in this place right now! » : ce genre de propos est caractéristique de l'insistance sur l'inscription de l'onction dans un espace-temps défini. L'onction y est disponible dans l'ici et maintenant. Il est courant d'entendre des prédicateurs affirmer que l'onction « arrive maintenant », répéter frénétiquement qu'il faut la « prendre », l'« attraper », la « saisir », et de voir ensuite des personnes levant leurs bras et fermant leurs poings, comme s'ils attrapaient quelque chose avec leurs mains, comme si quelque chose tombait du ciel que l'on pouvait toucher, saisir. Ce « quelque chose », c'est l'onction qui se rend disponible dans un temps et un lieu donnés. Comme le feu ou l'électricité, l'onction se propage par voie aérienne. Cette propriété de l'onction est manifeste dans les évocations de l'« atmosphère » et de sa qualité. Dans la pratique du combat spirituel, il est courant d'insister sur la nécessité de « prendre le contrôle de l'atmosphère », car l'atmosphère peut être chargée tantôt d'onction, tantôt d'esprits malfaisants. À l'Église pour les Nations, on recommande ainsi, pour la pratique de la délivrance, d'admettre exclusivement des personnes croyantes dans l'Église, car la présence de non croyants sur les lieux aurait une influence négative sur l'atmosphère et empêcherait l'onction de se répandre, ce qui engendrerait une efficacité moindre des pratiques de délivrance. L'air, l'atmosphère constituent donc des lieux potentiellement chargés d'onction. Mais si l'onction se rend disponible par voie aérienne, sa propagation vise toujours *in fine* des personnes.

---

9. On retrouve la conception de l'onction comme décharge électrique chez de nombreux évangélistes anglo-saxons prêchant l'onction. Benny Hinn associe notamment l'une de ses premières expériences de l'onction avec de l'électricité : « quelque chose ressemblant à de l'électricité m'a traversé en un éclair et je me suis mis à vibrer de la tête aux pieds » (Hinn, 1993 : 24).

De la possibilité pour une personne d'être « ointe » découle une autre propriété de l'onction qui joue un rôle central dans la configuration de l'autorité charismatique : sa transférabilité. Celle-ci peut être orientée vers une tierce personne ou une assemblée, de manière temporelle (par ex. à des fins de protection) ou durable (pour devenir oint). À partir d'une personne ointe, l'onction peut également investir des objets (par ex. un tissu), des substances (de l'huile) ou des enregistrements audio ou vidéo de ses prédications. L'onction devient ainsi disponible dans le tissu, l'huile ou l'enregistrement. Ces pratiques de transfert de l'onction vers des supports matériels donnent parfois lieu à une conception singulière de l'homme oint qui se distribue « lui-même » dans les supports matériels. Ainsi, en 2010, Sam Korankye Ankra, fondateur de la *Royalhouse Chapel International* à Accra, affirmait au cours d'un service religieux que l'huile investie par son onction contiendrait une part de lui-même (« *a part of me* ») et apporterait ainsi la faveur à celui qui en userait. Dans ces propos, l'onction est présentée comme indissociable de la personne ointe[10].

Une autre propriété de l'onction qui se révèle essentielle pour comprendre les pratiques associées consiste en son caractère quantifiable. Il est possible d'« avoir une certaine quantité d'onction » (Heward-Mills, 2009 : 88). Certaines personnes disposent par conséquent d'un degré d'onction très élevé, d'autres d'un degré moindre. Cette propriété de l'onction la distingue de la figure du Saint Esprit avec laquelle elle entretient d'étroits liens : on parle en effet d'« onction du Saint Esprit » et il arrive que certains prédicateurs assimilent l'onction au Saint Esprit[11]. Pourtant, nous n'avons jamais entendu parler d'une « certaine quantité de Saint Esprit » car ce dernier, contrairement à l'onction, n'est pas quantifiable. Ce caractère de l'onction induit la possibilité de comparer les onctions de plusieurs personnes. Il introduit la possibilité d'une concurrence entre les prédicateurs qui

10. Une conception similaire est rapportée par Paul Gifford chez le fondateur de la *Winner's Chapel* (Gifford, 2004a). Dans cette propriété de l'onction, on voit apparaître une logique qui se rapproche de celle des reliques de saints et que l'on peut associer à un schème thérapeutique plus large, dépassant le cadre du pentecôtisme.

11. Cette assimilation est surtout apparente dans les discours relevant du pentecôtisme classique. La définition la plus courante de l'onction dans les Églises appliquant l'onction reste toutefois celle de la « puissance de Dieu », l'onction étant distincte de la figure du Saint Esprit.

doivent démontrer leur degré supérieur d'onction s'ils souhaitent attirer un maximum de monde dans leur Église ou dans leur ministère.

Si l'onction se gagne, elle peut également se perdre. Dans la plupart des cas, l'onction est considérée comme la propriété de Dieu qui peut décider de retirer son onction d'une personne, si celle-ci n'en fait pas bon usage[12]. Par conséquent, une personne ointe se doit d'entretenir son degré d'onction. Une variante de la possibilité de perdre l'onction consiste en une perte de sa qualité. Benny Hinn affirme qu'en l'absence de temps consacré quotidiennement à la prière et l'étude de la Bible, l'onction « perdra de son épaisseur dans le feu du combat spirituel » (Hinn, 1993 : 153). L'onction peut ainsi devenir « rance » ou de mauvaise qualité. De même, l'insistance sur la « fraîcheur » de l'onction, couramment mentionnée dans les Églises (*fresh anointing*), implique également la possibilité de son absence de fraîcheur. Que ce soit par son retrait substantiel ou par une perte de sa qualité, l'onction peut être soustraite aux personnes auxquelles elle s'est rendue disponible.

Une autre propriété de l'onction relève de sa pluralité d'espèces. Les prédicateurs de l'onction s'accordent généralement sur l'idée qu'il existe différents types d'onction qui correspondent aux types de ministères ou de missions qui y sont associés[13]. Au cours de nos observations des pratiques rituelles autour de l'onction, nous en avons relevé au moins huit (mais cette liste ne se prétend pas exhaustive) : l'onction de guérison, l'onction de prédication, l'onction pour la guerre spirituelle, l'onction pour accomplir des miracles, l'onction d'évangélisation, l'onction pour recevoir des visions, l'onction pour la délivrance et l'onction pour l'obtention de visas[14]. Les prédicateurs ne disposent généralement pas de tous ces types d'onction, mais plutôt de l'un ou l'autre qui caractérise leur ministère. Cette spécialisation de l'onction

12. Cet aspect est toutefois controversé et certains pasteurs estiment qu'un homme de Dieu conserve son onction, même s'il agit de manière contraire à la volonté divine.

13. Cette pluralité des types d'onction la rapproche de la notion de « charisme », qui a aussi marqué l'histoire du pentecôtisme, car elle est également associée à des types de ministère spécifiques. Toutefois, d'autres propriétés de l'onction (son caractère substantiel, manipulable, sa « fraîcheur ») la situe dans un autre registre de discours et de pratiques que le terme « charisme ». Alors que l'« onction » est souvent mentionnée dans les prédications pentecôtistes, nous avons rarement entendu le terme « charisme » formulé dans les prêches au cours de notre enquête ethnographique.

14. Ce dernier type d'onction, bien que moins courant, avait déjà été observé au début des années 2000 (Gifford, 2004a).

peut constituer un critère de choix de la personne à laquelle l'on s'adresse pour bénéficier de son onction, ce que suggère le fondateur de l'Église *Lighthouse Chapel International* : « The healing anointing is different from the teaching anointing which is also different from the pastoral anointing. (…) The anointing is a very specific substance that makes you achieve certain things. You can desire a specific minister's anointing. (…) If you catch the anointing which is on certain people, you will do similar things because it is the same anointing » (Heward-Mills, 2000 : 27-28).

Cet inventaire des propriétés de l'onction ne relève pas d'une simple nécessité descriptive. Il nous paraît au contraire essentiel de les mentionner dans la mesure où leur prise en compte nous permettra de mieux cerner les contraintes et enjeux qui se tissent autour de l'onction et de sa transmission. Nous montrerons en effet que l'onction est au cœur d'un ensemble de pratiques sociales dont elle constitue un enjeu majeur.

Notons toutefois que certaines propriétés de l'onction peuvent faire l'objet de controverses au sein des Églises. Ainsi, la transmissibilité de l'onction d'une personne à une autre a pu être perçue comme problématique par certains interlocuteurs dont la sensibilité relevait plutôt du pentecôtisme classique (trajectoire au sein des Assemblées de Dieu entre autres). De même, le fait que l'onction puisse investir des objets, des substances ou des médias est parfois contesté. Les pratiques de l'onction impliquant des « mouchoirs », de l'huile « ointe » ou d'autres objets peuvent être perçues comme une dérive des pratiques autour de l'onction qui représenterait une forme de fétichisation, voire de catholicisation des pratiques. Au Ghana, ces distinctions s'inscrivent dans une controverse entre adhérents aux pratiques charismatiques et défenseurs d'un pentecôtisme plus classique, bien que les lignes de démarcations soient régulièrement redéfinies, et ne suivent pas nécessairement les frontières institutionnelles des Églises.

Filiation spirituelle et transmission de l'onction

Les discours au sujet de l'onction soulignent l'importance des dimensions morales et de certaines pratiques (jeûne, nuits de prières) comme conditions préalables pour recevoir l'onction. Ainsi, tout pasteur souhaitant entretenir sa crédibilité auprès des membres de son Église devra mentionner les nuits de prière ou les semaines de jeûne auxquelles il participe. La lecture régulière de la Bible, la pratique d'offrandes (financières) et de sacrifices, certaines qualités morales (bonté, humilité, etc.) sont également mises en évidence dans les discours associés à l'onction.

En plus de ces conditions rituelles et morales, l'obtention de l'onction s'ancre dans le contact et parfois la relation établie avec un « homme de Dieu » sur qui repose une forte onction. Le toucher physiquement ou se tenir dans la même pièce que lui – c'est-à-dire dans l'atmosphère qu'il crée grâce à son onction – c'est se mettre en position pour recevoir, ou plutôt pour « se saisir » de cette onction. Nous avons pu observer les mêmes gestes témoignant de cette tentative à Accra comme à Genève, dans diverses Églises telles que l'Église *Lighthouse Chapel International* ou l'Église pour les Nations : des participants lèvent leurs bras et ferment leurs mains en l'air afin de « saisir » l'onction qui se répand dans l'atmosphère grâce à la présence d'un homme de Dieu qui la distribue. Une prédicatrice congolaise de l'Église La main de l'Eternel affirmait ainsi que plus le nombre d'hommes de Dieu présents dans un lieu est important, plus l'onction y est forte. Et cette onction qui se répand dans l'atmosphère peut également investir les substances, en particulier l'huile qui est étymologiquement associée à l'onction.

Ainsi s'est développée la pratique des « services d'onction » (*anointing services*), très populaires au Ghana et par extension dans les Églises fondées par des Ghanéens en Suisse, qui recourent à l'huile d'olive comme moyen de transmission et de conservation de la précieuse onction[15]. De tels rituels furent déjà observés par Paul Gifford au Ghana dès le début des années 2000 (Gifford, 2004a). Il est probable que l'Église nigériane *Winner's Chapel* ait constitué un lieu de diffusion important de ces pratiques en Afrique de l'Ouest. La structure de ces services d'onction suit celle d'un culte charismatique ordinaire et aboutit à un rituel d'onction de l'huile. « Typically, anointing services at Winner's Chapel, as elsewhere, begin with praise and worship in song, followed by mass extemporaneous prayers,

15. Kwabena Asamoah-Gyadu synthétise les usages de l'huile dans les Églises charismatiques en trois catégories : 1) guérison des personnes malades physiquement, 2) prise de pouvoir (*empowerment*) pour le ministère, 3) éloignement (*reversal*) du mal, succès et prospérité (Asamoah-Gyadu, 2005).

testimonies and preaching of the word, before culminating in the anointing with oil. Members are required to bring their own bottles of oil to church, but most purchase some at the premises » (Asamoah-Gyadu, 2005 : 244). Contrairement à la pratique classique de l'onction d'huile, appliquée notamment aux malades, qui ne suppose aucune transformation substantielle de l'huile, les services d'onction suggèrent que l'huile elle-même se charge de la puissance associée à l'onction. On transforme de l'huile ordinaire[16] en « huile ointe », chargée de l'onction de l'homme de Dieu en présence.

Ces services d'onction se sont exportés en Europe en suivant les itinéraires migratoires et de mobilité des hommes de Dieu, tout en s'appuyant sur une forte médiatisation. Nous y avons assisté en Suisse dans une Église sous la conduite de Sam Korankye Ankrah, fondateur de l'Église ghanéenne *Royalhouse Chapel International*. Mais contrairement à des rituels analogues observés au Ghana, une majorité des personnes présentes étaient des Européens (Blancs), ce qui témoigne de la diffusion de ces pratiques en dehors des stricts réseaux diasporiques africains. Les participants à ce rituel avaient apporté une bouteille d'huile qu'il s'agissait, au moment opportun, d'ouvrir afin que l'onction de Sam K. Ankrah, répandue dans l'atmosphère du lieu, y pénètre. Une fois l'huile ointe, la bouteille refermée pouvait être conservée et les vertus contenues dans l'huile utilisée en cas de besoin divers – par exemple, en en enduisant une partie malade de son corps.

Outre l'huile fréquemment utilisée, d'autres substances peuvent être investies par l'onction. Ainsi, Dag Heward-Mills, fondateur de l'Église *Lighthouse Chapel International*, affirme-t-il que l'onction peut être communiquée à travers l'huile, le vent, les tissus ou les vêtements. Un contact avec ces matières permet alors de recevoir l'onction. Le recours à des mouchoirs blancs, symbolisant le « manteau de l'onction », est également observable dans de nombreuses Églises. Paul Gifford attribue cette pratique à l'Église nigériane *Winner's Chapel* : « Winner's has developed its own characteristic rituals of reinforcement. A white handkerchief is called a mantle ; every congregation member waves one, and the Man of God blesses it, and imbues it with double anointing » (Gifford, 2004a : 59).

16. Notons toutefois que l'huile utilisée est souvent une huile « noble », souvent de l'huile d'olive importée, parfois de Jérusalem.

Les médias sont également représentés comme une voie d'accès à l'onction par certains prédicateurs. Ainsi, écouter des enregistrements audio d'une prédication d'un homme de Dieu oint constitue une manière de recevoir la précieuse onction. Dag Heward-Mills, dont l'Église a développé le commerce de ses prédications sur support audio ou vidéo, estime avoir lui-même reçu l'onction de Kenneth Hagin, alors qu'il écoutait l'une de ses cassettes. Il décrit cet épisode dans l'un de ses livres, relatant comment l'onction est soudainement « sortie de la cassette » pour entrer dans son ventre :

> « On my way out of Accra to Suhum, I had passed through a Chrisitan bookshop and bought some Kenneth Hagin tapes. I felt that I just needed something to soak in whilst I was in Suhum. I had been a great follower and admirer of Kenneth Hagin's ministry. (…) The message that was being played was about dealing with demons. It was a message I had enjoyed listening to many times. The tape played nonstop throughout the night. (…) At about 3 a.m., I was kneeling by the bed praying. I could see the tape recorder situated at the other end of the room. Then suddenly, something literally jumped out of the tape which was playing and moved into my belly. I could feel it entering me. Then I heard a voice saying, *"From now you can teach."* I did not know what that was but I thought to myself, *"That is good, because I want to teach."* I did not know at that time that I had received a major impartation of anointing through the channel of soaking in tapes » (Heward-Mills, 2000 : 19-20).

Selon ce récit, l'onction d'un homme de Dieu peut être reçue par l'intermédiaire d'un enregistrement de ses prédications. Dès lors, on peut comprendre l'intérêt que suscite la vente de ces enregistrements dans les Églises africaines. S'imprégner des prédications, des messages d'un homme de Dieu est une manière d'attirer sur soi la précieuse onction. Le développement des médias vidéo connut un cheminement analogue où non seulement le son, mais aussi l'image devinrent une manière de transmettre la puissance spirituelle (de Witte, 2009).

Mais au-delà de la simple coprésence physique ou virtuelle avec un homme de Dieu, les pratiques sociales de la transmission de l'onction impliquent généralement une relation avec cet homme de

Dieu qui prend la forme d'une filiation spirituelle. Il s'agit alors de se mettre « sous le manteau » de cet homme de Dieu, de le suivre, de l'« admirer » (Heward-Mills, 2009 : 99). Dans les pratiques sociales, l'acquisition de l'onction implique de suivre un homme de Dieu qui pourra parrainer ce ministère ou cette Église et couvrira alors le novice et ses activités. L'homme de Dieu devient un intermédiaire entre Dieu et les aspirants au ministère. Ainsi, les pasteurs et prédicateurs influents bénéficient-ils d'une cour de personnes que l'on pourrait qualifier de « fils » et « filles spirituels » qui se mettent au service de l'homme de Dieu qu'ils suivent.

En 2009, à l'Église pour les Nations à Genève, le pasteur ghanéen Lawrence en visite à Genève relayait l'idée d'une nécessaire soumission aux hommes de Dieu en préalable au développement de son propre ministère : avant de prendre son envol dans le ministère, toute personne se doit d'obéir avant tout à son pasteur, car le pasteur est comme un père. Quelques mois plus tard, en mars 2010, nous retrouvions le pasteur Lawrence à Tema, une petite ville de la banlieue Est d'Accra. Au cours d'un service du milieu de semaine, dans son Église, il prêchait devant une vingtaine de jeunes hommes, essentiellement de condition modeste[17], qui s'étaient mis à son service. Certains d'entre eux étaient salariés de l'Église et prenaient en charge les moindres besoins du pasteur, repassant ses chemises, cirant ses chaussures et ouvrant la porte de sa Mercedes. Pendant sa prédication, le pasteur expliquait à ses jeunes disciples que trente ans auparavant, lorsqu'il était entré au service du pasteur d'*Action Chapel*, l'une des premières Églises charismatiques d'Accra, il ignorait encore que cet homme de Dieu deviendrait si célèbre et que son Église connaîtrait un tel succès, une telle croissance. Malgré cela, il lui était entièrement dévoué : « I served a man of God 18 years. I ironed his clothes, brushed his shoes, as a pastor. » Il explique ainsi aux jeunes gens à quel point ils se doivent d'être dévoués à leur pasteur, d'être ponctuels, de veiller à ses intérêts personnels : « Keep your master's interests. We must learn to serve. » L'enjeu de ce service

17. L'Église principale du pasteur Lawrence est fréquentée par des Ghanéens de classe moyenne et moyenne supérieure dont la source de revenu est en partie liée à des relations ou activités transnationales, orientées notamment vers l'Amérique du Nord. Cependant, le pasteur Lawrence a également ouvert d'autres assemblées dans des quartiers défavorisés d'Accra. C'est notamment dans ces milieux qu'il recrute ces jeunes hommes qui se sont mis à son service.

est de suivre l'homme de Dieu, de s'associer à lui afin de jouir des bénédictions associés à son onction. En cas d'infidélité, les bénédictions et l'onction pourraient leur échapper : « If you are not careful, you cannot dive into my blessing. » Le pasteur Lawrence met en garde ses fils spirituels contre leur manque de loyauté qui pourrait les priver de la précieuse onction, à l'instar d'autres prétendants à l'onction qui en étaient pourtant si proches, mais qui la manquèrent de peu.

La filiation à un homme de Dieu et la longue période de mise à son service qui en découle aboutit, dans le meilleur des cas, à un rituel de transmission personnelle de l'onction. Ce rituel peut intervenir lorsque le mentor est suffisamment satisfait de son disciple pour lui confier de nouvelles responsabilités ou, plus rarement, pour le chapeauter dans la fondation de sa propre Église. Ce rituel n'interrompt pas la relation de filiation mais, au contraire, la consacre et l'institutionnalise. Le disciple est alors intégré dans la structure de l'Église, avec ses responsabilités propres et un nouveau titre (par exemple « pasteur junior »). Plus rarement, il est habilité à développer son propre ministère tout en se référant à l'homme de Dieu qui lui a transmis l'onction pour établir sa légitimité. Le rituel de transmission personnelle de l'onction prend la forme d'une imposition des mains sur le disciple, accompagné parfois d'une onction d'huile. Un jeune Congolais, qui avait auparavant reçu le baptême du Saint Esprit à Kinshasa, décrit ainsi ce rituel d'onction :

> « C'était à Zurich. On priait avec des gens et il y avait beaucoup de gens dans l'Église. Il y avait une servante de Dieu qui était là, c'est elle qui m'a conduit, qui m'a orienté, qui m'a imposé les mains. Et puis, j'ai reçu l'onction du Saint Esprit et puis l'onction des miracles, l'onction des visions, l'onction pour tous les services de Dieu. (…) Je me suis agenouillé par terre, là, et elle a prié pour moi et elle a dit : *« Le Seigneur va faire de grandes choses. »* (…) Il y a eu une prophétie. Et elle m'a imposé les mains, je suis devenu ivre, je suis tombé par terre. Et jusqu'à ce jour, j'ai senti une différence. »

Des scènes analogues à celle-ci peuvent être observées dans la plupart des Églises, généralement à l'occasion d'événements particuliers tels que des conférences ou des séminaires organisés annuellement par les Églises. L'apôtre ghanéen Sam K. Ankrah a notamment oint plusieurs personnes au cours de sa visite à Bienne en novembre 2009. Le pasteur de la *New International Church* étant lui-même couvert par l'onction de Sam K. Ankrah chez qui il s'est formé au ministère, sa filiation spirituelle se répercute sur les membres de son Église qui, par effet de cascade, se retrouvent sous la couverture spirituelle de Sam K. Ankrah. La transmission de l'onction consacre un système de filiation spirituelle qui est au fondement d'un ensemble de pratiques sociales que nous développerons ultérieurement. Notons toutefois que ce système de filiation nous est apparu comme particulièrement marqué dans les Églises fondées par des Ghanéens ou des Congolais et paraissait en revanche de moindre envergure à l'Église pour les Nations dont le pasteur est Indien.

Ainsi, la transmission de l'onction en tant que système de filiation représente un principe organisateur propre aux Églises africaines charismatiques, ce qui rappelle leur parenté avec les courants prophétiques africains. Entre les prédicateurs anglo-saxons et les Églises charismatiques africaines, les pratiques autour de l'onction se transforment, notamment en ce qui concerne les modalités de sa transmission. Dans les Églises africaines, acquérir l'onction de manière durable, pour devenir à son tour oint et prospère dans le ministère, implique généralement d'entrer au service d'un homme de Dieu sur qui repose l'onction, souvent pendant de nombreuses années, dans l'espoir que l'onction de ce dernier retombe un jour sur soi. La formation au ministère intègre alors une dimension initiatique et s'inscrit dans une démarche de filiation spirituelle.

Autorité charismatique et généalogies de l'onction

L'onction représente le fondement de l'autorité charismatique dans les Églises au sein desquelles nous avons conduit nos recherches. Cette autorité se construit en appui et parfois en opposition aux structures institutionnelles des Églises établies, mais elle revendique surtout une forme d'indépendance par rapport à une logique strictement institutionnelle. Selon Bourdieu, l'efficacité du rituel repose sur la reconnaissance de la légitimité de l'agent, n'agissant pas de lui-même, ni en son autorité propre, mais comme « dépositaire mandaté » (1975 : 188). L'onction remplit précisément ce rôle de légitimation de l'agent du rituel, dans une version éloignée de la bureaucratie des titres et des positions hiérarchiques institutionnelles. L'onction fait apparaître l'homme de Dieu en tant que « dépositaire mandaté » : la prière est efficace en vertu d'une substance acquise, non inhérente à son détenteur. Cette substance confère l'autorité à la personne qui la détient en vertu de sa provenance divine. Dans le contexte allemand, Claudia Währisch-Oblau souligne également le rôle de l'onction dans la construction de l'autorité, basée sur la fonction médiatrice du pasteur entre Dieu et l'Église :

> « My interlocutors, rather than stressing a functional understanding of the pastor as preacher and administrator of sacraments, or a professional understanding of the pastor as counsellor and manager, described themselves as spiritual leaders, as people with a special call and a special spiritual quality, usually termed "the anointing". As the "father" of the congregation, the pastor stands between God and the people. He has a mediating function, interceding for his church, and waiting and listening to God for guidance and revelation about what should be done in the church. » (Währisch-Oblau, 2009, p. 83).

Par ailleurs, l'onction fonctionne comme un principe distinctif entre personnes actives dans le ministère. En cela, nous rejoignons les propos du philosophe Michel Foucault qui affirme que « toute relation de pouvoir met en œuvre des différenciations qui sont pour elle à la fois des conditions et des effets » (Foucault, 1984a : 317). Un prédicateur dont l'influence est reconnue sera perçu comme pourvu d'un degré d'onction élevé, et cette onction servira à asseoir son influence et son pouvoir. L'onction d'un homme de Dieu se trouve en quelque sorte corrélée avec la taille de son audience, l'intensité de ses activités, le nombre d'invitations qu'il reçoit d'autres Églises et le montant des recettes financières qu'il en retire. Ces éléments fonctionnent à leur tour comme des marques du pouvoir de l'homme de Dieu oint. Pour le pasteur de l'Église pour les Nations, l'onction constitue une différence fondamentale entre un pasteur et un membre ordinaire de l'Église : « God uses people who have anointing. That's why people ask the pastor to pray, because anointing is different depending on the people ». Certains pratiquants distinguent également « onction » et

« bénédictions », ces dernières étant promises au plus grand nombre, alors que la première est réservée à certaines catégories de personnes (Rey, 2015). Une femme nigériane intégrée à l'Église *Lighthouse Chapel International* explicitait la différence entre « bénédictions » et « onction » en ces termes :

> « N'importe qui peut être béni, mais tout le monde ne peut pas être oint. Un homme oint peut prier pour que vous soyez béni et vous serez béni. Un homme oint peut imposer ses mains sur les gens, et à travers lui, libérer (*release*) des bénédictions sur les gens. Être béni, c'est simplement voir advenir les bonnes choses du Christ en soi. Il y a plusieurs types de bénédictions : financière (…), matérielle, et si vous avez des enfants, c'est une autre bénédiction. (…) N'importe quel chrétien reçoit des bénédictions. Mais l'onction ne vient pas si facilement. C'est difficile à obtenir. Pour être oint, il faut jeûner et prier (…). Et l'onction permet de faire l'œuvre de Dieu, (…) d'être un ministre dans la Maison de Dieu. (…) L'onction n'est pas destinée à tout un chacun, c'est pour ceux qui la désirent, qui en connaissent la valeur. »

L'onction établit ainsi une dissymétrie fondamentale entre les sujets du rituel : alors que la conversion, la délivrance et le baptême du Saint Esprit sont ouverts à tous, l'onction n'est pas distribuée de manière uniforme. Cette dissymétrie est au fondement de l'autorité dans le ministère. Un « homme de Dieu » est respecté dans la mesure où l'on souhaite bénéficier de la protection ou jouir des bénédictions qui pourraient être acquises par la médiation de son onction. L'onction constitue ainsi le stade ultime de l'accomplissement de soi pentecôtiste[18], détrônant le baptême du Saint Esprit qui représentait l'expérience la plus importante dans le pentecôtisme classique. Alors que le baptême du Saint Esprit ouvre la voie au statut de « combattant », l'onction permet d'accéder à celui d'« homme de Dieu ».

---

18. Par « accomplissement de soi », nous n'entendons aucunement souligner une forme d'individualisme ou d'individualisation, mais bien une finalité d'accomplissement personnel qui est socialement déterminée, socialement partagée et qui appelle une reconnaissance d'autrui.

L'appellation « homme de Dieu » (*man of God*) pourrait, à tort, paraître anecdotique, à l'instar des nombreux titres attribués aux responsables des Églises étudiées en Suisse et ailleurs. S'il est parfois difficile de trouver ses marques face à la panoplie de titres utilisés pour présenter les intervenants au sein des Églises (Evêque, Révérend, Docteur, Pasteur, parfois associé à *junior* ou *senior*, Apôtre, Évangéliste, Prophète, Archevêque, etc.), ces titres évoquent des positions distinctes dans une structure ecclésiale ou renvoient à une spécialisation dans le ministère. L'Evêque et l'Apôtre se situent toujours dans une position dirigeante vis-à-vis d'un ensemble d'assemblées locales. L'Apôtre, et souvent aussi l'Evêque, désigne le fondateur d'une dénomination et/ou le fondateur d'assemblées locales. On les retrouve généralement au sommet de la hiérarchie d'une Église. Le Pasteur dirige une Église locale, une distinction hiérarchique intervenant parfois entre les novices (*junior*) et les expérimentés (*senior*). Notons toutefois que le terme « Pasteur » peut s'appliquer assez largement et se substituer aux autres titres, du moment que la personne exerce une fonction d'autorité sur une assemblée. Le titre de Révérend est *grosso modo* équivalent à celui de Pasteur, mais plus rare que ce dernier.

Les quatre titres mentionnés jusqu'à présent – Evêque (ou sa variation Archevêque), Apôtre, Pasteur et Révérend – évoquent une position dans une structure hiérarchique ecclésiale. Par contraste, les titres de Prophète, Apôtre, Docteur, Évangéliste et (également) Pasteur se réfèrent à un ensemble de cinq ministères considérés comme bibliques. Ces appellations relèvent de l'influence de courants néo-pentecôtistes tels que la *New Apostolic Reformation* insistant sur la nécessité d'introduire ces différents ministères dans les Églises (Holvast, 2009 ; Mottier, 2011), dont les précédents historiques remontent aux Ivringites, et qui fut périodiquement réactivée par des mouvements issus du pentecôtisme (tel que le mouvement *Latter Rain*). Le Docteur a ainsi pour mission principale d'enseigner, l'Évangéliste, celle d'évangéliser, l'Apôtre, celle de fonder de nouvelles Églises, le Pasteur, celle de les diriger, et le Prophète, celle d'exercer le don de prophétie. Dans les pratiques sociales, un prestige plus important est associé aux ministères d'Apôtre (à cause de sa position hiérarchique), de Prophète (à cause de l'influence exercée par le don de prophétie) et parfois d'Évangéliste (à cause du prestige des « croisades » et autres rassemblements de grande envergure associés à ce ministère). Il n'est pas non plus rare d'assister au cumul de ces titres, l'un renvoyant à une position hiérarchique dans l'Église, l'autre à un ministère dans la veine de la *New Apostolic Reformation*. Ainsi, Dag Heward-Mills est désigné à la fois par le titre d'Evêque (*Bishop*) et par celui d'Évangéliste (*Evangelist*) au sein de l'Église *Lighthouse Chapel International*. Sam Korankye Ankrah, fondateur de l'Église *Royalhouse Chapel International*, y cumule les titres de Révérend et d'Apôtre. Dans les Églises fondées par des Congolais en Suisse, on trouve ainsi des Pasteurs-Prophètes, des Pasteurs-Apôtres, des Pasteurs-Évangélistes, etc. Tous ces titres renvoient donc à des nuances de positionnement, tant d'un point de vue hiérarchique que du point de vue d'une spécialisation dans le ministère.

Face à cette pluralité de titres, où peut-on situer l'appellation « homme de Dieu » (*man of God*)[19] ? Cette appellation ne constitue pas un titre à proprement parler – elle ne précède pas le nom de la personne. Elle peut s'appliquer à une personne indépendamment des autres titres dont elle dispose, mais elle ne s'applique généralement pas à soi-même. L'appellation « homme de Dieu » sert à désigner une personne à laquelle l'on reconnaît la qualité d'homme oint, de détenteur de l'onction. Cette association entre l'appellation « homme de Dieu » et l'onction se réfère au récit biblique de la transmission de l'onction d'Elie à Elisée (Währisch-Oblau, 2009). « Homme de Dieu » et « oint » apparaissent comme équivalents pour qualifier une personne détentrice de l'onction, mais la connotation inclut également une référence au système de filiation spirituelle et de transmission de l'onction.

En effet, un élément-clé dans la construction de l'autorité charismatique passe par la démonstration d'une généalogie de l'onction. Il s'agit de construire narrativement la preuve de l'onction à partir de son origine, d'élaborer un récit sur les conditions de sa transmission. Les hommes de Dieu se réfèrent volontiers à leur propre généalogie de l'onction, généalogie pouvant comporter de nombreux embranchements. Paul Gifford note par exemple que le fondateur de la *Winner's Chapel*, David Oyedepo, se réfère à l'onction de plusieurs prédicateurs

19. Au féminin, on utilise l'appellation équivalente « femme de Dieu » (*woman of God*), bien que plus rarement utilisée, ou de manière alternative, celle de « servante de Dieu ».

anglo-saxons tels que Kenneth Hagin ou Kenneth Copeland: « the Lord has told Oyedepo that Hagin's "baton has been passed" to him, and he received Copeland's anointing by sleeping in a bed once slept in by Copeland » (Gifford, 2004a: 59). Dag Heward-Mills fait également état des généalogies de l'onction de différents hommes de Dieu: Reinhard Bonnke l'aurait ainsi reçue de George Jeffreys, Kenneth Hagin de Smith Wigglesworth, Benny Hinn de Kathryn Kuhlman, Thommy Lee Osborne de William Branham, David Oyedepo de Benson Idahosa, John Osteen de Thommy L. et Daisy Osborne, et enfin, lui-même aurait reçu l'onction de Kenneth Hagin (Heward-Mills, 2000). La construction d'une généalogie de l'onction, qui rappelle plus largement le modèle de la transmission apostolique, apparaît ainsi comme un élément important dans la construction de l'autorité charismatique dans les Églises.

Outre le volet narratif consistant à retracer les conditions de sa propre onction, la construction d'une généalogie de l'onction se déploie également au sein de réseaux asymétriques de personnes actives dans le ministère. La généalogie de l'onction est ainsi attestée par la visite d'hommes de Dieu parrainant une Église ou une assemblée. Le « parrain » soutient la légitimité du pasteur aux yeux des membres de son Église en lui rendant périodiquement visite, en prêchant dans son Église, en le reconnaissant lui aussi en tant qu'homme de Dieu. La circulation des prédicateurs au sein de ces réseaux constitue ainsi un levier central de la construction de l'autorité charismatique.

La compréhension de ce principe fait apparaître sous un nouveau jour la question de la légitimité de l'autorité dans les Églises africaines en Europe. Dans la littérature, nous nous sommes parfois heurtés à l'expression « pasteur auto-proclamé » pour qualifier les dirigeants de ces Églises africaines. Cette qualification nous semble fondée, dans le meilleur des cas, sur une profonde mécompréhension des complexes processus de légitimation et de construction du pouvoir au sein des Églises africaines. Dans le pire des cas, elle relève d'un mépris des logiques de construction de l'autorité spirituelle épousant une forme autre que celle d'un cursus académique en théologie. Certes, la plupart des pasteurs des Églises africaines en Europe n'ont pas effectué d'études en théologie, au sens académique du terme. Toutefois, l'appellation « pasteur auto-proclamé » nous paraît largement abusive, car les logiques de construction de l'autorité impliquent un passage quasi obligé par une initiation auprès d'un homme de Dieu sur de nombreuses années, « mettant à l'épreuve » le candidat à l'onction, qui se voit confier des responsabilités de manière progressive. Même dans le cas d'un schisme débouchant sur la fondation d'une nouvelle Église, il est incontournable pour le fondateur d'une nouvelle Église de s'insérer dans un réseau d'hommes de Dieu à même de lui conférer la légitimité indispensable à sa fonction. L'autorité pastorale se construit selon des logiques sociales complexes qui ne correspondent pas à une « auto-proclamation »[20].

Si la filiation spirituelle est indispensable à la construction de l'autorité charismatique, elle peut prendre deux formes différentes : l'une institutionnalisée, l'autre plus informelle. Dans le premier cas, l'onction fonctionne comme le fondement d'une structure pyramidale au sein d'une Église. La structure de l'Église est alors légitimée par l'onction de l'homme de Dieu qui la dirige. L'onction sert à la construction du pouvoir institutionnel détenu par un « apôtre » ou un « évêque », relayé par des pasteurs, eux-mêmes assistés par des assistants-pasteurs, tout ce monde étant couvert par le « manteau » de l'« apôtre » ou de l'« évêque » à la tête de l'Église. Ainsi, les Églises *Lighthouse Chapel International* en Suisse et leurs pasteurs se réfèrent à l'onction du fondateur Dag Heward-Mills dont ils bénéficient en intégrant la structure de l'Église. On assiste alors à une construction réciproque du pouvoir institutionnel et de l'autorité associée à l'onction. Par contraste, cette relation dissymétrique peut s'inscrire dans une relation de parrainage non institutionnalisée (ministère ou Église indépendants). L'Église *New International Church* à Bienne est notamment couverte par l'onction de Sam K. Ankrah sans intégrer formellement la structure de son Église ghanéenne *Royalhouse Chapel International*. De même, les Églises La Nouvelle Alliance de Renens, La Main de l'Eternel à Genève ou l'Église Bethel à Yverdon bénéficient de la couverture d'une femme d'origine congolaise résidant en région parisienne, Deborah Luzolo, sans intégrer la structure de son Église. Certains hommes de Dieu pourront développer les deux formes de parrainage. Ainsi, l'Apôtre de l'Église Carrefour pour Christ

20. Cette appellation est toutefois utilisée par certains pasteurs afin de disqualifier des concurrents jugés illégitimes. Elle relève, dans la plupart des cas, de conflits entre Églises où l'accusation de « pasteur auto-proclamé » consiste à mettre en doute la filiation spirituelle d'un concurrent.

à Lausanne parraine-t-il à la fois des pasteurs structurellement intégrés à son Église en Suisse et des pasteurs appartenant à d'autres dénominations en Angleterre, en Allemagne et au Canada.

Ainsi, l'onction peut contribuer à renforcer les structures d'une Église, ou, au contraire, à les affaiblir en créant des voies de circulation de l'onction indépendantes des structures dénominationnelles. L'appartenance à une dénomination, les processus d'affiliation, de désaffiliation et de réaffiliation sont souvent associés à un changement dans cette relation asymétrique entre hommes de Dieu et fidèles, instaurée par l'onction. Ceci est important pour comprendre la manière dont émergent et se dénouent les conflits au sein des Églises. Il éclaire également les nombreux schismes qui se déroulent dans les Églises africaines sur lesquels nous reviendrons ultérieurement.

Le ministère et les femmes : de l'inégale distribution de l'onction

Si l'onction est au fondement de l'autorité charismatique, sa répartition est largement inégale entre les différents sujets des dispositifs rituels, ce qui est particulièrement manifeste au regard des rapports de genre. En Suisse, les Églises pentecôtistes issues de la migration sont fréquentées majoritairement par des femmes qui constituent environ les deux tiers des participants à un culte dominical. Leur proportion est encore plus élevée lors des réunions de prière en semaine. En ce qui concerne les fonctions dirigeantes dans l'Église, le rapport s'inverse : la majorité des pasteurs sont des hommes et lorsqu'une femme exerce la fonction de pasteur à titre principal, c'est souvent en association avec son époux. En Europe, on peut dresser un constat analogue, bien que des nuances puissent être apportées en fonction des pays et des auteurs traitant de la question. En Allemagne, l'enquête de Claudia Währisch-Oblau (2009) mentionne la présence de 11 femmes pasteurs sur un total de 291 Églises. Elle souligne la difficulté pour les femmes dirigeant de petites Églises indépendantes d'obtenir une reconnaissance par d'autres Églises et les stratégies compensatoires mobilisées, notamment le recours à des narrations mettant en scène leur appel au ministère de manière extensive. Ce recours accru aux récits d'appel au ministère révèle le besoin d'un surplus de justification du ministère féminin qui témoigne d'un déficit de légitimité pour les femmes pasteurs lié à leur genre. Par contraste, d'autres auteurs soulignent le nombre croissant de femmes pasteurs dans des Églises africaines, notamment en Italie ou en Grande-Bretagne (Adogame, 2008 ; Buttici, 2010). Cette croissance s'appuie sur la constitution de réseaux de femmes, ainsi que sur une rhétorique de la « prise de pouvoir » (*empowerment*) des femmes dans le ministère. En Suisse, les femmes pasteurs sont plus nombreuses au sein des Églises pentecôtistes africaines qu'au sein des autres Églises pentecôtistes suisses. En effet, celles-ci ne comptaient qu'une seule femme pasteur consacrée au ministère en Suisse romande en 2010 (Monnot, 2010). Mais cette proportion quelque peu supérieure de femmes pasteurs pentecôtistes dans les Églises africaines ne doit pas occulter le fait qu'elles restent très minoritaires en Suisse.

L'autorité rituelle est essentiellement détenue par des hommes et les positions au sein des dispositifs rituels sont étroitement associées aux configurations de genre. Le fait pour un homme de Dieu d'être marié et d'avoir des enfants accroît sa crédibilité et les épouses de pasteur jouent un rôle important dans la construction de l'autorité de leur mari. Elles sont garantes de sa respectabilité et constituent un relais entre le pasteur et les membres féminins de l'Église. Ce sont généralement elles qui dirigent les ministères des femmes et elles participent au succès de leur Église en y mobilisant un certain « capital sympathie » (Maskens, 2009). Leur position leur confère ainsi certains privilèges, mais le plus souvent ces privilèges ne s'accompagnent d'aucune véritable autorité reconnue au sein des structures de l'Église (Fancello, 2005 ; Jules-Rosette, 1996)[21].

On retrouve également une dissymétrie des positions entre hommes et femmes dans les pratiques de délivrance. Un élément saillant de ces pratiques déjà souligné par Sandra Fancello (2005)

21. Précisons toutefois que les épouses de pasteurs exercent souvent autorité sur les femmes de l'Église, notamment à travers des groupes de femmes ou ministères féminins qu'elles dirigent. Cette autorité reste toutefois cantonnée aux femmes. Dans certains cas toutefois, l'activité pastorale est répartie entre les deux conjoints et l'essentiel des fonctions pastorales sont assumées par la femme, y compris la prédication, alors que l'homme est souvent mentionné comme pasteur officiel dans les différents réseaux d'Église – tels que la Conférence des Églises Africaines en Suisse (CEAS). En effet, dans plusieurs des Églises membres de la CEAS, l'essentiel des tâches pastorales sont exercées par les épouses des hommes qui figurent officiellement comme pasteurs dans les registres.

consiste dans le fait qu'elles impliquent la plupart du temps un homme et une femme : l'homme de Dieu qui délivre et la femme qui est possédée et se fait délivrer. Le premier est actif, parle, prie d'une voix autoritaire. La seconde est passive, se laisse guider, manipuler par l'homme de Dieu, jusqu'à parfois entrer en transe, ce qui conduit à un déploiement encore supérieur d'autorité de la part de l'homme de Dieu jusqu'à la chute de la femme. Les techniques gestuelles impliquent souvent une prise d'autorité, non exempte de violence symbolique, sur le corps de la femme qui finit par s'effondrer sur le sol. Nous avons déjà observé des séances de délivrance d'un homme de Dieu sur un homme ou d'une femme de Dieu sur une femme impliquant de tel corps à corps, mais jamais d'une femme de Dieu sur un homme[22]. Cette observation révèle peut-être les limites de l'autorité féminine dans le ministère, où le renversement des rôles classiques associés au genre dans certaines activités (telles que la délivrance) s'avère encore plus problématique.

Le langage des esprits et de la délivrance, à travers la figure de Jézabel, contribue à censurer une prise d'autorité féminine trop forte au sein d'une Église. Jézabel représente une femme qui apparaît dans les livres bibliques des Rois et de l'Apocalypse. Epouse du roi Achab, elle le pousse à adorer le dieu Baal et à faire tuer les prophètes du Dieu d'Israël. Dans les Églises pentecôtistes, elle évoque une usurpation de l'autorité. Ses armes sont la séduction et la manipulation en vue d'exercer un contrôle sur une personne de pouvoir. Ce sont essentiellement des femmes qui sont soupçonnées d'être habitées par l'« esprit de Jézabel », et particulièrement les femmes de pouvoir. Les discours se référant à Jézabel constituent ainsi une forme de limitation du pouvoir féminin exercé dans l'Église.

Toutefois, dans certaines Églises ou ministères, l'image de la femme ne se limite pas à des fonctions subalternes dans les sphères domestique et ecclésiale. C'est le cas du Ministère des Filles de Sion dont les deux fondatrices, d'origine philippine et ghanéenne, sont professionnellement actives dans des postes qualifiés et financièrement autonomes. Les deux femmes étant divorcées, elles fondèrent ce ministère dans le but officiel de prier pour les familles et les couples en difficulté. Dans les faits, elles traitent de tous les problèmes rencontrés

22. Si nous avons déjà observé des prières de femmes de Dieu sur des hommes, celles-ci n'impliquaient jamais de délivrance, ni la pratique de tels corps à corps.

par les participantes, des conflits relationnels aux problèmes professionnels. Les réunions de prière rassemblent une centaine de femmes, essentiellement d'origines africaines, professionnellement actives et généralement bien qualifiées[23]. Dans les prédications, l'autorité masculine dans le couple n'est pas ouvertement contestée, mais elle est mise sous condition, notamment du respect de certaines normes ainsi que d'un engagement en tant que chrétien et intercesseur. Si ces conditions ne sont pas remplies, alors la femme n'est pas tenue de respecter l'autorité de son époux. On assiste donc à une association entre soumission de la femme et domestication de l'homme, la domestication constituant en quelque sorte une condition préalable à la soumission. Si, comme c'est le cas pour beaucoup de femmes qui fréquentent le ministère, l'époux ne se conforme pas au modèle masculin pentecôtiste, la femme est affranchie de ses obligations de soumission. C'est bien à l'homme « pentecôtiste » que la femme doit se soumettre, cet homme fidèle, sobre et aimant qui est érigé en modèle dans ces discours (Soothill, 2007 ; Maskens, 2009). Paradoxalement, cette complémentarité entre hommes et femmes permet d'échapper aux normes du genre, aux modèles de masculinité et féminité soulignés par le pentecôtisme. Les prédications du Ministère Les Filles de Sion encouragent également une prise de pouvoir effective (*empowerment*) à travers une activité lucrative ou une ascension sociale, par le biais de la formation ainsi que le développement de réseaux de femmes qualifiées. Mais puisque le Ministère des Filles de Sion ne s'adresse qu'à des femmes, l'autorité des fondatrices se limite à un public féminin et exclut *de facto* les hommes.

Il en va autrement pour certaines Églises qui encouragent le pastorat féminin. L'Église *Lighthouse Chapel International* de Lausanne fut par exemple dirigée pendant plusieurs années par une femme pasteur. L'Église affiche une ouverture vis-à-vis de l'accès des femmes à la fonction de pasteur. Son fondateur Dag Heward-Mills juge la différence entre hommes et femmes minime, la réduisant à une petite variation chromosomique : « Can a Woman Do It [be anointed]? (...) The most anointed healing minister I have ever known about was a woman - Kathryn Kuhlman. That woman carried a very strong healing anointing (yet she was not a man!). The essential difference between a man and a woman is found deep within the

23. Le ministère est notamment fréquenté par des diplomates, dont une ambassadrice.

genes. Women have "XX" genes and men have "XY" genes. This is a very tiny difference. » (2000 : 73-74)

Ce recours à une argumentation reposant sur des données issues de la génétique pour justifier le ministère féminin est surprenant, d'autant plus qu'il contredit doublement les discours pentecôtistes dominants sur le genre, tant sur la forme que sur le fond. En effet, l'argumentation classique du pentecôtisme souligne au contraire la différence intrinsèque entre hommes et femmes qui justifie la complémentarité de leurs rôles respectifs (et souvent, le refus de l'accès des femmes aux fonctions pastorales). La forme argumentaire repose souvent sur des récits bibliques, tels que le récit d'Adam et Eve, pour affirmer l'existence de cet écart irréductible entre les genres masculin et féminin. Dag Heward-Mills recourt ici, au contraire, à une argumentation scientifique – qui fait écho à sa formation médicale, à laquelle il fait souvent référence – afin de légitimer l'accès des femmes à l'onction – et donc aux fonctions dirigeantes dans l'Église. La justification du ministère des femmes constitue un élément récurrent de ses prédications. Au cours d'un message donné au siège de l'Église à Accra, Dag Heward-Mills affirmait que Dieu va élever les femmes, en dépit des moqueries de ceux qui dénigrent leur ministère. S'il juge nécessaire de rappeler la possibilité pour les femmes d'avoir accès à l'onction, c'est parce que le ministère féminin est souvent contesté, si ce n'est dans les discours, du moins dans les pratiques[24], ce qui peut se traduire par une fréquentation moindre des Églises dirigées par des femmes.

Cette contestation active ou passive du ministère féminin est également déplorée par celles qui se lancent dans la fonction pastorale, à l'instar de cette femme de Dieu angolaise d'une Église de Lausanne, qui estime que : « beaucoup d'hommes ne croient pas dans le ministère des femmes. » Leur présence dans les rencontres qu'elle organise dans le cadre de son ministère la contraint parfois à leur dire : « Si quelqu'un ici ne croit pas dans le ministère des femmes, qu'il sorte ! (…) S'il y a de l'incrédulité quelque part, le Seigneur ne va pas agir ». Pour qu'une femme soit reconnue en tant que femme de Dieu, la puissance divine doit se manifester en sa présence. Mais l'incrédulité des hommes entraverait l'efficacité du rituel, ce qui aboutirait à l'impossibilité d'une reconnaissance en tant que femme de Dieu ointe.

24. L'Église *Lighthouse Chapel International* n'échappe pas à la règle, en dépit des propos ouverts de son fondateur, et compte une minorité de femmes pasteurs dans ses rangs.

Cette rhétorique de justification témoigne de la faible légitimité du pastorat féminin et de la précarité de leur reconnaissance[25]. Plusieurs femmes pasteurs francophones, originaires de divers pays, dirigent des Églises ou des Ministères dans les villes de Genève, Lausanne ou Yverdon-les-Bains[26]. Ces femmes sont associées au même réseau sous l'onction d'une femme de Dieu originaire de la République Démocratique du Congo, Deborah Luzolo, résidant dans la région parisienne[27]. Les séminaires et conférences organisés dans le cadre de ce réseau sont généralement animés par des femmes (et plus rarement des hommes) qui sont couverts par l'onction de cette femme de Dieu qui plaide en faveur du ministère des femmes : « Avant la femme avait peur, mais maintenant, Dieu nous a libérées, nous avons le droit de consacrer les femmes dans le ministère. »[28] Ces réunions mettent en œuvre toute une rhétorique de justification du ministère féminin s'inspirant de récits bibliques. L'un des arguments mis en œuvre consiste à considérer la Bible comme neutre d'un point de vue du genre : les attributs des prophètes et hommes de Dieu apparaissant dans les récits bibliques s'appliquent ainsi de manière indifférenciée aux hommes et aux femmes, même lorsque le prophète est un homme dans le récit biblique[29]. Cette attitude s'accompagne d'une prise de distance vis-à-vis des « hommes de Dieu » congolais (résidant en RDC et de passage en Europe) qui se montrent souvent plus réticents vis-à-vis du ministère féminin. La reconfiguration des rôles associés au genre,

25. Pour illustrer la précarité de cette reconnaissance, citons le fait que les femmes invitées à prêcher dans une Église ou un ministère sont régulièrement désignées par le qualificatif de « servante de Dieu », plutôt que « femme de Dieu », alors que c'est rarement le cas pour leurs *alter ego* masculins. Outre le fait que l'appellation « servante » renvoie à une fonction subalterne, nous avons déjà souligné le fait que la désignation d'un prédicateur en tant qu'« homme de Dieu » est étroitement associée à la reconnaissance de son onction, centrale dans la construction de son autorité.

26. Le Ministère La Samaritaine à Lausanne, l'Église évangélique de la Nouvelle Alliance à Renens, le Ministère de la Chambre Haute d'Esther à Yverdon-les-Bains, l'Église La Main de l'Eternel à Genève.

27. Elle est décédée en 2016.

28. Deborah mentionne ici le ministère apostolique et la possibilité pour une femme de consacrer des femmes au pastorat. Il s'agit non seulement d'accéder à la fonction pastorale, mais bien à celle d'Apôtre, de fondateur d'Églises, habilité à consacrer des pasteurs, à leur transmettre l'onction.

29. L'identification aux prophètes et hommes de Dieu apparaissant dans la Bible est centrale dans la construction de l'autorité.

dans le cadre du ministère, mais aussi dans d'autres domaines de la vie sociale, implique alors un rejet de ces rôles tels qu'ils se présentent dans le pays d'origine.

Une autre argumentation convoquée pour justifier le ministère féminin repose sur la « démission des hommes ». Ces derniers étant généralement moins impliqués dans les activités de l'Église, les femmes doivent, malgré elles, assumer des positions d'autorité qui reviendraient aux hommes par défaut : « Women fight in the street to evangelize, men sleep at home », affirmait le pasteur de l'Église pour les Nations. Celui-ci déplore la faible fréquentation du groupe de prière des hommes, par comparaison aux activités féminines de l'Église. Au cours d'une prédication, une femme de l'Église reprenait ce discours et encourageait les hommes à participer aux activités de l'Église. Son argumentation reposait sur l'idée que si les hommes veulent que les femmes leur laissent la place en tant que chef, il faut que ces derniers s'impliquent davantage dans l'Église. Cette rhétorique du ministère féminin comme stratégie compensatoire témoigne de la faible légitimité du ministère féminin dans les milieux pentecôtistes. Celui-ci apparaît souvent comme un ministère de seconde classe, bien que certaines femmes aient su s'imposer et jouissent d'une certaine reconnaissance.

Certes, des chercheurs soulignent la présence de quelques femmes portant le titre d'Evêque (*Bishop*) dans des Églises pentecôtistes issues de la migration en Europe (Buttici, 2010 ; Calley, 1965), mais ces cas restent exceptionnels et la supervision par un homme s'applique à la majorité des femmes actives dans le ministère. Le ministère féminin reste alors assujetti à la couverture d'onction d'un autre homme de Dieu. L'inégale distribution de l'onction témoigne du fait que les dispositifs pentecôtistes constituent des sujets genrés aux statuts asymétriques. L'onction, comme pratique divisante (Foucault, 1984b), tend à exclure les femmes de cette ultime étape de l'itinéraire rituel pentecôtiste, les privant ainsi d'exercer une autorité reconnue. En conclusion de ce chapitre, on notera que si l'onction constitue le stade ultime de l'accomplissement de soi dans une trajectoire pentecôtiste, sa transmission implique une association à un ou plusieurs hommes de Dieu créant des relations asymétriques, au sein desquelles les femmes tendent à occuper les places subalternes.

Chapitre 5

Onction et faux prophètes : luttes dans le ministère

Le champ du ministère pentecôtiste

Pour Bourdieu (2001, 2002), le champ constitue un espace structuré de positions relatives qui s'organise autour de ses propres enjeux, devenant ainsi une sphère relativement autonome de la vie sociale. Ces enjeux constituent une pièce maîtresse de sa définition : autour de ceux-ci, le champ est un univers de relations, de communication et de concurrence dans lequel les agents s'affrontent à partir d'un « capital spécifique », propre au champ. L'inégale répartition du capital au sein du champ est à la base de la concurrence dans le champ et sa nature dynamique implique des luttes pour la conservation ou la transformation des rapports de force engageant des stratégies spécifiques des agents, en fonction de leur position dans le champ. Ainsi, les agents qui sont le mieux dotés en capital spécifique au champ tendent à développer des stratégies de conservation qui consistent notamment à défendre l'orthodoxie, alors que les agents moins dotés en capital spécifique tendent à développer des stratégies de subversion : l'hérésie. Enfin, la lutte au sein du champ requiert le paiement préalable d'un droit d'entrée qui limite la participation au champ et opère une sélection en amont. Ce droit d'entrée implique souvent un grand investissement personnel (en temps ou en efforts), ce qui contribue à la reproduction du champ.

Le concept de champ nous semble pertinent pour aborder les dynamiques concurrentielles qui se jouent entre hommes de Dieu actifs dans le ministère et l'émergence des conflits au sein des milieux pentecôtistes[1]. Il serait néanmoins réducteur de postuler l'existence d'un enjeu exclusif dans le champ pentecôtiste. Ce qui s'y joue présente de multiples facettes et dépend fortement des trajectoires des participants, de l'histoire de l'Église ainsi que des spécificités de la situation. Toutefois, au niveau des dirigeants et de l'exercice du ministère, il paraît possible de déceler un enjeu majeur qui permet de rendre compte des concurrences entre de nombreux agents du champ pentecôtiste : la reconnaissance en tant qu'« homme de Dieu ». Cette reconnaissance ouvre sur la possibilité de développer ses propres activités dans le ministère, de manière autonome, ou de fonder sa propre Église. Les luttes pour cette reconnaissance se jouent à différents niveaux : elles attisent les rivalités internes à une Église et aboutissent parfois à une séparation et à la création d'une nouvelle Église ; elles organisent les « rapports de bon voisinage » entre Églises dont la mission commune (évangéliser) masque souvent une forte concurrence entre ces organisations qui se disputent un nombre limité de convertis.

Si un enjeu central du champ du ministère pentecôtiste consiste en la reconnaissance en tant qu'homme de Dieu, on peut considérer que le capital symbolique spécifique à ce champ pentecôtiste est l'onction. Avec l'onction, on accède au cœur des pratiques sociales pentecôtistes, au fondement de l'autorité. Nous avions déjà souligné que l'onction pouvait être envisagée comme une « pratique divisante » dans une perspective foucaldienne, comme un principe de distinction majeur entre personnes dans le pentecôtisme. Mais en appliquant le concept de champ à notre analyse, l'onction peut également être envisagée en tant que capital symbolique propre au champ pentecôtiste, objectivable dans le nombre de fils et filles spirituels, dans la taille de l'auditoire ou dans l'ampleur de l'adhésion suscitée par un prédicateur. Enfin, le champ se caractérise par le « paiement » d'un droit d'entrée. Dans le champ du ministère pentecôtiste, ce droit d'entrée s'acquitte à travers une longue initiation auprès d'un homme de Dieu dont il s'agira de

1. Nous ne développons pas une « analyse du champ » au sens strict, telle que Bourdieu la concevait, c'est-à-dire en situant les différents agents d'un champ en fonction de leur dotation en capital, moyennant souvent le recours à une analyse statistique. Le concept de champ est ici traité comme un outil heuristique permettant de rendre compte de dynamiques conflictuelles entre différents agents actifs dans le ministère pentecôtiste. Notre intérêt principal demeure ainsi d'ordre ethnographique.

gagner progressivement la confiance. Dans ce chapitre, après avoir souligné les formes de la lutte et les stratégies mises en œuvre pour obtenir cette reconnaissance, nous détaillerons comment se manifeste la lutte « entre le nouvel entrant qui essaie de faire sauter les verrous du droit d'entrée et le dominant qui essaie de défendre le monopole et d'exclure la concurrence » (Bourdieu, 2002 : 113).

Les formes de la lutte : le détournement de fidèles

Si la reconnaissance en tant qu'homme de Dieu constitue l'enjeu central du champ du ministère pentecôtiste, la mobilité des fidèles constitue un ressort important de cette reconnaissance. En fréquentant une Église plutôt qu'une autre, en prêtant allégeance à un homme de Dieu plutôt qu'à un autre, en changeant de dénomination, en se désaffiliant d'une Église, les pentecôtistes consolident ou érodent l'autorité d'un homme de Dieu et, en quelque sorte, son « onction ». Dès lors, la concurrence pour l'onction dans le ministère s'apparente parfois à une lutte pour gagner de nouveaux adhérents à son Église, quitte à détourner parfois les fidèles de ses concurrents. Le caractère schismatique des Églises est souvent attisé par les conflits autour de l'accès aux positions de pouvoir dans l'Église et l'incapacité pour leurs détenteurs de partager ce pouvoir avec d'autres aspirants au ministère.

Cette dynamique schismatique est alimentée en Europe par le fait que les migrants fréquentant les Églises pentecôtistes présentent des pratiques de mobilité entre Églises. La mobilité des convertis, et en particulier celle des nouveaux arrivants, constitue en effet le principal levier de la constitution d'une nouvelle Église alors que les nouvelles conversions ne représentent qu'une minorité des adhésions. Dans le cadre d'une étude portant sur des migrants igbo résidant à Bruxelles, Sebastian Okechukwu Onah et Johan Leman (2005) soulignent que cette mobilité entre Églises est exacerbée par la migration. Ils expliquent ce phénomène par le rôle d'intermédiaire qu'assument les Églises vis-à-vis de la société d'accueil, les migrants recherchant les Églises leur offrant les meilleures opportunités, notamment en termes d'emplois ou d'activités sociales. Cette mobilité n'est toutefois pas propre au contexte migratoire puisqu'en Afrique comme en Amérique latine, plusieurs auteurs soulignent la fréquence des changements d'Églises et le faible attachement à une dénomination spécifique. Au Nigéria,

Olufunke A. Adeboye (2005) note que la plupart des personnes qui fréquentent les rassemblements organisés par la *Redeemed Christian Church of God* se présentent comme mobiles et sans attachement fort à une dénomination particulière.

Cette mobilité est également soulignée par Yvan Droz (1999) qui relève un élément important pour comprendre la mobilité des pentecôtistes, mais également le caractère schismatique des Églises : l'accès aux ressources financières associées à l'Église, dans le cadre de la collecte de la dîme, des offrandes et d'autres dons. Au Kenya, Valeer Neckebrouck (1983) rapportait également l'association entre les phénomènes schismatiques, les processus de désaffiliation ou réaffiliation à une Église et l'accès à des ressources financières, parfois en provenance de missions étrangères d'origine anglo-saxonne[2]. Rares sont les données qui permettent d'estimer l'ampleur globale de ces ressources. Paul Gifford (2004) estime pour sa part que les institutions chrétiennes pourraient constituer le troisième employeur en termes quantitatif dans de nombreux pays africains, précédées par l'Etat ainsi que le secteur de l'aide au développement. En Europe toutefois, si les Églises issues de la migration peuvent également accumuler des ressources financières susceptibles d'attiser la convoitise, il convient de souligner que l'ampleur de ces ressources n'est pas comparable à celles de certaines Églises des continents africain ou latino-américain.

A titre d'exemple, l'Église pour les Nations présentait lors de son Assemblée générale annuelle une entrée financière d'environ 700 000 francs suisses pour l'année 2008. Ce montant est toutefois exceptionnellement élevé et s'explique, d'une part, par la taille comparativement importante de l'Église (qui compte plusieurs centaines

2. L'auteur rapporte notamment des propos pointant vers l'activité de missionnaires blancs qui seraient tenus de fournir la preuve de leur zèle missionnaire, notamment en termes quantitatifs. Le détournement de fidèles, voire, pourrait-on dire, leur « rachat », dans la mesure où elle implique des transactions financières, permettrait ainsi de gonfler les statistiques des missionnaires anglo-saxons, « de minuscules groupes pentecôtistes anglo-saxons, parfois même des *Free Evangelists,* qui pour pouvoir continuer de bénéficier du support financier de leur base dans leur pays d'origine doivent être à même de prouver que leur zèle prosélytique n'a pas été déployé en vain. Or, détacher une section d'une église pentecôtiste déjà existante représente apparemment une voie plus rapide et plus facile pour arriver à cette fin que l'alternative consistant dans une campagne d'évangélisation visant à gagner de nouveaux convertis » (Neckebrouck, 1983 : 234).

de membres) et, d'autre part, par la position socialement élevée d'une partie des membres, leurs emplois qualifiés leur permettant le paiement de dîmes conséquentes. Pour d'autres Églises de taille petite à moyenne (de 50 à 150 membres) pour lesquelles nous avons pu accéder aux comptes officiels, les budgets annuels se situaient entre 50 000 et 80 000 francs suisses. Les charges logistiques et locatives constituent alors l'essentiel des dépenses. Si dans certaines Églises, le pasteur est rémunéré – généralement par un salaire modeste, à hauteur de quelques milliers de francs par année – d'autres pasteurs exercent cette fonction de manière bénévole. Dans les différentes assemblées de *Lighthouse Chapel International* en Suisse, seule celle de Zurich salarie son pasteur alors que les autres sont dirigées par des pasteurs bénévoles dits « laïcs » (*lay pastors*). Toutes les Églises n'atteignent toutefois pas un haut degré de transparence budgétaire dans la gestion de leur argent. Le caractère artisanal de la gestion financière alimente parfois les soupçons à l'égard du pasteur qui ferait passer son intérêt personnel avant celui de l'Église. La perspective d'un enrichissement grâce au ministère n'est pas absente des motivations d'aspirants au statut d'homme de Dieu et le soupçon portant sur un détournement d'argent peut servir de point de départ à un processus schismatique[3].

L'appât du gain ou la quête du pouvoir ne sauraient expliquer à eux seuls ces dynamiques schismatiques. Dans certains cas, la quête du statut d'homme de Dieu et la création de nouvelles Églises peut s'appuyer sur des processus de différenciation sur une base ethnique ou nationale. La réactivation de l'ethnicité au sein des Églises a déjà été observée dans de nombreux pays européens (Hunt, 2002 ; Simon, 2005 ; Fancello, 2006 ; Harris, 2006 ; Fancello & Mary, 2010). Cette réactivation s'inscrit dans un jeu d'interaction entre revendication et assignation identitaires alimentant les schismes et la création de nouvelles Églises. En Suisse, le premier groupe assimilable à une Église africaine, constitué en 1982 à Genève sous la conduite d'un Congolais, présentait initialement une hétérogénéité importante en termes d'origines des participants. À l'instar de ce premier groupe, les schismes ultérieurs qui se présentent dans des Églises nationalement hétérogènes comportent souvent un caractère homogénéisant.

3. La dynamique n'est pas nouvelle et la convoitise des prétendants au ministère attisée par le soupçon de gestion abusive des ressources de l'Église était déjà mentionnée il y a plusieurs décennies (cf. notamment Neckebrouck, 1983).

Ce fut également le cas de l'Église pour les Nations, très cosmopolite, de laquelle un groupe de Ghanéens se sépara pour fonder une nouvelle Église au début des années 2000. De manière analogue, l'Église *Béthel*, dirigée par un couple de pasteurs suisse/ghanéen et réunissant des Africains francophones et anglophones de divers pays, subit le départ d'un groupe de Congolais qui fondèrent une Église concurrente dans la même ville. Lorsque les Églises présentent un degré élevé d'hétérogénéité en termes d'origines des participants, les schismes, lorsqu'ils surviennent, suivent souvent la ligne de frontières nationales (voire ethniques), donnant ainsi naissance à des Églises plus homogènes que celles dont elles se sont séparées.

Les critères linguistiques, notamment le choix de la langue du culte ou des chants de louange, peuvent jouer un rôle déterminant dans ce processus (Fancello, 2006, 2009). Les chants en lingala, les traductions simultanées ou leur absence renvoient toujours à des positionnements en termes d'ouverture à certaines catégories de personnes, impliquant parfois des logiques ségrégatives[4]. Alors que les Églises fondées par des Africains anglophones traduisent souvent leurs services religieux en français et comptent des Africains francophones parmi leurs membres, l'inverse est plus rare et peu d'Anglophones fréquentent des Églises francophones. Ce constat provoque parfois l'admiration ou la jalousie de pasteurs francophones. Il est alimenté par l'idée selon laquelle les Églises anglophones de Genève seraient davantage « réveillées » que leurs équivalentes francophones (Rey, 2010). De plus, les Églises anglophones seraient moins sujettes à cette logique schismatique, ce que souligne cet interlocuteur d'origine congolaise (RDC), actif dans les Églises de Réveil, au cours d'un entretien conduit en 2009 : « Quand tu commences une Église anglophone, ils émergent plus que les Églises congolaises. Ils se disloquent moins que les Églises congolaises. Plus fiers, plus unis. S'ils sont plusieurs, ils appartiennent à plusieurs réseaux différents, mais qui doivent se compléter, ce qui n'est pas le cas chez les Congolais qui se séparent

4. Les Églises pentecôtistes fondées par des Africains à Genève ou ailleurs en Suisse recourent généralement à l'anglais ou au français comme langue principale du culte. Les Églises qui recourent à une autre langue vernaculaire africaine (twi, swahili) comme langue principale constituent l'exception plutôt que la règle. On notera toutefois que les Églises fondées par des Erythréens tiennent généralement leurs services religieux en tigrinya.

davantage, où tu trouves dix Églises, chaque pasteur a sa théologie et ils se rejettent mutuellement. »

Au-delà du prestige de l'anglais comme langue de culte, associé notamment à l'influence de certains prédicateurs américains et au dynamisme missionnaire des Églises pentecôtistes en Afrique de l'Ouest anglophone (Nigéria, Ghana), il est probable que le type de migration en jeu influence également l'intensité des logiques schismatiques dans les Églises anglophones ou francophones. Comme nous l'avons déjà indiqué, la majorité des fondateurs d'Églises francophones, notamment les Congolais, ont effectué une demande d'asile au cours de leur trajectoire en Suisse. Si certains d'entre eux sont retournés en Afrique, beaucoup s'y sont installés et envisagent leur avenir en terre helvétique. Occupant des emplois plutôt faiblement qualifiés, ils jouissent d'un statut social moins prestigieux que les dirigeants des assemblées anglophones qui sont, dans de nombreux cas, des « expatriés » employés dans des organisations internationales ou des multinationales. Ces derniers envisagent par ailleurs leur séjour en Suisse comme temporaire, et profitent du soutien des Églises mères en Afrique pour alimenter leur capital social transnational qui, nous le développerons ultérieurement, profite aussi bien aux Églises qu'aux dirigeants des assemblées en Suisse. De plus, la pratique de l'anglais inscrit d'emblée ces Églises dans un espace linguistique qui est celui des « expatriés », qui disposent de ressources socioéconomique étendues. La dotation plus importante en capital économique et social des dirigeants anglophones peut ainsi éclairer leur capacité à limiter les dynamiques schismatiques.

Si la langue, la nationalité ou l'ethnicité constituent des critères de différenciation des Églises, notons toutefois que le champ de concurrence entre Églises pentecôtistes issues de la migration en Suisse comprend des Églises présentant un fort degré d'homogénéité nationale ou régionale, des Églises cosmopolites anglophones, mais aussi des Églises suisses comptant une forte proportion de migrants. Les dirigeants pentecôtistes ont conscience de se situer dans un champ de concurrence incluant ces différentes catégories d'Églises. Ainsi, au sujet de l'Église pour les Nations, un jeune homme nous confiait : « Il y a un Indien qui met beaucoup de pasteurs congolais mal à l'aise parce que, semble-t-il, ça marche mieux chez lui que chez les autres. (...) Ils disent : « oui il est venu, il a raflé nos membres, beaucoup de membres qui vont là-bas. » Parce que les gens qui vont chez l'Indien, ils délaissent naturellement les Églises congolaises. » Si des pasteurs congolais voient en « l'Indien » un rival, c'est que le champ de concurrence entre Églises ne se limite pas aux frontières nationales. Les Églises savent au contraire jouer sur ces frontières pour se positionner comme espace plutôt cosmopolite ou plutôt diasporique au sein de ce champ. Ce jeu sur les frontières est fréquent chez les hommes de Dieu qui cherchent à se positionner et à attiser la mobilité des fidèles en leur faveur. En ce sens, la mobilité des fidèles ainsi que les processus de différenciation ethniques ou nationaux dans les Églises nourrissent la lutte au sein du champ du ministère pentecôtiste.

Les pratiques de mobilité entre Églises confirment la présence d'un champ de concurrence pentecôtiste s'étendant au-delà des frontières strictement nationales ou ethniques. Lorsqu'elle est arrivée d'Accra à Genève, Sara a tout d'abord fréquenté brièvement l'Église ghanéenne *Lighthouse Chapel International*, puis une Église nigériane, avant de rejoindre l'Église pour les Nations à laquelle elle a décidé d'adhérer. Une trajectoire de mobilité analogue se retrouve dans la trajectoire de nombreux Africains, à l'instar de Francis qui fréquente une Église pentecôtiste à Genève. Avant d'arriver en Suisse en 1993, il a grandi dans la campagne togolaise et évoque avec réticence son enfance qu'il associe à des événements douloureux. Vers l'âge de vingt ans, il rejoint la Suisse par l'intermédiaire de son oncle, évêque, qui lui facilite l'accès à une bourse d'une fondation suisse pour faire des études de théologie en vue de devenir prêtre. Francis vit pendant une année au séminaire de théologie à Fribourg, mais décide ensuite de délaisser le projet de prêtrise, car il ne peut se résoudre au célibat et souhaite fonder une famille. En dépit de la déception de son oncle, Francis change de voie et entame des études scientifiques à l'Université de Fribourg. Pendant ses études, il fréquente de nombreuses Églises. Il va régulièrement à l'Église catholique, où il préfère les groupes charismatiques qu'il fréquentait déjà au Togo. Il visite ainsi régulièrement la communauté catholique du Verbe de Vie, mais il se rend également en Valais, dans les Alpes, dans la communauté *Eucharistein* (catholique non charismatique). En parallèle, Francis fréquente régulièrement l'Église de Réveil de Fribourg. Il ne prie pas à l'Église protestante, mais celle-ci lui propose pourtant des emplois occasionnels qu'il accepte pour compléter sa bourse d'étude. En 2000, son diplôme en poche, Francis déménage à Genève. L'arrivée dans la ville de Calvin marque l'arrêt de ses incursions dans les milieux catholiques. La première Église qu'il fréquente alors est une Église charismatique à Genève que lui avait recommandé le responsable de l'Église de Réveil de Fribourg. Un jour, un diacre de l'Église lui suggère de fréquenter l'Église africaine qui se réunit dans les mêmes locaux, le samedi soir. Francis est très offensé par cette proposition « ségrégationniste » qui l'assimile aux Africains et il décide de quitter l'Église. Une de ses connaissances l'emmène à l'Action Biblique, une Église fondamentaliste non charismatique, alors dirigée par un pasteur américain. Après un conflit avec une partie des membres de l'Église, le pasteur quitte l'Action Biblique pour fonder une autre Église avec une partie de ses membres. C'est à cette occasion que Francis rejoint une troisième Église à Genève, l'Église pour les Nations.

Comme le suggère la trajectoire de Francis, l'éventail des Églises qui s'offrent aux migrants pentecôtistes s'étend d'Églises très homogènes, d'un point de vue national, aux Églises suisses, établies de plus longue date ou dirigée par des Suisses[5], en passant par des Églises très cosmopolites. Dans sa trajectoire, Francis fréquente essentiellement des Églises suisses, jusqu'à ce que des propos ségrégationnistes et un changement pastoral dans une autre Église ne l'amènent à rejoindre une Église cosmopolite. La trajectoire de Sara dessine un cheminement inverse, puisqu'elle fréquente plusieurs Églises africaines avant d'intégrer une Église cosmopolite. À l'instar de Francis et de Sara, de nombreux migrants visiteront plusieurs Églises au sein de cet éventail avant de s'attacher, pour quelque temps, à une Église spécifique.

Ces pratiques de mobilité entre Églises constituent pour ainsi dire la norme pour les nouveaux arrivants dans une ville, et les formes de cette mobilité varient en fonction des trajectoires (migratoire, sociale) des nouveaux venus. Parmi les critères invoqués par nos interlocuteurs dans leur choix de la « bonne » Église, la dimension sociale occupe une place importante : l'Église constitue un lieu essentiel pour nouer de nouvelles connaissances, se faire des amis, mais aussi avoir accès à des informations, des réseaux et des ressources. Des étudiants arrivant à Genève, sans connaissance sur place, nous ont ainsi dit avoir trouvé à l'Église pour les Nations un tissu social accueillant qui, pour

5. Dans certaines Églises pentecôtistes suisses, la proportion de migrants dépasse la moitié des effectifs.

certains d'entre eux, a débouché sur des opportunités professionnelles. Des personnes en procédure de demande d'asile estimaient quant à eux retrouver un peu de « chaleur humaine » et parfois rompre avec leur isolement ou recréer un lien (musical, rituel, linguistique) avec leur région d'origine. Le mode de socialisation, les attentes vis-à-vis des membres et les possibilités de s'impliquer, de participer au développement d'une Église jouent ainsi un rôle important, à l'instar de la forme du culte (par ex. les prestations musicales) ou des caractéristiques propres à l'assemblée (taille, lieu).

Mais l'élément le plus souvent mentionné par nos interlocuteurs en cas de changement d'Église renvoie aux qualités et conduites des dirigeants. Leurs failles constituent souvent une incitation à fréquenter une autre assemblée, alors que leur bonne réputation morale, managériale ou spirituelle favorise la venue de nouveaux membres. Ces pratiques de mobilité sont constitutives du champ du ministère pentecôtiste : elles représentent une source de reconnaissance du statut d'« homme de Dieu » dont l'onction, plus puissante que celle de ses concurrents, est censée attirer de nouveaux membres pour son Église, générant ainsi une mobilité entre Églises. Dans ce contexte, les références à une identité ethnique ou nationale peuvent s'intégrer, sans s'y réduire, dans les stratégies de positionnement des Églises et des hommes de Dieu qui les dirigent et cherchent à accroître leur ministère. Toutefois, la mobilité des fidèles est également redoutée par les hommes de Dieu qui souhaitent fidéliser leur auditoire pour éviter de voir les membres de leur Église les délaisser au profit d'un concurrent.

Fidélisation versus *mobilité*

Georges Balandier (1978) écrivait que le pouvoir parle toujours d'ailleurs. Cet ailleurs, dans les discours pentecôtistes, c'est notamment Dieu, la Bible ou l'onction. Mais l'allégeance aux hommes de Dieu se construit également sur la base d'une catégorie commune qui lie l'homme de Dieu et ses protégés : l'Église. Contrairement à l'onction qui différencie ceux qui la détiennent de ceux qui n'en bénéficient pas, l'Église est une catégorie inclusive unissant ses dirigeants et ses membres ordinaires, les « oints » et les simples convertis. La pluralité des Églises est communément admise comme normale et souhaitable dans le champ pentecôtiste, chaque Église pouvant se profiler à travers une mission spécifique, répétée dans les prédications de ses pasteurs. L'identification des membres à cette mission permet alors de renforcer leur engagement et de limiter les pratiques de mobilité entre Églises.

La mission de l'Église se décline ainsi en divers discours dans lesquels peuvent se reconnaître les membres d'une même dénomination. À l'Église pour les Nations, la rhétorique du combat permet par exemple de souder les membres d'une Église, de créer un sentiment d'appartenance entre des personnes aux profils divers, mais unis par une mission commune du combat spirituel à mener. Cette rhétorique ouvre sur un sentiment d'appartenance alimenté par le caractère guerrier de la mission de l'Église. Son pasteur se charge de rappeler cette mission de manière récurrente aux participants aux cultes : « That's the purpose of the Church for the Nations : to bring healing and deliverance to the city of Geneva. (...) We are on a battle field, you know ? » Sur le champ de bataille, les combattants sont invités à se montrer solidaires, à éviter les conflits internes pour se concentrer sur l'ennemi commun, Satan. La stratégie mise en œuvre se fonde sur l'adhésion à un projet commun, celui d'accomplir la mission de l'Église : la guérison et la délivrance de la ville de Genève.

La rhétorique adoptée par l'Église *Lighthouse Chapel International* pour fédérer ses membres se réfère également au combat spirituel, bien que ce dernier ne soit pas aussi central qu'un autre projet, celui de créer une grande Église, une *mega church*. En septembre 2009, devant la petite centaine de participants qui fréquentent le culte du dimanche matin, le pasteur de l'Église *Lighthouse Chapel International* de Berne insistait ainsi sur la nécessité de s'engager intensément dans l'Église afin de réaliser le projet commun, devenir une *mega church* : « We want to pray for a *mega church*, but Satan has another agenda. He would like that we would be divided. We need a spirit of unity. (...) The power of God is released to those who are committed. You should be married to the church. If you have a problem in the mega church, you will raise 25 000 dollars in 25 minutes. You will just call some people and you will collect what you need in no time. » Le pasteur insiste sur les bénéfices qu'apporterait une *mega church*, mais également sur la nécessité de s'engager dans l'Église afin de réaliser cette vision. Cette insistance s'explique par une volonté de limiter la mobilité des convertis entre différentes Églises, mais également par le fait qu'en Suisse, cet engagement entre en concurrence avec d'autres activités. Le travail souvent chronophage et les activités sociales « séculières » remplissent également l'agenda des membres. Nombreux sont les pasteurs qui se plaignent de devoir tout faire par eux-mêmes, alors qu'au Ghana, les gens s'empresseraient de rendre des services à l'Église. Dans ce contexte, les activités qui peuvent faire obstacle à la fréquentation de l'Église sont souvent condamnées[6]. À travers une rhétorique de la mission spécifique de leur Église, constitutive de son mythe fondateur, les pasteurs stimulent l'adhésion des membres et les fidélisent autour de ce projet commun. L'Église se distingue ainsi à la fois des autres Églises constitutives du champ, mais également des domaines d'activités séculiers. Cette mission est généralement révélée à un homme de Dieu – Dag Heward-Mills, dans le cas de l'Église *Lighthouse Chapel International* – à travers une vision ou une prophétie. L'adhésion des membres à cette mission permet non seulement d'accroître l'engagement des membres de l'Église, mais également de limiter les pratiques de mobilité qui déstabilisent les Églises et, en quelque sorte, le degré d'onction des hommes de Dieu.

Ainsi, les stratégies de conservation des dominants relèvent principalement de la fidélisation à l'Église, alors que les stratégies de subversion des dominés consistent à susciter une mobilité des fidèles en leur faveur, par exemple, en déclenchant un schisme. On peut citer, à titre d'exemple, la production littéraire de Dag Heward-Mills, fondateur de l'Église *Lighthouse Chapel International*, qui jouit d'une position dominante dans le champ du ministère pentecôtiste ghanéen – étant à la tête de l'une des plus grandes Églises charismatiques du pays. Dans ses écrits, Dag Heward-Mills insiste souvent sur la nécessité de rester fidèle à une Église plutôt que de déclencher un schisme afin de fonder un ministère indépendant. Ce discours est largement repris par les hommes de Dieu à la tête d'Églises bien établies. Toutefois, les hommes de Dieu occupant une position dominante dans le champ suscitent eux aussi une mobilité des pratiquants en leur faveur, qui continue d'accroître la taille de leur propre Église. Mais dans leurs discours, cette mobilité pourra être expliquée en termes de conséquence naturelle de leur propre onction. Le schisme, qui consiste à

6. Un pasteur avertissait ainsi son audience, après avoir appris qu'une réunion à l'ambassade du Ghana avait empêché des membres de participer à un culte dominical : « If you do that [organize an event on a Sunday morning], you are part of the Antichrist team ».

détourner une partie des fidèles au profit d'une nouvelle Église, est par contre clairement dénoncé par les discours dominants de l'orthodoxie, et relève en ce sens de l'ordre de la subversion, stratégie privilégiée par les dominés, selon Bourdieu. Le schisme constitue alors la stratégie de subversion par excellence, mobilisée par les dominés du champ (les aspirants au ministère, les jeunes pasteurs) qui ne jouissent pas de la reconnaissance à laquelle ils aspirent. Du point de vue du champ du ministère pentecôtiste, la fidélité à l'Église relève alors de l'ordre de l'orthodoxie, tandis que la mobilité et les processus schismatiques relèvent de l'ordre de l'hérésie.

Les revers de l'onction : rumeurs et figures de la contestation

Quand la contestation s'élève au sein d'une Église, c'est bien souvent sous la forme d'une rumeur, qui constitue probablement la principale forme de contre-pouvoir dans l'Église[7]. Lorsqu'elle est lancée contre un pasteur ou ses proches, la rumeur engendre des effets négatifs pouvant aller jusqu'à la dissolution d'une Église. Elle est par nature très difficile à contrer, car sa contestation peut toujours être interprétée comme l'expression de sa réalité. De plus, la rumeur est impossible à contenir puisque sa diffusion dépasse le strict cadre communautaire de l'Église. Nous avons ainsi assisté à la diffusion de rumeurs dans la rue, dans une gare, au cours d'une rencontre fortruite entre deux co-religionnaires, épousant la forme d'une conversation ordinaire. Les dirigeants de l'Église s'avèrent ainsi bien impuissants face à la diffusion de rumeurs qui essaiment en-dehors du territoire de l'Église, hors de leur contrôle. La rumeur, bien que démentie, reste efficace, en cela qu'elle sème le doute et stigmatise sa cible par la méfiance qu'elle induit. À ce titre, elle est crainte par les responsables qui mettent tout en œuvre pour la déjouer ou pour prévenir son apparition, en mettant en garde contre les méfaits des vains bavardages.

Certaines catégories d'esprits malfaisants évoqués dans les discours pentecôtistes jouent un rôle en tant que médiateurs du

7. Elle rappelle ainsi les « modes populaires d'action politique » en semant le doute sur le pouvoir – ecclésial ou plus largement politique, étatique – ou exprime un désarroi face à des situations vécues comme des injustices (Bayart, 1979, 1985 ; Droz, 1997).

rapport à l'autorité au sein de l'Église. Leur évocation peut engendrer un renforcement du pouvoir en place ou permettre au contraire sa contestation. L'esprit de commérage (*spirit of gossip*) est ainsi perçu comme à l'origine des rumeurs susceptibles de déstabiliser l'autorité d'un pasteur, de « défaire son onction ». Son évocation et son expulsion au cours de la pratique du combat spirituel constitue une tentative d'établir un certain contrôle sur les propos potentiellement nuisibles à l'autorité en place. L'« esprit de Jézabel » est aussi dénoncé car il engendrerait un comportement séducteur et manipulateur vis-à-vis de l'autorité dans une Église. Dérivé du personnage biblique de Jézabel, cet esprit habite en particulier les femmes et constitue une figure emblématique de l'usurpation d'autorité. Une personne possédée par cet esprit cherchera donc à dominer un responsable de l'Église en usant de son influence ou de son charme. Ces catégories d'esprits sont notamment évoquées et dénoncées lors de tensions manifestes au sein d'une Église, dans le but de « maintenir l'ordre », de remettre chacun à sa place, de rendre l'autorité à ceux qui la détiennent d'un point de vue institutionnel.

A l'inverse, d'autres esprits permettent de dénoncer l'emprise trop forte d'un dirigeant religieux sur ses fidèles. Leur évocation les situe ainsi du côté des stratégies de contestation d'une autorité religieuse en place. C'est le cas de l'« esprit d'esclavage » qui suggère que la méfiance est de mise face à l'onction douteuse de certains pasteurs : « Be careful what hands are laid on you (...) [or] you will get a spirit of slavery », affirmait un pasteur ghanéen en visite à l'Église pour les Nations. La manipulation dont font preuve les pasteurs ainsi décriés peut aussi être attribuée à des « esprits de séduction » ou de « flatterie ». La dénonciation de pasteurs sous l'influence de ces esprits s'inscrit dans un contexte concurrentiel entre hommes de Dieu dans lequel la référence aux esprits renvoie à la question du rapport à l'autorité charismatique.

Le sorcier dans l'Église

Le 4 mai 2007, dans une Église d'une petite ville près de Berne, le pasteur s'adresse à son auditoire en ces termes : « Je sais qu'il y a des sorciers parmi vous. » Le sorcier, figure emblématique de la capacité de nuire dont la présence dans l'espace publique africain a été ravivée au cours des dernières décennies, apparaît fréquemment dans les discours des Églises pentecôtistes fondées par des Africains en Europe. L'affirmation de la présence de « sorciers dans l'Église » est récurrente, en particulier lorsque des tensions se font sentir ou lorsque le malheur s'abat sur une Église ou l'un de ses membres. La figure du sorcier apparaît ainsi comme une figure convoquée à la fois pour expliquer l'infortune et pour contester un pouvoir en place au sein des Églises pentecôtistes. En effet, la conversion, la délivrance et la pratique du combat spirituel sont censées garantir l'accès du chrétien aux bénédictions (financières, familiales, professionnelles) et l'onction du pasteur devrait constituer un gage d'efficacité et une protection contre le malheur. Malgré cela, une maladie, un accident, un décès inattendu, des problèmes financiers ou des tensions surviennent, posant un défi herméneutique aux membres de l'Église. Si le malheur s'abat sur des membres, est-ce à dire que l'onction du pasteur n'est pas assez forte pour les protéger ? Ou alors un sorcier œuvrerait-il au sein de l'Église de manière masquée ? Mais peut-être le pasteur est-il lui-même un sorcier ? L'infortune appelle alors à une explication par la sorcellerie, parfois associée à une explication en termes de possession[8]. Souvent, la rhétorique de la sorcellerie répond à une situation conflictuelle ou à des tensions latentes dans l'Église.

Nous pouvons distinguer deux types de convocation de la figure du sorcier dans les discours des Églises. La première consiste en une dénonciation des « sorciers dans l'Église », des agents de Satan qui se dissimulent sous les traits d'un membre ordinaire, sans toutefois aboutir à la désignation du sorcier. La seconde, aux conséquences plus dramatiques, consiste en l'accusation d'une personne précise. Dans le premier cas, la présence d'un sorcier est évoquée dans les discours, mais sans que son identité ne soit révélée. Le sorcier représente alors un danger proche, imminent, mais non identifiable. Une femme de Dieu prêchant à l'Église La main de l'Eternel à Genève affirmait ainsi :

8. Bien que la possession par des esprits et la sorcellerie puissent être distingués, la première n'impliquant pas nécessairement d'agent humain (le sorcier), les discours sur la sorcellerie et sur le monde des esprits sont souvent associés, ce que souligne notamment Opoku Onyinah, membre de l'Église ghanéenne *The Church of Pentecost* (Onyinah, 2004). Nos observations suggèrent toutefois qu'en Suisse, dans les Églises francophones fondées par des pasteurs congolais ou angolais, les discours sur la sorcellerie sont plus développés que dans les Églises anglophones. Nous n'avons, par exemple, jamais été confrontés à un cas d'accusation avec désignation du sorcier dans une Église anglophone au cours de nos recherches en Suisse.

« Un homme peut avoir la sorcellerie à 99 %, mais il vient à l'Église et on ne le voit pas. » Selon ces dires, le sorcier se dissimule, mais sa capacité de nuire reste forte : « Il y a des gens qui sont pris par les sorciers. Physiquement tu es là, mais spirituellement, tu es la chèvre que les sorciers ont préparée. » La majorité des membres d'une Église sont estimés incapables de connaître l'identité du sorcier, car cette connaissance nécessiterait le don de discernement des esprits, voire une révélation de type prophétique. Seules des personnes ointes et avancées spirituellement auraient accès à cette connaissance.

Dans certaines Églises, les hommes de Dieu jouent sur l'affirmation de cette connaissance pour renforcer leur autorité et prévenir toute contestation de leur position. À l'Église pour les Nations, le pasteur affirmait ainsi reconnaître les personnes arrivant au culte habitées par l'esprit de sorcellerie (*spirit of witchcraft*). À notre connaissance, ces personnes ne firent toutefois jamais l'objet d'une désignation publique. En affirmant sa capacité de « voir » l'esprit de sorcellerie, le pasteur démontre son onction et se positionne en tant que protecteur potentiel contre les attaques sorcières. Des voix critiques face à cette rhétorique du « sorcier parmi nous » s'élèvent toutefois dans les milieux des Églises, à l'instar de cet interlocuteur congolais :

> « Certains pasteurs cherchent à créer la sensation, ils veulent démontrer leur charisme. Dire : « je sais qu'il y a des sorciers », ça crée la tension dans la communauté. Ils sont venus pour nuire, ça crée une sensation de danger, il faut créer la panique, l'ennemi est au milieu de nous, comme ça tout le monde aura peur et il y aura des angoisses. C'est malsain. Le pasteur justifie son importance au sein de la paroisse. Ça marque la différence entre lui et les autres, lui seul peut voir [la sorcellerie]. Lui, parce qu'il voit ça, il peut vous protéger. Donc il y a la même logique qui fonctionne. Et puis les pasteurs, en tous cas ceux qui sont mal avertis, abusent de ça. »

La figure du sorcier dans l'Église instaure une forme de censure sociale. Elle peut renforcer l'autorité du pasteur en place pour échapper au double risque d'être « pris par les sorciers », risque que l'on peut prévenir en se plaçant sous la protection d'un homme oint, ou d'être accusé d'être soi-même le sorcier.

Le deuxième cas de figure, plus rare, est à l'origine de crises importantes au sein des Églises dans lesquelles elles surviennent. La rivalité autour du pouvoir et la course à l'onction sont souvent constitutives des cas d'accusation de sorcellerie. Leur émergence repose souvent sur les mêmes composantes : rivalité autour de l'exercice du pouvoir, malheur s'abattant sur des membres de l'Église (décès, maladie, accident, etc.), affaiblissement de l'autorité du leader en place (qui peut être due à son absence prolongée, à une rumeur sur sa moralité ou sa gestion financière de l'Église), apparition de plusieurs factions antagonistes, rumeur sur le caractère sorcier d'une personne (souvent le pasteur, un aspirant au pouvoir ou l'un de ses proches) et confirmation de cette rumeur par un rêve ou une révélation prophétique à un membre de l'Église.

Au début des années 2000, dans une Église de Suisse alémanique fondée par des Congolais, un cas d'accusation de sorcellerie s'est présenté que nous reconstituons ici à partir de témoignages. Au cours d'un culte, un membre de l'Église est subitement entré en transe et s'est mis à dénoncer un homme de l'assemblée comme étant un sorcier. Cette accusation publique ne faisait qu'avaliser une rumeur qui courait depuis un certain temps : l'homme en question, que plusieurs personnes connaissaient depuis Kinshasa, appartiendrait à une famille de sorciers. Ces personnes ont relayé cette information dans la ville et le bruit s'est rapidement propagé parmi les Congolais fréquentant les Églises de Réveil. Cette accusation s'est manifestée alors que des tensions internes minaient l'Église et qu'un conflit latent s'était installé autour de la succession du pasteur. Ce dernier était en effet décédé quelque temps auparavant et plusieurs candidats à sa succession rivalisaient afin d'accéder à la direction de l'Église. Le « sorcier » était l'un des successeurs pressentis et l'accusation de sorcellerie fut interprétée par ceux qui le soutenaient comme une tentative de déstabilisation afin de l'écarter de la course au pouvoir. De fait, l'accusation mit un terme définitif à sa possibilité de succéder au pasteur. Des bruits couraient déjà, affirmant que la mort du pasteur aurait été causée par l'un des sorciers qui étaient dans l'Église. Il fut ainsi écarté du pouvoir et un autre candidat accéda à la direction de l'Église.

Il est difficile d'échapper aux effets négatifs d'une accusation de sorcellerie. La sorcellerie, lorsqu'elle est supposée telle par essence – ce qui est généralement le cas au sein des Églises fondées par des

Congolais, s'ancre dans les constituants de la personne du sorcier qui se différencie jusque dans sa nature physique (Balandier, 1978). Bien que des cas de « sorciers repentis » ayant ultérieurement développé un ministère pentecôtiste à Kinshasa existent (Demart, 2010), ils restent exceptionnels et la plupart du temps, l'accusation produit des effets ravageurs sur la vie sociale de la personne désignée et peut même vider une Église, si l'accusé est un pasteur. De telles épisodes de déstabilisation ont notamment été soulignées par Damien Mottier à Paris (2008) et Sabine Jaggi à Berne (2005, 2010). Dans les deux cas, l'accusation renvoyait à un conflit autour des positions de pouvoir au sein de l'Église (concernant le pasteur ou ses proches) ainsi qu'à l'accès aux ressources potentielles que ces positions autorisent.

Notons que l'adhésion au pentecôtisme ne met aucunement à l'abri d'une accusation de sorcellerie, y compris en-dehors des milieux pentecôtistes. Loin de briser la chaîne d'accusation sorcellaire, le pentecôtisme semble parfois la raviver. Jane Parish note à cet égard que parmi les Ghanéens pratiquant les paris (*gamblers*) en Grande-Bretagne, les suspicions relatives à la sorcellerie portaient notamment sur des femmes fréquentant des Églises pentecôtistes (Parish, 2005). Tout se passe comme si une trop grande proximité avec l'onction ravivait le schème de l'ambivalence fondamentale du pouvoir, le pouvoir de bénir étant somme toute très proche du pouvoir de maudire. Cette « confusion entre le pouvoir du Christ et le pouvoir du diable » (Marshall-Fratani, 2002 : 40) est souvent latente dans l'univers pentecôtiste. L'accusation de sorcellerie, qu'elle soit implicite ou explicite, ainsi que le recours à la sorcellerie en tant que source d'explication du malheur rappellent que les catégories de la sorcellerie permettent de penser le pouvoir et sa réversibilité (Mary, 2009).

L'ambivalence du pouvoir laisse ainsi entrevoir l'onction et celui qui la détient sous un nouveau jour, de manière analogue à la puissance du devin-guérisseur qui peut parfois utiliser sa force pour nuire. Certains hommes de Dieu savent d'ailleurs jouer sur cette ambivalence de l'onction pour asseoir leur autorité : au sein des Églises fondées par des Africains que nous avons fréquentées, la référence, toujours à demi-mots, à la possibilité d'être maudit (*cursed*) par un homme de Dieu fut parfois évoquée lorsque celui-ci avait le sentiment que son autorité n'était pas respectée. L'ambivalence de l'onction et la possibilité pour un homme de Dieu de maudire renvoient d'ailleurs à une autre figure de la contestation du pouvoir qui joue un rôle clé dans la lutte pour la reconnaissance du statut d'homme de Dieu : la figure du faux prophète.

Le faux prophète ou l'ambivalence de l'onction

Dans les discours pentecôtistes, le faux prophète constitue en quelque sorte l'antithèse de l'homme de Dieu. Il en est l'équivalent malfaisant. Dans toutes les Églises que nous avons visitées, on met en garde contre les « faux prophètes » qui sévissent dans les Églises. Leur prolifération serait d'ailleurs un signe de l'approche du Millénium. Pourtant, à y regarder de près, la distinction établie entre faux prophètes et hommes de Dieu est somme toute extrêmement précaire. Le faux prophète est stigmatisé pour les fausses doctrines qu'il prêche, pour son abus de l'argent de l'Église, détourné à des fins d'enrichissement personnel, pour les relations sexuelles qu'il aurait avec des « sœurs » de l'Église, pour ses fausses prophéties qui séduisent, mais ne s'accomplissent pas. Le faux prophète représente le côté malfaisant de l'homme de Dieu, l'abus de l'autorité conférée par l'onction, comme le souligne un interlocuteur congolais vivant dans la région lausannoise :

> « Peut-être qu'il [le faux prophète] est là pour voler l'argent, peut-être qu'on donne l'argent et il mange l'argent, c'est pour lui, ce n'est pas pour aider les pauvres pour les gens qui ont des difficultés. Peut-être, tu vas voir aussi par son message, qu'il prêche le contraire. Il prêche : « Donnez-moi l'argent, donnez-moi ! », au lieu de prêcher : « repentez-vous, soyez guéris ! » Un faux pasteur va commencer à prendre beaucoup de femmes, plusieurs de femmes. Ce sont des faux prophètes, des gens qui prédisent des choses qui sont fausses. Ils disent des choses qui ne vont pas arriver, ils sont là pour prendre seulement les sous. »

Mais ce même discours est réarticulé d'Église en Église, si bien qu'il semble que le faux prophète, comme par un jeu de miroir, renvoie toujours à la figure de l'Autre. La stigmatisation des faux prophètes émane en premier lieu des dirigeants dont la fonction les exposerait eux-mêmes à l'accusation de faux prophètes. À l'instar du sorcier, le faux prophète est rarement désigné de manière nominale. Il constitue un discours convocable pour expliquer les mésaventures de chrétiens s'estimant lésés par un prétendu homme de Dieu ayant abusé de leur confiance. La figure du faux prophète est si proche de celle de l'homme de Dieu qu'elle s'étend jusqu'à la capacité de mimer ce qui caractérise ce dernier : l'onction. Au cours d'une formation biblique à l'Église pour les Nations, un pasteur ghanéen mettait en garde son auditoire contre les méfaits des faux prophètes : « We need to avoid the false prophets in the churches. There are false prophets, preachers who are eloquent. They will deceive, but they use occult power to do miracles. There is a spirit of hypnosis. Satan performs miracles. » A l'instar de l'homme de Dieu, la figure du faux prophète renvoie à un prédicateur qui serait capable de réaliser des prodiges, de captiver son auditoire. Mais les miracles qu'il accomplit ont pour seul but de tromper les foules, de les séduire pour les détourner du droit chemin. La figure du faux prophète est donc hautement ambivalente puisqu'elle s'apparente en bien des aspects à celle de l'homme de Dieu.

La figure du faux prophète résonne également dans le langage de la délivrance et du combat spirituel. Alors que l'esprit de sorcellerie correspond à la figure du sorcier dans la démonologie pentecôtiste, les esprits d'hypnose ou de divination sont souvent associés à la figure du faux prophète. L'esprit d'hypnose est notamment responsable de la fascination suscitée par un faux prophète et explique les foules qu'il est capable d'attirer à lui. Des récits analogues à celui d'un pasteur lausannois, émis au cours d'un culte dominical en août 2009, évoquent cette force d'attraction des faux prophètes. Le pasteur y relatait sa confrontation avec une « prophétesse » dans une conférence à laquelle il fut invité à participer en Équateur. Ce dernier avait remarqué que les gens qui l'écoutaient et la suivaient avaient tendance à se disputer par la suite. Il expliqua avoir fait acte de « discernement des esprits » sur cette prophétesse pendant qu'elle parlait, puis s'être écrié : « «Stop ! » J'ai pris l'autorité, j'ai dit : « Esprit, sors de cette femme ! » La femme est alors tombée par terre, son visage s'est défiguré et les esprits sont sortis. Ce récit met en scène une femme qui est présentée sous la figure du faux prophète : elle dispose d'une force d'attraction souvent associée à l'onction qui la rend capable d'attirer beaucoup de monde à sa suite, mais les « fruits » de discorde qu'elle sème constituent un indice du caractère fallacieux de cette force d'attraction.

Dans la démonologie pentecôtiste, l'esprit de divination est également associé à la figure du faux prophète. Cet esprit est à l'origine de l'activité prophétique des faux prophètes, de leurs prophéties qui ne se réalisent jamais. Une responsable du ministère des Filles de Sion mettait ainsi les femmes en garde contre les abus de ces faux ministères : « There are a lot of lies in the church because of the spirit of divination. False ministries! If somebody tells you: "God has given me the revelation", tell him: "let God also tell me and we will talk after". » Par cette boutade, la responsable du ministère des Filles de Sion souligne les dangers associés à un usage inapproprié du don de prophétie, et dénonce la confiance excessive accordée aux prétendus hommes de Dieu. Toute l'activité rituelle se déploie dans cette tension-là : développer ses dons et recevoir l'onction tout en se méfiant des faux dons et des faux prophètes dans l'Église.

A travers la figure du faux prophète, l'onction révèle son ambivalence et se présente comme dépendante des points de vue qui sont portés sur elle. Cette ambivalence de l'onction est constitutive de la lutte pour la reconnaissance du statut d'homme de Dieu. Elle rappelle à ceux qui bénéficient de cette reconnaissance que le spectre de la figure du faux prophète plane sur leur ministère. Les conflits sont souvent alimentés par cette ambivalence de l'onction, mettant parfois en péril l'autorité du pasteur et la pérennité de l'Église, jusqu'à la perspective d'un schisme. L'ambivalence de l'onction peut ainsi se comprendre à la lumière des luttes dans le champ du ministère pentecôtiste autour de la reconnaissance du statut d'homme de Dieu.

Les carrefours de l'onction : du conflit à la nouvelle Église

Consécration pastorale et enjeux de légitimation

Depuis les années 1990, de nombreuses Églises sont fondées chaque année par des Africains dans les villes de Suisse. Certaines d'entre elles sont implantées par une Église dont le siège se situe en Afrique. C'est notamment le cas de l'Église *Lighthouse Chapel International* qui a établi des assemblées dans les principales villes de Suisse, suite à la volonté de son fondateur résidant à Accra. Mais bien souvent, les nouvelles

Églises émanent d'une scission d'une Église locale du voisinage. Une intégration à une dénomination plus large intervient alors parfois, dans un deuxième temps, et permet de conférer une plus grande légitimité à l'Église et à son pasteur. Dans la région lausannoise, on ne comptait, au début des années 1990, qu'une seule Église africaine francophone pentecôtiste sous la direction d'un pasteur burkinabé. En 2010, la majorité des Églises africaines francophones de la région relevaient de manière directe ou indirecte d'une séparation de cette première Église. Certaines d'entre elles ont conservé des liens structurels avec elle et se sont constituées en réseau d'Églises ou en dénomination (les Églises dites « de Coteau »). La plupart se sont toutefois développées de manière indépendante après une séparation présentant des degrés divers de conflictualité.

Abordons la construction de la légitimité d'une nouvelle Église à travers la description d'une cérémonie de consécration d'un nouveau pasteur. L'Église en question se situe dans une petite ville près de Lausanne. Nous avons assisté à la consécration de son pasteur en avril 2008. Le candidat allait diriger cette nouvelle Église, composée essentiellement de membres congolais. L'apôtre appelé à cette occasion pour consacrer l'aspirant pasteur résidait à Bruxelles et y dirigeait l'Église Capitale Apostolique et Centre d'Adoration dont il était l'apôtre fondateur. Cette Église comptait une dizaine de filiales en Belgique, aux Pays-Bas, ainsi qu'à Kinshasa. L'apôtre était accompagné de sa fille, elle-même pasteure, de son épouse, d'une prophétesse des Pays-Bas ainsi que de quelques autres personnes. Les festivités s'étendant sur un week-end, c'est au cours de la soirée du samedi 5 avril 2008, intitulée « miracles et guérisons », que se déroule la consécration du nouveau pasteur. La soirée est ouverte par la fille de l'apôtre, suivie par une entrée en scène très théâtrale de la prophétesse des Pays-Bas. Celle-ci fait de grands gestes, pleure et chasse les démons tout en évoquant la présence des anges de Dieu qui entourent la salle. Il s'ensuit un long temps de louange, en français et en lingala, au terme duquel la pasteure introduit son père, l'apôtre de Bruxelles, qui mentionne ses activités transnationales dans le ministère et les nombreuses Églises qu'il supervise. La soirée se poursuit avec le long récit de guérison de Diane, une femme congolaise mariée à un Suisse, qui atteste par son témoignage de l'efficacité des prières de l'apôtre qui consacrera le pasteur. Ce récit relate l'enchaînement de ses problèmes de santé, l'avertissement de la prophétesse quant à l'origine spirituelle de ces problèmes, ainsi que l'intervention de l'apôtre de Bruxelles, qui se rend chez Diane pour répandre de l'huile dans sa maison. Elle conclut son récit en affirmant qu'il faut toujours écouter les hommes de Dieu. Elle-même aurait dû davantage prendre garde aux avertissements de la prophétesse au sujet des mauvais esprits qui la menaçaient.

Cette première partie de la soirée constitue une introduction pendant laquelle l'onction de l'apôtre est instaurée, affirmée dans le rituel. Deux moyens sont utilisés de manière appuyée pour la construire : l'introduction du pasteur par deux femmes de Dieu que l'apôtre couvre de son onction (une pasteure et une prophétesse), ainsi que le témoignage de Diane qui met en scène les vertus de l'huile – qui, rappelons-le, évoque l'onction – donnée par l'apôtre. Une fois son onction instaurée à travers ce témoignage et la mise en scène de sa progéniture spirituelle, l'apôtre peut passer à la démonstration de cette onction par des prières pour la guérison et la prospérité ciblant des personnes présentes dans l'assemblée. Après un temps d'enseignement sur le thème de la guérison, l'apôtre annonce qu'il y a une personne qui souffre de maux de dos et invite cette personne à s'avancer. Le public ne réagit pas. L'apôtre insiste. Deux femmes s'avancent finalement, dont l'une nous confiera ultérieurement ne pas souffrir de maux de dos, mais plutôt d'une difficulté à accepter son corps, faisant suite à une perte de poids brutale de trente kilos. L'apôtre prie sur cette femme : « Reçois ta guérison, reçois ta délivrance, au nom de Jésus ». Lorsque celle-ci s'effondre, on la recouvre d'un tissu et elle reste allongée sur le sol pendant plusieurs minutes. L'apôtre a l'air satisfait et s'approche de la deuxième femme, plus âgée, qu'il appelle « mama ». Celle-ci se tient debout de manière stable et ne semble pas vouloir tomber au sol, malgré les prières insistantes de l'apôtre imposant les mains sur elle. Celui-ci appuie fortement sur sa tête et la pousse en arrière. Peut-être pour satisfaire l'apôtre, la femme se laisse finalement tomber. Il déclare alors que les deux femmes sont guéries. Cette séquence de prières de guérison se poursuit avec plusieurs personnes, puis l'apôtre enchaîne sur des prières pour la prospérité financière. Il demande à sept personnes de s'avancer pour recevoir une bénédiction spéciale pour leurs finances, démarche qui implique également de déposer un don d'argent dans une enveloppe.

Seules deux personnes s'avancent. L'apôtre insiste. Peu de monde semble vouloir « être béni financièrement » – ou participer au financement de la soirée. En insistant fortement, l'apôtre parvient à réunir six personnes. Agenouillées, elles lui remettent une enveloppe et l'apôtre enduit leur tête avec de l'huile d'olive en priant pour que leurs finances soient prospères et abondantes.

Dans cette deuxième partie de la soirée, l'apôtre s'efforce de mettre en œuvre l'onction qui a été préalablement mise en scène par ses filles spirituelles, mais la performance ne réussit que partiellement et la réticence du public, ainsi que la froideur des réactions témoignent d'un certain malaise. Les efforts de l'apôtre bruxellois pour accéder à une reconnaissance en Suisse romande n'ont d'ailleurs pas débuté avec cette soirée. Il a résidé plus d'un mois dans la ville avant cette soirée, réalisant un travail de relations publiques pour la nouvelle Église (contacts avec d'autres pasteurs), mais également un suivi de ses membres d'un point de vue spirituel. Ces efforts en vue d'obtenir une reconnaissance comme apôtre légitime dans le champ du ministère pentecôtiste local visent à construire la légitimité de la consécration du nouveau pasteur.

L'autre enjeu majeur de la soirée est de démontrer l'onction du futur pasteur de la nouvelle Église. Ainsi, plusieurs témoignages sont formulés par des femmes à son sujet, qui soulignent tous l'efficacité de ses prières dans diverses situations. Le plus long d'entre eux est celui d'une mère dont le fils est « mort », puis « ressuscité » grâce aux prières de l'aspirant pasteur. Son fils, âgé de neuf ans environ, se tient à côté d'elle pendant son témoignage. Il se tortille, se montre mal à l'aise ou gêné par les propos de sa mère, puis il s'échappe pour retourner s'asseoir dans le public dès qu'il en a l'occasion. Le récit de la mère ne précise pas les conditions de la « mort » de l'enfant, mais elle indique qu'il « ne respirait plus, il avait les yeux déjà blancs ». Au lieu de l'amener chez sa mère, les personnes qui étaient avec l'enfant au moment du drame le conduisirent à l'aspirant pasteur. Ce dernier prie alors pour l'enfant qui revient à la vie. L'apôtre souligne à son tour ce miracle pour confirmer que le futur pasteur est véritablement choisi par Dieu, puisque ses prières auraient déjà permis à un mort de ressusciter.

Après ces témoignages, on procède à la consécration du nouveau pasteur. L'apôtre revêt une aube rouge ainsi qu'une étole blanche ornée d'une croix rouge à chaque extrémité. L'aspirant pasteur s'avance et s'agenouille devant l'apôtre. Il pleure. L'apôtre prie en imposant ses mains sur lui et demande au public de lever les mains et de se joindre à ses prières. Alors que l'apôtre prie, l'aspirant pasteur est comme projeté en avant, face contre terre. Il reste ainsi allongé au sol pendant plusieurs minutes. Lorsqu'il se relève, il revêt le même habit que l'apôtre, à ce détail près que les couleurs rouge et blanche sont chez lui inversées[9]. Des représentants d'autres Églises de Réveil de la région s'avancent pour signer un acte attestant de la consécration du nouveau pasteur. Pour la première fois de la soirée, le jeune consacré prend la parole et exprime quelques mots de remerciements. On distribue ensuite des enveloppes pour y déposer un don destiné au nouveau pasteur. Les gens s'avancent vers lui et lui donnent leur enveloppe en le félicitant. La soirée se clôture avec un repas.

La plupart des auditeurs présents n'étaient pas membres de cette Église, mais représentaient d'autres Églises fondées par des Congolais en Suisse romande. La soirée s'apparentait à une vaste opération de relations publiques et un objectif de la soirée consistait à mettre en place un réseau efficace pour l'Église, à élargir l'horizon de ses fidèles potentiels et de ses sources de financement. Mais plus encore, il s'agissait pour les intervenants de se positionner et de se faire admettre comme occupants légitimes du champ, ainsi que de faire accepter l'Église dans le tissu social plus large des Églises congolaises de Suisse romande. Mais la démarche n'était pas gagnée d'avance. Si la présence de nombreux représentants d'autres Églises constituait déjà un succès, la réticence et la froideur de l'assemblée révélaient le contexte tendu de la création de cette Église.

Nous apprendrons par la suite que l'Église, créée environ une année plus tôt, est issue d'un schisme d'une autre Église voisine, que nous appellerons l'Église Alpha[10], dirigée par un pasteur suisse et son épouse d'origine ghanéenne. Comme bien souvent, l'aspirant pasteur a quitté cette Église en emmenant avec lui une partie de ses membres, en l'occurrence essentiellement des Congolais, ce qui engendra l'irritation

---

9. Le recours à une aube pour la consécration au ministère ne constitue pas la norme, bien que nous l'ayions déjà observé dans d'autres contextes. Des aubes furent utilisées par *Lighthouse Chapel International* pour la consécration de nouveaux évêques en 2014 à Accra, mais l'Église n'y recourt généralement pas pour la consécration des pasteurs.

10. Le nom de l'Église est fictif.

du couple pastoral. L'Église Alpha jouissant de bonnes relations parmi les Églises africaines francophones, la jeune Église partait d'ores et déjà avec un handicap majeur. Au vu de ces circonstances, il semblait difficile de pouvoir compter sur le soutien d'hommes de Dieu de la région pour consacrer le pasteur de l'Église naissante. Le recours à un apôtre résidant à l'étranger, externe à ces conflits, apparut donc comme une solution pour cet embryon d'Église. Ceci nourrira le discours des opposants à la création de l'Église, notamment au sein de l'Église Alpha, pour qui le jeune pasteur aurait « fabriqué » sa propre consécration, comme en témoignent les propos suivants : « Ce n'est pas mauvais qu'une Église se crée. Mais ça doit se faire dans l'ordre. (…) Un vrai ministère, c'est un ministère où le parcours de la personne donne témoignage et puis aussi [où l'on sait] qui est son père spirituel. (…) Parce que c'est Dieu qui nous envoie. Alors si on se lève de nous-mêmes, [ça n'est pas bien]. » Notre interlocuteur, connaissant l'affaire de près et s'opposant à la création de la nouvelle Église, se réfère à la nécessité pour un authentique homme de Dieu de démontrer sa filiation spirituelle, de révéler sa généalogie de l'onction. Ce fond de contestation de la reconnaissance du nouvel entrant dans le champ du ministère explique le climat frileux de cette soirée de consécration et le sentiment mitigé de plusieurs pasteurs face à l'arrivée d'un nouveau concurrent sur leurs terres, dont la filiation spirituelle présenterait qui plus est certaines lacunes.

Prophétie et changement de filiation spirituelle

La prophétie est redoutée car elle constitue un élément charnière impliqué dans de nombreux schismes. À l'instar de la rumeur, elle peut alimenter la contestation de l'autorité en place. Se situant au carrefour des diverses allégeances associées au ministère, elle permet de légitimer les changements de filiation spirituelle et les reconfigurations de l'autorité qui s'ensuivent. De ce fait, elle est crainte par de nombreux pasteurs qui tentent de limiter l'activité prophétique au sein de leur Église. Le recours rhétorique à la figure du « faux prophète » leur permet de censurer cette pratique susceptible de déstabiliser leur autorité. Mais lorsque la prophétie émane d'un homme de Dieu reconnu par le pasteur, invité dans l'Église par celui-ci, il est difficile de contredire celui qu'il a lui-même reconnu comme oint en l'invitant à prêcher.

Pour comprendre le statut de la prophétie dans les Églises pentecôtistes africaines, il nous faut faire un détour par l'histoire de cette pratique. Dès les débuts du pentecôtisme, un débat émergea autour du statut de la prophétie (Hollenweger, 1972). Au Pays de Galles par exemple, la prophétie devait s'exercer avant tout dans un but d'exhortation, d'édification et de réconfort, alors que la pratique de la prophétie dans un but de direction de l'Église était rejetée. Cette pratique fut toutefois promue par l'*Apostolic Church* qui institua les fonctions de prophète et d'apôtre dans l'Église. Cette Église, de même que le courant qu'elle représente, resta minoritaire en Grande-Bretagne, mais elle connut un succès très important au Nigéria, devenant l'une des plus grandes Églises protestantes du pays vers la fin des années 1960. L'*Apostolic Church* institua les ministères d'apôtre, de prophète, de pasteur, de docteur, d'évangéliste, d'ancien et de diacre, organisés de manière hiérarchique. Si l'apôtre y détient l'autorité ultime sur l'Église et consacre les personnes aux différents ministères, le prophète appelle, quant à lui, les gens au ministère. C'est lui qui peut révéler un appel divin sur une personne. Cet usage de la prophétie se retrouve dans les Églises de type apostolique, ainsi que dans de nombreuses Églises africaines. Il est par contre rejeté par la plupart des dénominations pentecôtistes, y compris en Suisse, qui ne recourent à la prophétie que dans un but d'édification.

Cette différence du statut de la prophétie entre Églises pentecôtistes suisses et Églises pentecôtistes fondées par des migrants africains est importante pour comprendre les schismes récurrents au sein de ces dernières. La prophétie, dans les Églises africaines, peut annoncer un appel de Dieu, une mission particulière adressée à une personne. Lorsqu'elle est révélée au sein de l'Église par l'homme de Dieu qui la dirige, elle conduit à une montée en grade dans la structure de l'Église, à une prise en charge de responsabilités spécifiques. Mais lorsqu'elle est révélée par un homme de Dieu externe à l'Église, elle peut aussi constituer un levier pour l'émancipation pouvant aboutir à la création d'une nouvelle Église, concurrente. L'apôtre Robinson de l'Église Carrefour pour Christ à Lausanne s'appuya notamment sur une prophétie pour légitimer son appel au ministère. Né au Congo en 1953, Robinson se rendit en Europe à l'âge de 27 ans et séjourna à Paris avant de rejoindre la Suisse. Avant de créer sa propre Église, il fréquentait une autre Église africaine de la ville de Lausanne, dans laquelle il était choriste. Un homme de Dieu en visite chez les étudiants d'une école biblique, le prophète américain Lee Lacoss, lui révéla cette prophétie dont il a conservé un enregistrement audio :

> « Brother Robinson, Halleluia. I called you to be a prophet, says the Lord. I want to speak my Words through you again and again. I want you to work with other apostles, pastors. And you heard how prophets work under authority. I'm gonna send you to other nations. Places where people don't understand proper authority. They are looking for titles and positions. They consider themselves… leaders consider themselves above the people and better than the people. But this is not my way. So you're gonna teach things and say things that are gonna challenge religious mentalities. And there is also a time of… you are in a time of breaking in your life. But you are falling on the rock. »

Peu de temps après avoir reçu cette prophétie, Robinson fut victime d'une maladie qui le paralysa partiellement. Il recouvra progressivement une grande partie de sa mobilité, mais le fait d'être touché par l'infortune pouvait semer le doute sur sa propre onction et mettre en péril son ministère. En effet, le malheur est considéré comme peu compatible avec l'onction – et plus généralement avec le statut de chrétien – et nécessite en tous les cas une justification qui puisse résoudre ce déficit de légitimité (Monnot, 2009).

On peut citer plusieurs manières de résoudre cette contradiction dans les Églises que nous avons étudiées : le recours à un chronotope millénariste, qui instaure le caractère provisoire de l'infortune et l'inscrit dans les tribulations précédent le retour du Christ (Rey, 2010), ou le recours à la pratique du combat spirituel, qui permet d'adopter la posture du combattant face à l'infortune. Dans le cas présenté ici, l'infortune s'inscrit dans l'appel reçu par Dieu qui associe l'épreuve endurée à l'élection prophétique. La prophétie reçue par l'homme de Dieu américain intègre son infortune comme un passage douloureux (« a time of breaking in your life ») dans son propre ministère, n'invalidant pas son appel en tant que « prophète ». L'épreuve devient au contraire un signe d'onction, puisqu'elle relève de l'accomplissement de la prophétie. Dans un DVD produit par l'apôtre Robinson et intitulé « l'accomplissement de la prophétie », il retrace son parcours en y intégrant l'enregistrement audio de cette prophétie, suivie d'images de l'exercice de son ministère incluant la pratique de délivrances et de guérisons de personnes – signes de l'efficacité de ses prières, et par conséquent, de son onction. Ce DVD s'inscrit dans une démarche de démonstration de sa propre onction, en dépit de sa maladie, et la prophétie joue un rôle clé dans la légitimation de son statut d'homme de Dieu.

Un scénario analogue se répète de schisme en schisme, dans lequel la prophétie facilite le changement d'allégeance d'un homme de Dieu à un autre, fondant de nouvelles bases à l'exercice du ministère et constituant un levier pour la prise d'autonomie vis-à-vis des anciennes allégeances spirituelles. En 2005, un couple d'Angolais fréquentant l'Église dirigée par l'apôtre Robinson s'émancipa ainsi pour fonder une nouvelle Église dans la région lémanique. Ce départ s'appuya également sur une prophétie d'hommes de Dieu en visite dans l'Église. L'épouse nous expliqua que cette prophétie était pour elle la confirmation de visions qu'elle avait reçues quelque temps plus tôt, où Dieu l'appelait et l'incitait à prêcher. Le couple quitta l'Église de l'apôtre Robinson et intégra un nouveau système de filiation spirituelle emmené par un couple de pasteurs congolais résidant en France. Cette nouvelle filiation leur a permis de lancer leur propre Église dans la région lémanique.

L'intégration à un réseau s'avère nécessaire pour tous les dirigeants des Églises, car la reconnaissance dont leur témoignent les autres membres de ce réseau accroît leur capital-onction aux yeux de leurs fidèles. Mais si les pratiques d'invitation mutuelles auxquelles participent les dirigeants des Églises sont indispensables, alimentant un réseau de reconnaissance mutuelle qui consolide leur autorité, elles s'avèrent également dangereuses, car elles offrent des occasions de « vol de fidèles », voire de schisme. La prophétie s'intègre dans les stratégies de subversion mobilisées par les aspirants au ministère qui souhaitent s'émanciper d'un homme de Dieu, qu'ils jugent trop jaloux de son pouvoir et des ressources associées à l'onction. Loin du modèle conservateur de l'initiation fidèle et progressive auprès d'un seul homme de Dieu, cette émancipation des aspirants au ministère implique une désaffiliation susceptible d'être perçue comme une trahison par les mentors délaissés. Mais cette émancipation ne serait pas possible sans la complicité d'autres hommes de Dieu, souvent géographiquement éloignés, qui intègrent les aspirants au ministère en accroissant ainsi les rangs de leurs protégés et les ressources associées.

Chapitre 6

Des dispositifs rituels aux schèmes migratoires

Les dispositifs rituels pentecôtistes proposent un positionnement singulier du sujet vis-à-vis de la migration et des trajectoires de mobilité géographique. À travers les discours, les pratiques corporelles, les agencements du temps et de l'espace, les dispositifs rituels pentecôtistes sont porteurs d'une valeur différenciée à la mobilité et à l'immobilité, à la migration et à la sédentarité, établissant une hiérarchie entre ces deux pôles[1]. Cette hiérarchisation s'exprime notamment par des pratiques de mobilité associées à une activité dans le ministère. Quel est le rôle des Églises dans les trajectoires migratoires ? Quelle forme les discours sur la mobilité arborent-ils ? Comment les migrants inscrivent-ils leur histoire personnelle dans les trames narratives offertes par les dispositifs rituels pentecôtistes ? Comment s'appuient-ils sur ces dispositifs pour valoriser les trajectoires de mobilité ? Pour répondre à ces questions, nous analyserons, dans un premier temps, la place des Églises dans les trajectoires de mobilité. Bien qu'elles ne puissent généralement pas être considérées comme les « causes » de la migration,

1. Dans cette perspective, migration et mobilité représentent deux parties d'un continuum plutôt que des phénomènes clairement distincts. L'anthropologie des migrations n'est donc pas dissociable d'une anthropologie plus large de la mobilité (Tarrius, 2001). Nous avons observé que les mobilités transfrontalières liées aux Églises sont de durée variable, s'étendant de quelques jours à quelque mois ou plusieurs années. Certes, les enjeux juridiques et sociaux varient en fonction des durées, courtes ou longues, du séjour, mais dissocier les premières des secondes aboutirait à une analyse biaisée, occultant le fait que ces différentes formes de mobilité sont fortement liées les unes aux autres et, en quelque sorte, font système.

nous constatons que les Églises n'en jouent pas moins un rôle symbolique et parfois pratique dans les processus de mobilité, opérant comme relais dans les trajectoires migratoires.

Espaces de mobilité et discours missionnaires

Les Églises comme relais de mobilité et espaces migratoires

A l'instar d'autres réseaux basés sur les solidarités religieuses, tels que les réseaux mourides qui établissent des relais dans les trajectoires migratoires de Sénégalais, en Afrique et ailleurs (Bava, 2005), les réseaux d'Églises pentecôtistes soutiennent les pratiques de mobilité des migrants de différentes manières. Depuis des décennies, les Églises pentecôtistes africaines établies en Europe se positionnent comme des acteurs importants des processus migratoires. Vers la fin des années 1990, Rijk van Dijk (1997, 2001) soulignait déjà que plus de la moitié des migrants ghanéens aux Pays-Bas auraient fréquenté les camps de prière de l'Église *The Church of Pentecost* avant de voyager vers l'Europe. Le camp de prière offre un espace d'« incubation » qui prépare les futurs migrants à affronter les difficultés de leur périple : les frontières et la régulation étatique de la migration, la « décadence morale » des sociétés européennes. Après leur départ, des membres de leur parenté pourront également fréquenter ces centres, afin de débloquer des situations périlleuses, de parer à l'absence de signes de bien-être ou d'envoi d'argent depuis l'Europe. Par cette démarche, ils contribuent au maintien des liens de parenté transnationaux.

A l'autre extrémité de cette « double-scène africaine et européenne » (Fancello, 2008), les Églises accueillent les migrants, leur fournissent des repères sécurisants, des réseaux de « frères et sœurs » qui leur proposent des espaces de sociabilité et leur facilitent l'accès aux informations essentielles pour les migrants dans le contexte des Etats-nations européens (en matière de procédures administratives, modalités d'accès aux ressources, etc.). Ces échanges d'informations portent également sur des opportunités d'emploi, de logement, d'étude ou de mobilité, bref, sur les besoins matériels et relationnels immédiats des nouveaux arrivants. Ils sont souvent orchestrés par le pasteur en charge de la communauté centralisant les informations et les rediffusant au besoin. Son influence et son prestige peuvent ouvrir des portes pour les nouveaux venus qui se placent sous sa protection, sous son onction.

Nous avons ainsi rencontré des membres d'Église qui ont obtenu une place de stage aux Nations Unies à Genève ou un emploi dans une industrie lémanique par l'intermédiaire du pasteur jouant les entremetteurs. Cette capacité des Églises à répondre aux besoins immédiats des migrants constitue une dimension importante de leur pérennité. Ce constat est soutenu par l'observation de plusieurs interlocuteurs congolais attestant la tendance au désengagement des Églises chez les Africains bien établis en Suisse, qui jouissent d'une stabilité juridique, professionnelle et familiale. Pour ces personnes, les contraintes liées à la fréquentation d'une Église, l'investissement financier et temporel, le contrôle social et communautaire peuvent apparaître comme une contrainte pesante. La pérennité et la croissance des Églises dépendent alors de leur capacité à attirer les nouveaux migrants ou à maintenir en leur sein ceux dont la précarité s'instaure dans la durée.

Cette thèse des Églises comme relais de la mobilité ouvrant des couloirs migratoires entre l'Afrique et l'Europe est soutenue par le constat de la présence d'une « population circulante » au sein des Églises issues de la migration. S'inscrivant dans des phénomènes migratoires de courte durée en Suisse (Piguet, 2005), ces populations circulantes sont constituées, d'une part, de personnel qualifié qui s'établit quelque temps en Suisse dans le cadre d'une carrière professionnelle internationale, et d'autre part, de requérants d'asile dont la durée de séjour est incertaine. Or, ces deux types de population sont surreprésentés dans les Églises issues de la migration. Par exemple, l'Église pour les Nations à Genève compte une majorité de membres issus de ces « élites transnationales » ou d'étudiants[2].

Les Églises servent ainsi de relais à la mobilité en ouvrant des espaces migratoires. Cette ouverture se présente de manière symbolique, sous la forme d'une appréhension globale du territoire qui facilite les pratiques de mobilité. L'ouverture des espaces migratoires par les Églises arbore également une dimension rituelle visant à infléchir le destin (et les décisions administratives), afin d'accéder à la migration internationale. Enfin, elle comporte une dimension bien plus concrète, facilitant la migration à travers la mobilisation des réseaux transnationaux associés aux Églises qui fournissent des ressources pour la mobilité.

2. Les Églises francophones fondées par des migrants africains sont, par contraste, souvent créées dans les centres de requérants d'asile et comptent un nombre important de migrants en procédure d'asile.

Si les Églises se présentent comme des relais pour les pratiquants dans leur parcours migratoire, elles s'appuient en retour sur les flux diasporiques pour développer la transnationalisation de leur dénomination (Mary & Fourchard, 2005). Cette transnationalisation, réelle mais souvent exagérée à dessein, confère une image valorisée aux Églises qui entrent ainsi sur la scène des « acteurs globaux », établissant et maintenant des connexions transnationales (Hüwelmeier & Krause, 2009) qui contribuent au prestige de la dénomination. Au Ghana, l'insistance sur le caractère « international » des Églises, que nous avons déjà évoquée dans le contexte suisse, ne renvoie pas exclusivement à l'imaginaire de la globalisation ou à l'identification à un monde moderne et cosmopolite. Il renvoie également aux préoccupations pragmatiques des candidats à la migration internationale qui espèrent trouver dans les Églises des relais répondant à leurs attentes de manière concrète. Le slogan de l'Église *Lighthouse Chapel International* affiché à son siège à Accra, *« Come to an international family »*, évoque l'opportunité de bénéficier des solidarités (et obligations) associées à la parenté, quel que soit l'itinéraire migratoire emprunté. L'Église affiche ainsi sa prétention à constituer un espace de migration, un « territoire circulatoire » (Tarrius, 1996) favorisant la mobilité tout en fournissant des repères sécurisants.

Parmi les attentes pragmatiques des migrants, le dépassement des obstacles à la mobilité instaurés par les Etats-nations constitue l'une de leurs principales préoccupations. La référence à ce dépassement peut être lue dans l'insistance sur l'« *inter*-national » des grandes Églises charismatiques ghanéennes : à l'instar des Églises qui ont su surmonter les obstacles et tracer leur voie vers l'internationalisation grâce aux migrants eux-mêmes, les futurs migrants sauront vaincre les restrictions de leur mobilité, et notamment celles associées aux politiques migratoires des Etats du Nord. Par exemple, l'obtention d'un visa ou d'un permis de séjour constitue l'un des motifs de prières fréquent directement associé à la migration (Daswani, 2010). L'espoir d'obtenir un visa pouvait donner lieu à une démarche rituelle consistant notamment à visiter les camps de prière – qui constituait environ un dixième des motifs de fréquentation de ces camps dans les années 1990 (van Dijk, 1997). Mais depuis l'insistance croissante des Églises charismatiques sur l'onction, ce sont également les hommes de Dieu spécialisés dans l'obtention de visas, qui sont recherchés. Paul Gifford (2004) rapporte ainsi que Sam Korankye Ankrah, le fondateur de l'Église *Royalhouse Chapel International*, affirmait posséder une onction spéciale pour l'obtention de visas (*visas anointing*) au début des années 2000. En 2010, au cours d'un service auquel nous avons assisté à l'Église de *Lighthouse Chapel International* à Accra, un prophète de l'Église demanda à l'assistance composée de plus de 200 personnes : « How many of you are praying God for a visa? » Une trentaine de personnes, soit plus d'un dixième de l'assemblée, levèrent les mains, se profilant ainsi comme porteurs d'un projet migratoire.

Alors que le visa constitue le graal de la migration, vu du Ghana, la régularisation du statut légal constitue la clé de la pérennité du séjour et de la liberté de mouvement, vu d'Europe. Au cours d'un entretien, Sam Korankye Ankrah nous confirma que la légalisation du statut d'immigration constituait l'un des motifs principaux de ses prières pour les migrants africains lors de ses visites en Suisse, en Grande-Bretagne ou aux Etats-Unis. En Suisse, l'obtention de permis de séjour et la régularisation du statut légal constituent des motifs de prière fréquents. En 2008, dans une Église vaudoise composée essentiellement de migrants congolais, un pasteur d'origine congolaise résidant en Belgique racontait que son Église était auparavant appelée l'« Église des sans-papiers », car lui-même, le pasteur, n'y avait pas de statut légal. Mais il affirma qu'avec l'aide de Dieu, les membres de l'Église ont tout reçu : les « papiers » et même la nationalité belge. Le pasteur étaya ses propos par plusieurs exemples de personnes sans permis de séjour qui devaient être expulsées et qui, grâce à Dieu, ont pu obtenir la régularisation de leur statut. Il s'adressa ensuite à l'auditoire : « Qui aujourd'hui n'a pas de papiers ? », et demanda aux personnes concernées de s'avancer. Six femmes s'approchèrent du pasteur et se mirent à genoux. Le pasteur pria sur chacune d'elles en leur faisant répéter la prière suivante : « J'annule la vie de sans-papiers, par le nom de Jésus ! » Puis toute l'assemblée répéta cette prière avec les femmes agenouillées.

Les prières sont également réalisées afin de favoriser une mobilité ultérieure, vers une autre destination du Nord (Etats-Unis, Canada) ou avant un voyage au pays d'origine. Au ministère des Filles de Sion, la mobilité constitue l'un des motifs fréquents des prières pour les femmes qui fréquentent le ministère. Il s'agit souvent de femmes africaines qualifiées, qui poursuivent leurs études ou leur trajectoire professionnelle ou accompagnent leur époux dans ses déplacements. Les prières ciblent alors leur protection, la rencontre des « bonnes » personnes (l'insertion dans les bons réseaux) ou l'obtention des papiers nécessaires à leur mobilité, à l'instar d'une jeune femme nigériane qui allait poursuivre ses études aux Etats-Unis et demandait la prière de la femme de Dieu avant de quitter Genève. La fondatrice du ministère, nous expliquait précisément que les paroles (*word*) qu'elle reçoit du Saint Esprit concernent parfois la mobilité internationale des membres du ministère et, dans certains cas, l'obtention de visas pour s'établir à l'étranger :

> « Juste avant que j'aille à la prière, le Saint Esprit m'a donné une parole. (...) Comme je n'attendais rien de particulier ce jour-là, je savais que cette parole ne m'étais pas destinée, mais était pour quelqu'un d'autre que j'allais côtoyer. (...) J'ai terminé la prière en annonçant : « J'ai une parole pour quelqu'un. Dieu te dit que quoi que tu attendes, la réponse va arriver aujourd'hui. L'homme va te donner la réponse [que tu attends]. » Le lendemain, une jeune femme m'annonce (...) que lorsqu'elle est rentrée chez elle, son mari l'a appelée de son bureau et lui a dit : « Tu te souviens que nous avons fait une demande de visa pour aller vivre au Canada ? » Pendant deux ans, ils n'avaient plus eu de nouvelles, et ce jour-là, ils ont reçu un appel de l'ambassade canadienne à Paris, et le visa avait été accepté. »

Au-delà des dimensions symboliques et rituelles, les Églises permettent aussi aux migrants de lever des obstacles à leur mobilité associés aux politiques migratoires européennes. L'implantation d'Églises peut faciliter l'obtention de papiers de séjour pour les pasteurs en charge de l'assemblée, nous confiait un représentant de l'Église *Royalhouse Chapel International* ayant implanté des assemblées en Grande-Bretagne. Dans certains cas, le statut de ministre du culte (*minister of religion*) facilite l'accès au territoire européen. En Turquie, Sebnem Koser Akcapar (2006) souligne que la conversion au christianisme peut constituer une stratégie migratoire pour les Iraniens cherchant à atteindre l'Europe. Cette conversion faciliterait notamment l'obtention du statut de réfugié dans les pays européens. Bien que nous n'ayons pas observé de cas analogues de conversions mobilisées comme stratégies migratoires au cours de nos recherches ethnographiques, nos observations confirment que des pasteurs ghanéens jouent parfois de leurs réseaux afin d'obtenir un visa pour l'Europe à leurs protégés.

Rhétoriques et pratiques missionnaires

La rhétorique de la « mission inversée » se retrouve dans la plupart des Églises étudiées. Il est courant d'entendre un pasteur rappeler la nécessité d'évangéliser les âmes de la ville ou du pays de résidence. En Suisse, le ralliement autour du français, de l'anglais ou de l'allemand comme langue de culte est souvent justifié par une volonté d'évangéliser les populations autochtones déchristianisées[3]. Il n'est d'ailleurs par rare que les Églises portent un nom témoignant explicitement d'une ambition missionnaire, comme c'est le cas pour la Mission Évangélique Carrefour pour Christ à Lausanne. Dans ce contexte, les discours sont ouvertement orientés vers la nécessité de convertir les autochtones qui ne croient plus en Dieu.

La mission d'évangélisation auprès des Helvètes constitue effectivement un thème récurrent des discours au sein des Églises, comme s'il s'agissait de prendre une revanche historique en inversant les rôles du missionnaire chrétien et de l'indigène païen (Fancello & Mary, 2010b). Mais en Afrique ou en Europe, la rhétorique missionnaire épouse des formes variées. Dans les Églises issues de la migration, cette rhétorique se décline de plusieurs manières allant de l'évangélisation des nations européennes à l'encadrement des diasporas menacées par l'assimilation au sein d'une Europe décadente et athée. D'autre part, les pratiques missionnaires effectives se révèlent souvent plus modestes que les discours qui les évoquent. Nous analyserons ce décalage à partir de différentes observations en Suisse et au Ghana et nous constaterons ainsi que la rhétorique de la mission constitue en soi un positionnement qui peut être mobilisé ou non en fonction des contextes.

A Bruxelles, Maïté Maskens (2010) note que dans les premiers temps, les préoccupations missionnaires ne semblaient pas primordiales

---

3. Au sujet du choix de la langue dans les Églises africaines en Europe, cf. aussi Fancello (2009).

dans la rhétorique sous-tendant la constitution des Églises par les migrants, celles-ci ayant été créées essentiellement en réaction à des attitudes d'exclusion rencontrées dans les espaces ecclésiaux européens. Les discours de la « mission inversée » apparaissent ultérieurement et gagnent progressivement en importance dans les processus migratoires. On retrouve pourtant des traces de cette rhétorique de la « mission inversée » en Europe à partir des années 1960. Malcom J. C. Calley (1965) mentionne ainsi que les pentecôtistes jamaïcains vivant à Londres mobilisaient largement le thème de la mission lorsqu'ils étaient interrogés sur les motifs de leur migration. La rhétorique de l'appel divin conférait une légitimité aux trajectoires migratoires dans la perspective pentecôtiste. La rhétorique de la mission inversée ne constitue donc pas un schème discursif inédit dans le pentecôtisme apparu au cours des deux dernières décennies, puisqu'elle était déjà convoquée il y a plus d'un demi-siècle, bien que sa généralisation soit un phénomène plus récent.

Pour comprendre la disponibilité de cette rhétorique missionnaire, il importe de s'intéresser aux discours de la mission initiale, celle des Européens partis pour évangéliser l'Afrique. Ainsi, Sandra Fancello et André Mary soulignent que le scénario de l'inversion de la mission était déjà implicite dans les discours des missionnaires européens, qui se situaient eux-mêmes en décalage avec une Europe perçue comme matérialiste et détournée de Dieu : « La mission contient dès le départ le scénario de son inversion » (2010a : 26). Cet élément éclaire alors l'émergence d'une posture missionnaire d'Africains vis-à-vis de l'Europe qui devient à son tour une terre de mission. Cette posture soutient parfois un discours d'identification à l'ethnie, à la nation, à une région ou à un continent. En Afrique de l'Ouest, les discours missionnaires peuvent s'appuyer sur une telle identification qui apparaît particulièrement saillante dans des pays comme le Ghana (Fancello, 2006) ou le Nigéria (Adeboye, 2005). La mission devient alors source d'identification puisqu'elle s'applique à un collectif, à un « peuple », à une « nation ».

Au Ghana, différents discours missionnaires coexistent au sein des Églises étudiées. À l'Église *Lighthouse Chapel International*, la rhétorique de la mission est bien développée et s'appuie sur les références historiques aux missionnaires européens. En 2009, au cours d'une prédication intitulée « Why we should have foreign missions ? » dont nous nous sommes procurés l'enregistrement vidéo, le fondateur de l'Église Dag Heward-Mills situait l'injonction de la mission dans l'espace-temps millénariste :

> « La fin des temps arrivera après que l'Évangile aura été prêchée à toutes les nations. (…) Alors, une nouvelle ère, un âge d'or arrivera. (…) Voilà la seule chose qui retarde sa venue. (…) Sommes-nous las du règne des hommes (*man's rule*) ? Sommes-nous impatients de voir Jésus Christ, l'héritier du trône de David ? Alors, apportons l'Évangile, non pas aux lieux déjà touchés, mais aux personnes, nations, tribus qui n'en ont jamais entendu parler. (…) Vous ne pourrez jamais hâter son retour si ce n'est en suivant son commandement d'évangéliser le monde. »

Pour Dag Heward-Mills, les affaires politiques constituent de bien piètres besognes au regard de la grande mission divine confiée aux chrétiens : « Instead of loosing your time in grounding a new political party, you should rather evangelize. » Il traduit ainsi une posture pentecôtiste classique dans laquelle le pré-millénarisme est associé à un rejet des affaires politiques[4]. Par ailleurs, sa prédication est ponctuée par la lecture de récits de figures missionnaires historiques, pris en modèles de la mission à réaliser. Cette fascination pour le travail des missionnaires historiques se retrouve dans l'initiative de Dag Heward-Mills auprès de la *Basler Mission* (Thomas, 2010). Dans une démarche apparentée à un pèlerinage, l'évangéliste se rendit à Bâle, accompagné par un groupe de pasteurs, pour y visiter le siège de l'organisation qui envoya de nombreux missionnaires au Ghana au cours des XIXe et XXe siècles. Après avoir été reçu en entretien par un responsable actuel de l'organisation, le groupe s'assit devant les locaux de la Mission et Dag Heward-Mills y tint un discours dans lequel il affirma avoir retrouvé ses racines spirituelles : « We found our spiritual roots ». Cette démarche de quête des racines spirituelles de

4. Cette posture apparaît bien éloignée du *dominionism* qui transparaît dans d'autres Églises étudiées invitant les chrétiens à une quête du pouvoir politique ou institutionnel. D'autres discours de Dag Heward-Mills permettent toutefois de relativiser son absence de positionnement politique.

l'Église fonde une identification au zèle missionnaire de ceux qui ont apporté l'Évangile au Ghana.

Cette forte identification aux missionnaires suisses n'exclut pas une posture critique vis-à-vis des Européens qui ont paradoxalement délaissé le message chrétien qu'ils ont pourtant répandu dans le monde, ce que traduit la position du pasteur de l'Église *Lighthouse Chapel International* de la ville de Neuchâtel : « La Suisse a envoyé beaucoup de missionnaires au Ghana. Tous les bâtiments ont été construits par des missionnaires suisses, nous avons des cimetières avec des missionnaires suisses, alors c'est incroyable de venir en Suisse ou en Europe et de ne trouver aucun signe de la présence de Dieu. Ce sont ces gens qui nous ont fait connaître Dieu. Et je pense que nous faisons les choses comme ils nous les ont apprises, parce que ce sont ces missionnaires qui nous ont amené le christianisme. » Ces propos traduisent le sentiment d'être le dépositaire d'un christianisme authentique, tel qu'il aurait été initialement transmis par les missionnaires européens au Ghana. Le discours missionnaire constitue une source d'identification qui crée un lien avec les sociétés européennes, tout en s'en distanciant à cause de la perte de leur ferveur.

On retrouve une configuration de discours différente chez le fondateur d'une autre Église importante de la scène pentecôtiste ghanéenne, l'Église *Royalhouse Chapel International*. En 2010, au cours d'un entretien conduit à Accra dans lequel nous l'avons interpellé sur les Églises de la diaspora, nous n'avons pas décelé de trace de discours missionnaire dans la posture très analytique de Sam Korankye Ankrah. Selon cet ancien migrant aux Pays-Bas, les migrations des Africains vers d'autres continents s'expliquent exclusivement par la recherche de « verts pâturages » (*greener pasture*) et relèvent donc d'une migration strictement économique :

> « À cause des problèmes économiques en Afrique, beaucoup d'entre nous sont partis à la recherche d'une meilleure qualité de vie, de meilleures maisons, de meilleure nourriture, de meilleurs habits. Nous avons beaucoup d'Africains aux USA, en Europe centrale, en Grande-Bretagne, en Corée, en Chine. (…) Mais ils ne sont dans ces pays que pour des raisons économiques. Ils n'y sont pas pour devenir des citoyens suisses, américains ou britanniques. Ce n'est pas leur objectif principal. Leur but premier, c'est de gagner de l'argent. »

Au cours de notre entretien, Sam K. Ankrah renonce à envisager la migration sous l'angle de la mission inversée. Il affirme au contraire que les Ghanéens quittent le pays afin de trouver de meilleures opportunités économiques. Dans ce contexte, les assemblées établies par l'Église au-delà des frontières du Ghana ciblent explicitement la diaspora ghanéenne, même si elles cherchent également à attirer d'autres Africains en adaptant les cultes à un auditoire plus ou moins hétérogène. On retrouve dans le discours de Sam K. Ankrah une volonté explicite d'encadrement de la diaspora ghanéenne. Ceci rejoint le phénomène de recommunautarisation des migrants déjà observé par Sandra Fancello (2006, 2008) en France et en Belgique[5]. Dans les propos de Sam K. Ankrah, la mention d'une appartenance commune (*our people*), liée à l'africanité des migrants, fait apparaître des différences essentielles entre Européens et Africains conduisant à la nécessité de fonder des Églises pour la diaspora africaine, afin de répondre à leurs besoins spécifiques :

> « Ce sont nos gens (*our people*) et nous savons ce qu'ils attendent, nous connaissons leur style et nous y correspondons. La différence, c'est qu'ici en Afrique, nous sommes plus libres. Nous avons le temps de louer [Dieu]. (...) Nous aimons le bruit, nous aimons prier, nous sommes plus libres. Les Églises occidentales ne prient pas beaucoup, elles n'aiment pas trop le bruit, leurs cultes sont très ordrés, une heure, deux heures, et c'est terminé. Les Africains peuvent se rencontrer trois ou quatre heures et prier, c'est ça la différence. »

La forme de mission qui résulte de cette posture peut être conçue comme une mission intra-communautaire, visant avant tout à préserver les migrants d'une assimilation à l'« esprit de matérialisme » ou à d'autres périls spirituels associés à la vie en Europe. Pourtant, dans le contexte européen et face à un auditoire composé en partie d'Africains, le même homme de Dieu tenait un discours radicalement différent, mobilisant cette fois-ci la rhétorique de la mission inversée. Invité à prêcher à l'occasion d'une Conférence à la *New International Church* en novembre 2009, Sam K. Ankrah y mentionnait le rôle

---

5. Notons que ces phénomènes de recommunautarisation peuvent cohabiter avec la rhétorique de la mission inversée.

de l'Afrique dans l'évangélisation: « In Africa, we used to be in the darkness, uncivilized. And today we carry the Word of God ». Cette exposition du rôle de l'Afrique devenue porteuse de la Parole divine rejoint d'autres discours missionnaires aux connotations afrocentristes observés dans le contexte européen (Fancello, 2010). Sam K. Ankrah s'adresse ici aux migrants et leur suggère un positionnement qu'ils peuvent adopter en arborant une posture missionnaire.

Ce contraste met en évidence le caractère situationnel et ambivalent du discours missionnaire ainsi que sa dimension performative. Il s'agit avant tout d'offrir aux migrants la possibilité d'adopter une posture missionnaire qui transforme leur rapport aux sociétés européennes et à eux-mêmes. Mais cette possibilité offerte ne peut être assimilée à la stratégie de la dénomination qui cible souvent davantage les diasporas africaines que les indigènes européens. Au-delà des discours, la rhétorique de l'évangélisation dépasse rarement les murs de l'église et ne cible qu'occasionnellement l'évangélisation des Européens. Lorsque des dispositifs d'évangélisation sont effectivement déployés, ils atteignent essentiellement des migrants et peinent à convertir les autochtones. Quant aux pentecôtistes suisses, ils ne s'orientent guère vers ces espaces rituels qui restent confinés, à quelques exceptions près, aux populations migrantes. Outre une minorité de Suisses issus de couples bi-nationaux ou attirés par l'exotisme des cultes et circulant volontiers d'une assemblée africaine à l'autre, les Églises fondées par des Africains attirent essentiellement des migrants de première génération, le plus souvent originaires d'Afrique de l'Ouest ou d'Afrique centrale.

On peut expliquer la faible présence de Blancs dans les Églises dirigées par des Africains par différents facteurs. Derrière des références pentecôtistes communes, les pratiques des Églises africaines abordent des préoccupations qui ont peu de résonance pour la plupart des Européens non issus de la migration. Les dispositifs rituels sont orientés vers la recherche de prospérité financière et sociale, la guérison et la délivrance, la protection contre les attaques démoniaques et la sorcellerie, la régulation des relations de parenté ou des relations conjugales. En un mot: vers la résolution de problèmes concrets rencontrés par leurs membres, qu'ils soient d'ordre relationnel, économique ou sanitaire. Un certain nombre de ces problèmes sont d'ailleurs directement ou indirectement liés aux processus migratoires: reconfiguration des relations sociales locales ou transnationales, régulation du statut légal en Suisse, accès à l'emploi, déclassement social, racisme, etc. Bien qu'elle ne soit pas totalement absente des Églises pentecôtistes « indigènes » (suisses), cette orientation pragmatique marquée est caractéristique des Églises pentecôtistes fondées par les migrants au cours des dernières décennies.

De plus, les dispositifs rituels font souvent écho à des modes de socialisation qui sont peu en phase avec les manières de faire des Européens. Par exemple, le type de relation asymétrique établie par l'onction entre un « homme de Dieu » et ses suivants s'accorde mal de l'« individualisme communautaire » (Amiotte-Suchet, 2006) du pentecôtisme européen, où l'inspiration est certes validée dans le cadre d'un processus social, mais reste située dans l'individu dont l'autonomie n'est pas sacrifiée à une démarche initiatique l'attachant à un homme de Dieu. À cela s'ajoutent des différences quant à la forme du culte impliquant une durée prolongée des prières, un répertoire musical propre aux Églises africaines, une place souvent réservée à la danse, des chants en différentes langues (anglais, lingala, etc.). De plus, les pratiques linguistiques s'avèrent souvent rédhibitoires pour de nombreux Suisses, lorsque le culte se déroule en anglais ou que l'espace de socialisation postérieur au culte exclut les langues nationales. Ces différences expliquent le fait qu'en dépit de la volonté parfois affichée d'évangéliser les Helvètes, l'espace rituel tend à entretenir des frontières qui excluent les Suisses de l'adhésion à une Église issue de la migration[6]. Dans ce contexte, comment interpréter, lorsqu'elle se présente, la rhétorique de la mission inversée, puisque celle-ci ne conduit pas, dans les pratiques sociales, à l'évangélisation des Européens ?

Simon Coleman (2003) développe une question analogue dans le cadre des pratiques d'évangélisation et de conversion charismatiques. Il suggère que le but de l'évangélisation ne consiste pas exclusivement à convertir des non croyants, mais également à contribuer au processus de production continue du « soi » pentecôtiste. La rhétorique de la

6. Précisons toutefois qu'il s'agit d'une exclusion mutuelle. La marginalité des Églises issues de la migration, tant dans leur localisation (situation géographique périphérique ou absence de locaux propres) que dans la position sociale assignée aux migrants, témoigne de processus d'exclusion de la société suisse vis-à-vis de ces communautés.

mission inversée apparaît alors comme un acte performatif de prolongement du soi pentecôtiste par la migration. De manière analogue, les actions d'évangélisation peuvent être envisagées comme des éléments des dispositifs pentecôtistes permettant de créer ou de recréer le soi pentecôtiste (Maskens, 2010), comme une « entreprise intersubjective de revitalisation de soi » (Fancello & Mary, 2010a : 29). L'impératif de la mission en Europe suggère que les efforts d'évangélisation des chrétiens européens sont insuffisants ou inefficaces pour pallier au recul des valeurs chrétiennes. La mission auprès des Européens sous-tend alors une distinction à géométrie variable opposant les migrants chrétiens aux Européens incroyants.

La géométrie du « nous » missionnaire qui émerge de la rhétorique de la mission dépend du contexte d'énonciation et de la population de l'Église (Congolais, Ghanéens, autres, etc.). À l'Église pour les Nations, lorsque pendant une prière d'intercession, une femme indienne s'écrie : « You have brought us here, to this nation, for a purpose, Lord ! », le « nous » (*us*) recouvre des pratiquants aux origines les plus diverses, celles de l'auditoire composé de personnes originaires d'Afrique, d'Asie, d'Amérique et d'Europe. Par contraste, le « nous » de Sam K. Ankrah dans une rhétorique missionnaire analogue déjà évoquée s'applique aux Africains : « In Africa, we used to be in the darkness, uncivilized. And today we carry the Word of God ». Mais dans tous les cas, la rhétorique missionnaire sous-tend donc une distinction entre « migrants-missionnaires » et « Européens païens ».

Cette distinction entre « migrant-missionnaire » et « Européen païen » tend à constituer une frontière avec les Européens et, paradoxalement, à exclure l'intégration de ces derniers dans les Églises issues de la migration. En effet, le rapport asymétrique institué dans la dichotomie du migrant-missionnaire et de l'Européen païen s'inscrit en porte-à-faux avec les rapports de domination usuels, notamment en termes d'accès aux droits de citoyenneté. Dans ce discours, c'est le migrant qui est source de changement chez l'Européen. En tant que missionnaire, il tente d'imposer de manière autoritaire son régime de vérité à l'indigène. Ce renversement des rapports de force opéré dans la rhétorique missionnaire permet d'interpréter les discours missionnaires en tant que contestation de l'ordre des hiérarchies auxquels sont soumis les migrants en Europe et en Suisse. Par conséquent, tout Helvète non migrant qui souhaite intégrer une Église issue de la migration doit en quelque sorte accepter préalablement cette inversion du rapport asymétrique entre indigènes et migrants. Cet élément explique en partie, en plus des facteurs déjà mentionnés, la faible fréquentation des Suisses[7] des Églises issues de la migration, en dépit de certains efforts missionnaires de la part de ces derniers.

Notons toutefois qu'il existe quelques exceptions à cette règle. L'Église *New International Church* à Bienne rassemble des Africains, mais également des Suisses en proportion importante, qui se réunissent sous la houlette du pasteur d'origine ghanéenne. Maîtrisant mal les langues nationales, ce dernier conduit les cultes en anglais et ses propos sont traduits simultanément en français et en allemand. Le pasteur explique le nombre important de Suisses dans son Église par son esprit d'ouverture, l'attention qu'il accorde aux diverses cultures et ses efforts d'adaptation à ces différences. Mais son mariage avec une Suissesse déjà familière des milieux charismatiques – qu'il a rencontrée à l'Église *Vineyard* de Berne – explique également cette intégration d'un nombre important de Suisses dans l'Église.

En dehors de cette exception notable, les Églises issues de la migration ne comptent qu'une faible minorité de Suisses et peinent à mettre en œuvre la mission pourtant souvent annoncée dans les discours. La rhétorique pourrait alors s'essouffler face à un constat d'échec de cette entreprise d'« évangélisation à l'envers »[8]. Nos recherches montrent que les discours de la mission inversée empruntent alors deux issues distinctes qui permettent de résoudre cette contradiction. Dans certains cas, comme nous l'avons déjà évoqué, la rhétorique du combat s'applique à la Suisse en tant que « terre de diaspora » et ce sont les compatriotes ou d'autres migrants qui constituent les cibles des stratégies d'évangélisation. Les personnes

7. Précisons que certaines personnes naturalisées fréquentent une Église pentecôtiste africaine. Mais dans tous les cas rencontrés, le début de la fréquentation de l'Église est antérieur à la naturalisation. La conversion des Suisses reste donc l'exception.

8. Dans un contexte d'« échec de la prophétie », Festinger et ses collègues évoquent la difficulté de faire face à un constat de non réalisation d'une prophétie. Leur explication repose sur le fait que le « coût psychologique » d'un constat d'échec peut être trop lourd pour les adhérents à la prophétie. Par conséquent, des stratégies d'explication de sa non réalisation peuvent être développées afin de « préserver » la prophétie, parfois accompagnées par un regain de prosélytisme (Festinger, Riecken, & Schachter, 1993 [1956]).

converties ou invitées à rejoindre l'Église viennent alors grossir les rangs des fidèles de l'assemblée.

Dans d'autres cas, la mission est métaphorisée sous la forme du combat spirituel. Ce dernier ne nécessite pas de confrontation directe avec les non croyants puisqu'il s'agit, dans un premier temps, de lever les obstacles spirituels qui empêchent l'évangélisation de la Suisse. Ce discours est notamment mobilisé au sein de l'Église pour les Nations qui pratique le combat spirituel de manière assidue[9]. La mission confiée par Dieu aux migrants qui fréquentent l'Église est précisément celle d'intercéder pour la ville et la nation, mission délaissée par les chrétiens suisses. En février 2009, au cours d'une réunion, la femme du pasteur de l'Église expliquait que les Suisses n'ont pas reçu ce « fardeau » de l'intercession : « Swiss people don't have this burden. » Les membres de l'Église auraient été envoyés par Dieu en Suisse, à Genève, afin de pallier ce manque, de prier pour les gens, d'intercéder. Dans ce cas, la mission spéciale des migrants qui fréquentent l'Église épouse la forme de l'intercession (Rey, 2010) et l'envoi en mission correspond à une injonction à la pratique du combat spirituel.

De l'asile à l'onction

Migration et appel au ministère

Pour la plupart des pasteurs que nous avons rencontrés, l'évangélisation de l'Europe ne constitue pas le motif initial de leur migration vers la Suisse. La migration représente avant tout un espoir d'ascension sociale, une étape dans la réalisation de soi, ou une quête de fortune et d'aventure. Dans l'enchevêtrement des configurations migratoires singulières, le pentecôtisme offre une trame narrative qui peut prendre forme *a posteriori* dans l'élaboration d'un récit de vie, ou qui peut parfois orienter les pratiques migratoires. Dans ces récits, la trajectoire migratoire est souvent intégrée dans le plan divin pour la personne. Analysons ici les récits de deux personnes dont les

9. Précisons toutefois que l'Église pour les Nations organise des séquences hebdomadaires d'évangélisation dans les rues de Genève. Les personnes amenées à l'Église à travers ces interventions ne sont pas des Européens, à quelques rares exceptions près.

trajectoires migratoires aboutissent sur la fondation d'une Église. Le premier concerne Sam K. Ankrah, le fondateur de l'Église ghanéenne *Royalhouse Chapel International*, dont le parcours est ici restitué à partir de son autobiographie (« Rising of the Sun », publiée par l'Église en 2010) ainsi que d'entretiens conduits avec lui, ainsi qu'avec un représentant de l'Église. Il sera suivi par le récit de l'un de ses fils spirituels, John Sagoe, qui a fondé une Église en Suisse.

Sam K. Ankrah a grandi au sein d'une famille polygame dont il était le vingt-deuxième enfant du côté paternel et cinquième du côté maternel. Sa mère était chrétienne et il fréquentait régulièrement l'Église presbytérienne. À l'âge de quatorze ans, il intégra une école secondaire à Accra où il eut une « rencontre avec Dieu » (*encounter with God*) par le biais d'un ministère musical. Il répondit alors à l'appel à l'autel (*altar call*), rituel de conversion classique dans le pentecôtisme, puis s'engagea dans divers mouvements et fréquenta les réunions de Réveil (*revival programme*) de l'Église *Action Faith*, l'une des premières Églises charismatiques du Ghana, dirigée par Nicholas Duncan-Williams. En 1984, il entra à l'Université et y étudia l'administration publique, se maria puis quitta le Ghana pour se rendre aux Pays-Bas avec le projet d'y poursuivre ses études. Aux Pays-Bas, les choses n'évoluèrent pas dans le sens qu'il aurait souhaité. Il ne put y entreprendre des études universitaires et se retrouva rapidement privé de statut légal. Pendant la nuit du 19 juin 1991, il entendit des coups à la porte de la chambre qu'il louait à un Indien. Pensant que celui-ci venait réclamer son loyer, il ouvrit la porte, mais fut étonné de ne trouver personne devant sa porte. Il retourna se coucher et sentit alors une main posée sur son corps. Il sursauta, regarda autour de lui, ne vit personne, mais sentit la présence de Dieu et entendit une voix lui enjoignant de prier : « My son, pray ! » Il se mit à prier pendant trois heures, jusqu'à ce qu'il soit orienté vers un verset de la Bible : « Who ever desires the office of a Bishop desires a good thing. » Il sentit alors que Dieu le rappelait au Ghana pour fonder une Église. Il ne retourna toutefois pas immédiatement au Ghana et prolongea son séjour aux Pays-Bas. Il eut alors un accident, événement qu'il interpréta comme une mise en garde de la part de Dieu qui le rappelait à sa mission : « If you don't go to Ghana, you're going to die. » L'accident était la conséquence de sa désobéissance : « You could have died in this accident but I spared you. But if you do not go, next time it will not be spared. » Il décida alors de rentrer au Ghana pour y fonder une Église. Il pria et jeûna afin de recevoir l'onction, la puissance de Dieu, si bien qu'à son retour au Ghana, en novembre 1992, de nombreux signes et miracles se produisaient en sa présence. Le premier culte dominical qu'il y conduisit réunissait douze adultes et douze enfants, mais la nouvelle de miracles opérés par Ankrah se répandit rapidement : « The news just spread : "there's an anointed man of God in town". » L'Église s'agrandit et déménagea plusieurs fois avant de s'établir sur *Ringroad*, l'axe routier principal entourant le centre de la ville d'Accra, où elle accueille plusieurs milliers de fidèles tous les dimanches.

Ce récit de la trajectoire du fondateur de l'Église *Royalhouse Chapel International* aux accents hagiographiques associe sa migration de retour au Ghana à son appel au ministère et la fait apparaître comme conforme à la volonté divine. Cette mise en forme du retour évite à Sam K. Ankrah de porter le stigmate du migrant qui a échoué dans sa quête de prospérité outre-mer. L'arrivée au Ghana de Sam K. Ankrah joue sur l'identification à la figure christique : les douze participants aux premières réunions de l'Église évoquent les douze apôtres de Jésus ; les miracles et signes qui accompagnent ses prières présentent l'homme rentré d'Europe comme doté d'une forte onction. En dépit d'un discours désabusé sur les opportunités offertes aux candidats à la migration, la trajectoire migratoire de Sam K. Ankrah apparaît comme une étape initiatique essentielle à son accession au statut d'homme de Dieu : le récit permet de traduire l'échec de la migration en vocation au ministère pentecôtiste.

Analysons à présent le récit de l'appel d'un fils spirituel de Sam K. Ankrah, le pasteur John Sagoe de l'Église *New International Church* à Bienne. Comme nous le verrons, sous certains aspects, ce récit présente de fortes analogies avec celui de son mentor. Mais contrairement à Sam K. Ankrah, c'est en Europe que John Sagoe va fonder une Église pour répondre à l'appel divin. Le récit, reconstitué sur la base d'extraits d'entretiens, commence avec l'exposition du contexte familial. John Sagoe a grandi au sein d'une famille chrétienne, sans être pour autant très assidu dans sa pratique religieuse. Sa sœur, convertie au pentecôtisme, fréquente les Assemblées de Dieu et se montre au contraire zélée dans ses efforts d'évangélisation auprès des membres de sa famille. John Sagoe déplore le fait qu'il ne puisse avoir une relation fraternelle avec elle sans qu'il ne soit question de l'orthopraxie de telle ou telle conduite. L'attitude prosélyte de sa sœur est à l'origine de tensions au sein de la parenté – configuration classique associée à la conversion au pentecôtisme.

La méfiance de John Sagoe vis-à-vis du pentecôtisme ne changera qu'à l'occasion de ce qu'il appelle une « rencontre radicale » (*radical encounter*) avec Dieu. Un jour, après avoir gagné, puis perdu de l'argent dans des paris, John Sagoe rencontra une personne qui lui proposa de fumer du cannabis pour lui faire oublier ses déconvenues. Après avoir accepté la proposition, il prit le bus pour rentrer chez lui, sous forte influence du stupéfiant. « So as I was sitting down in the bus, (…) and because I was high, on drugs, I would speak into myself, like somebody losing his mind. » Son voisin de siège lui demanda alors pourquoi il gaspillait sa vie ainsi, et lui enjoignit de donner sa vie à Jésus Christ. « And when he said that, it was like something came into me and I went instantly into a trance. And I saw like an opened heaven. I went into a vision. » Le récit de cette « rencontre radicale » de John Sagoe avec Dieu fait office à la fois de récit de conversion et de récit d'appel au ministère. Dieu lui parle pendant qu'il est en transe et le met face à un choix : la folie ou le ministère. John Sagoe scelle alors une alliance avec Dieu : ce dernier le préserve de la folie à condition que John devienne son instrument pour construire son Église. Ce caractère contraignant de l'appel (ministère ou folie) est une trame classique du récit de vocation qui se retrouve également dans le récit de son mentor, Sam K. Ankrah, qui est sommé par Dieu de rentrer au Ghana immédiatement pour échapper à la mort.

Cette analogie entre les récits peut aussi être considérée sous l'angle de la relation qui lie John Sagoe à Sam K. Ankrah, ce dernier couvrant de son onction le ministère de John Sagoe. Dans le cadre d'une Église prophétique congolaise, Bernard Coyault constatait ainsi la tendance des prophétesses à « projeter sur leur propre récit biographique certains éléments singuliers de la biographie du fondateur » (Coyault, 2010 : 109). La trajectoire migratoire teintée de frustration de John Sagoe résonne, elle aussi, avec celle de son mentor. La migration vers l'Europe dans le but d'y effectuer des études, puis le constat de l'impossibilité de leur réalisation font écho à un scénario analogue chez Sam K. Ankrah. Déçu, John Sagoe se résout à demander l'asile en Suisse. Pendant cette période, il fait ses premières expériences dans la conduite d'un groupe de prière, dans une branche africaine de l'Église

Vineyard de Berne. Mais la précarité dans laquelle il se trouve, bien éloignée de ses espérances, le conduit à rentrer au Ghana où il intègre l'Église *Royalhouse Chapel International* au sein de laquelle il accomplit son initiation au ministère : « I joined a church in Ghana and (…) I'm trying to learn basically how the thing works with building a church and everything. So I did a lot of practical for about two years, helped to go to different houses to visit people and things like that, and you know to bring the report to the church and all that. » Après son initiation au ministère auprès de Sam K. Ankrah, John Sagoe se rend en Afrique du Sud pour y suivre une formation théologique dans une école de l'Église *Vineyard.* Il y épouse une Suissesse rencontrée dans cette même Église à Berne et le couple retourne en Suisse. Quelques années plus tard, Dieu se rappelle à son alliance avec John Sagoe lors d'un séjour à Londres : « In 2001, I was [in a church] in England. (…) And I had a very, very strong unction of the Spirit again that it's now time for me to go fully into that, you know, building the church that I made up with God. » Il entreprend alors de fonder une Église dans la ville de Bienne où le couple réside. Ce rappel de l'alliance constitue une autre analogie avec le récit de Sam K. Ankrah.

Dans le récit de John Sagoe, tout comme dans celui de son mentor, la trajectoire migratoire constitue une composante importante de l'appel au ministère. Les différents lieux visités (Suisse, Ghana, Afrique du Sud, Royaume-Uni) constituent autant de moments de ce qui apparaît comme une trajectoire initiatique : alliance scellée au Ghana, premiers pas dans le ministère à Berne, initiation auprès d'un homme de Dieu à Accra, formation théologique en Afrique du Sud, rappel de l'alliance conclue avec Dieu à Londres et, enfin, respect de l'alliance et fondation d'une Église à Bienne. Chaque mouvement migratoire ou déplacement évoqué dans ce récit implique un degré supplémentaire d'avancement dans l'initiation au ministère.

Les différentes étapes de l'initiation correspondent également à différents régimes de légitimité associés aux milieux pentecôtistes européens ou africains. La formation théologique de John Sagoe en Afrique du Sud lui offre certes une certaine reconnaissance qu'il peut faire valoir auprès des Églises ghanéennes ou de la diaspora, mais c'est avant tout vis-à-vis des Églises suisses que sa formation constitue un gage de crédibilité[10] – et ce d'autant plus qu'il est d'origine africaine. Les Églises ghanéennes et de la diaspora seront par contraste particulièrement attentives à la formation au ministère auprès de Sam K. Ankrah, un homme de Dieu reconnu, qui continue à le reconnaître en tant que fils spirituel. La disponibilité de ces différents régimes de légitimité dans la trajectoire de John Sagoe apparaît favorable à la conduite d'une Église telle que la *New International Church* réunissant à la fois des Suisses et des Africains.

« Si tu ne voyages pas, tu n'es pas un homme »

Les récits de Sam K. Ankrah et de John Sagoe suggèrent un lien entre trajectoires migratoire et initiatique. À l'instar de ces deux prédicateurs, de nombreux pasteurs d'Églises pentecôtistes africaines ont traversé des périodes de désillusion dans leur parcours migratoire. Nombre d'entre eux ont demandé le statut de réfugié et ont connu les aléas administratifs des procédures d'asile. Comme Sam K. Ankrah, certains quittèrent l'Europe sur une touche d'amertume ou furent renvoyés par les autorités helvétiques. D'autres prolongèrent leur séjour et finirent parfois par obtenir un permis d'établissement permanent (permis C) ou, à défaut, un permis de séjour les autorisant à travailler légalement en Suisse. Mais tous les pasteurs d'Églises pentecôtistes n'empruntèrent pas la voie administrative de l'asile pour rejoindre la Suisse. Certains suivirent la voie plus valorisée des « migrants qualifiés » ou « expatriés », occupant une position plus élevée sur l'échelle sociale (vu de Suisse). À l'instar du pasteur de l'Église pour les Nations qui travaillait aux Nations Unies avant de se lancer à plein temps dans le ministère, de nombreux pasteurs de l'Église *Lighthouse Chapel International* appartiennent à cette catégorie que l'on appelle « expatriés ». Plusieurs pasteurs ghanéens interviewés travaillaient à l'Organisation Mondiale de Santé à Genève, tout en dirigeant une Église (à Lausanne, à Neuchâtel et même à Berlin)

10. Il existe une ambivalence à l'égard des formations théologiques dans les Églises pentecôtistes suisses, qui privilégient souvent l'« esprit » à la « lettre ». Si ces Églises rejettent une approche purement rationaliste, faire valoir une trajectoire de formation théologique – souvent appelée « biblique » – reste néanmoins une condition importante pour être reconnu en tant que pasteur.

pendant leurs week-ends et leur temps libre, mission jugée d'importance supérieure à leur emploi[11].

Si, en Europe, ces deux catégories de migrants se différencient quant à leur position sur l'échelle sociale, ils participent à un même univers de discours au sujet de la migration. Intéressons-nous à présent aux statuts différenciés de la migration dans les sociétés d'origine des migrants et sur les lieux de leur migration, en comparant la valeur accordée à la migration en Afrique et en Europe. Vue d'Afrique, la migration est souvent associée à l'accomplissement de soi lié à la quête de prospérité (à laquelle l'imaginaire migratoire est associé), à la conquête de nouveaux territoires (géographiques ou, à défaut, symboliques) ou à une quête héroïque de réalisation de soi. Dans ce contexte, la mobilité est valorisée et constitue un itinéraire permettant d'accéder à une reconnaissance sociale dans le milieu d'origine.

Vue d'Europe à l'inverse, la migration est perçue de manière ambivalente et parfois même clairement négative. En Suisse, les discours médiatiques ou politiques au sujet des migrants africains oscillent entre une attitude compatissante et charitable, dépeignant les migrants comme des victimes de la pauvreté, de la guerre ou de l'exploitation occidentale, et une attitude hostile, qui les fait apparaître comme des profiteurs (du système social) ou comme une source de désordre (en vendant de la drogue, elle aussi d'origine étrangère)[12]. Vu d'Europe, il ne reste que peu de place dans ces discours sur l'immigration pour la réalisation de soi, pourtant si centrale dans cette mobilité, vu d'Afrique. Dans cette perspective, la migration représente un véritable déclassement social. En effet, les Africains sont souvent surqualifiés pour les emplois qu'ils occupent en Suisse[13]. Le chômage les affecte dans des proportions largement supérieures à la moyenne

11. Cette configuration correspond au profil des « pasteurs laïcs » de l'Église qui dirigent des assemblées tout en ayant une activité professionnelle annexe (Rey, 2015).

12. Les « expatriés » constituent, quant à eux, une catégorie autonome des discours, indépendante des discours sur les migrants africains. Au début des années 2000, les fonctionnaires internationaux représentent environ 7 % de la population résidante étrangère d'origine sub-saharienne en Suisse (Efionayi-Mäder, Pecoraro, & Steiner, 2011).

13. Ceci est notamment valable pour les hommes qui ont en moyenne un niveau de qualification plus élevé que les Suisses (Efionayi-Mäder, et al., 2011).

helvétique[14]. Le versant européen de la migration les situe bien loin de l'« homme accompli » (Droz, 1999) que la migration devait permettre d'incarner.

Ce contexte éclaire la formation d'espaces sociaux privilégiant l'« entre-soi » diasporique, car ils permettent de prolonger les discours sur la migration vue d'Afrique positionnant les migrants en tant qu'entrepreneurs, aventuriers ou encore conquérants en quête de l'obtention d'un statut valorisant et reconnu. Les Églises pentecôtistes issues de la migration s'inscrivent dans cet effort de prolongement d'un espace social au sein duquel les pratiques migratoires peuvent être conçues comme des itinéraires d'accomplissement de soi. Dans le contexte allemand, Boris Nieswand souligne ainsi le fait que l'Église permet de produire les signes associés au statut d'« entrepreneur migrant » couronné de succès : « Participating in the church services produces evidence for an identity as a successful migrational entrepreneur which is negated in the German context » (2005 : 255-256). Au sein des Églises pentecôtistes, les migrants africains disposent d'un espace rituel qui valorise les trajectoires migratoires et leur confère un caractère de réussite sociale.

Le pentecôtisme opère un renversement de la hiérarchie entre migration et sédentarité, communément admise dans les Etats-nations. Ceux-ci, en bons héritiers des conceptions nationalistes de la fin du XVIIIe siècle, qui faisaient coïncider participation politique, activité économique et investissement patriotique avec une organisation territoriale de la nation (Schnapper, 2001), se révèlent souvent réticents vis-à-vis des flux migratoires. Cette tendance est d'autant plus marquée dans un Etat tel que la Suisse où le modèle de citoyenneté s'inspire du « droit du sang », modèle selon lequel la citoyenneté est déterminée prioritairement par la filiation, et non par le lieu de naissance ou la trajectoire personnelle. Ainsi, la migration comporte une dimension transgressive qui se manifeste notamment dans des politiques migratoires globalement hostiles aux immigrations[15]. À

14. Nous avons déjà souligné qu'environ 20-25 % d'entre eux sont au chômage (Efionayi-Mäder, et al., 2011) alors que la moyenne du taux de chômage en Suisse ne dépasse guère la barre des 5 %.

15. Notons toutefois qu'en Suisse, cette première attitude est contrebalancée par les besoins de main d'œuvre des secteurs économiques qui sont étroitement liés à l'ampleur des flux migratoires vers la Suisse (Piguet, 2005).

l'inverse, le pentecôtisme propose des discours et un imaginaire qui privilégient le mouvement à l'immobilité et produit des « territoires circulatoires », pour reprendre les termes d'Alain Tarrius (1996), qui servent de support à des pratiques de mobilité[16].

A l'encontre des politiques européennes visant à restreindre l'immigration, la mobilité est largement valorisée dans l'espace rituel pentecôtiste. Cette valorisation de la mobilité épouse deux formes principales au sein des discours : la mission et la conquête[17]. Ces rhétoriques permettent de conférer à la mobilité une connotation positive qui valorise la trajectoire des migrants. « Movement and its representation point ultimately to the charismatic sublime, a notion that there is no limit to the horizon of evangelical agency that can be deployed, no geographical or cultural boundary that cannot be crossed, as older Christian notions of movement as a form of sacrifice and ascesis are replaced by the idea of travel as a kind of celebratory excess » (Coleman, 2009 : 200). Cette attitude est exacerbée dans les Églises africaines qui encouragent parfois explicitement la migration, au point que le découragement de la mobilité puisse comporter un caractère transgressif. Nous avons notamment rencontré un pasteur ghanéen qui dut renoncer à prêcher au sein de son Église à cause de son nouvel emploi dans une fondation œuvrant pour la « prévention » de la migration. Ce poste était jugé incompatible avec ses fonctions pastorales par les dirigeants de l'Église.

Si la mobilité participe à la réalisation de soi dans les discours pentecôtistes, l'immobilité peut être envisagée comme un véritable malheur. Un migrant n'ayant pas obtenu la régularisation de son statut légal et se voyant privé par les autorités de la possibilité de visiter librement d'autres pays, nous affirmait ainsi que : « si tu ne voyages pas, tu n'es pas un homme. Tu es en prison. » Cette immobilité subie constituait un motif important de ses prières, car elle l'empêchait de visiter sa famille ou encore de participer à des réseaux politiques de la diaspora. La comparaison entre l'absence de mobilité et la prison révèle

16. Ce constat mérite toutefois d'être nuancé, comme le souligne Girish Daswani (2010), puisque l'importance des pasteurs et prophètes comme relais dans les pratiques de mobilité contraste parfois avec leur propre immobilité, notamment lorsque ceux-ci sont liés par des injonctions hiérarchiques.

17. La conquête peut être considérée comme une variation contemporaine du thème de la mission issue du combat spirituel.

l'importance de la mobilité dans les pratiques sociales. L'impossibilité d'« être un homme », suggérée par ce migrant contraint à la sédentarité, montre l'ampleur du stigmate qui touche celui dont la mobilité est entravée, d'autant plus qu'il est loin de ses proches.

La sédentarité forcée est également déplorée lorsqu'elle est associée à l'impossibilité de remplir certaines obligations sociales ou de participer à des événements importants, associés à la parenté transnationale, telle que la participation aux funérailles d'un parent décédé dans le pays d'origine, ce que souligne un pasteur ghanéen : « As long as you remain there and your immigration status is not good, it means you have to stay there for many years until you are able to work up things. In that case, when your father or your mother or a loved one dies here in Africa, you cannot travel and come. That is a very serious emotional problem for our people there. Sometimes some of them have their papers to come home. But they don't have the money to buy the ticket. That can be also emotionnally stressful. » S'accomplir implique alors de briser la malédiction, quelle que soit sa nature, d'ordre juridique ou financière, qui entrave la mobilité et empêche les migrants de suivre l'itinéraire qui les conduit à « devenir un homme ».

Conversion de la mobilité en capital

Quel lien peut-on établir entre mobilité et une forme de capital[18] dans le champ du ministère pentecôtiste ? Dans le cadre des rituels pentecôtistes, la mobilité est largement valorisée. Plusieurs auteurs ont déjà souligné comment les hommes de Dieu savent exploiter leur propre mobilité afin de tirer leur prestige de leurs voyages et mobiliser la dimension transnationale de leurs réseaux pour reproduire un capital symbolique. La valorisation de la mobilité s'appuie, d'une part, sur les injonctions à la mission tout en prolongeant, d'autre part, les pratiques sociales des évangélistes venus du Nord, organisant des croisades d'évangélisation en déployant des moyens parfois spectaculaires. La

---

18. L'association entre la mobilité et une forme de capital a notamment été théorisée par Vincent Kaufmann et al. (2004). Ces auteurs proposent le concept de *motility* qu'ils définissent comme la capacité d'entités (objets, informations ou personnes) à être mobile dans des espaces sociaux et géographiques. À l'instar de la théorie des types de capitaux de Bourdieu, ils soutiennent que la *motility* constitue un capital convertible en d'autres types de capitaux.

« croisade » *Christ for All Nations* organisée par Reinhard Bonnke, et qui aurait attiré plusieurs centaines de milliers de personnes, constitue un cas exemplaire de ces pratiques (Gifford, 1987). La tente utilisée par Reinhard Bonnke pour ses croisades, tente qui fut financée par Kenneth Copeland, un célèbre « prédicateur de l'onction », constitue à elle seule une évocation du Réveil puisqu'elle rappelle les réunions de Réveil sous tentes organisées par les premiers pentecôtistes, les *tent meetings* (Bartleman, 1982). La tente évoque aussi la présence divine par la référence biblique au Tabernacle, la tente qui contenait l'Arche d'Alliance. Démontable et transportable, elle suggère un itinéraire de mobilité, un déplacement continu. Ce type d'événement constitue le modèle sur lequel se sont développées d'importantes pratiques de mobilité dans les milieux pentecôtistes africains, notamment associé à la tenue de « conférences », « séminaires », « rencontres » ou « croisades ».

Mais pour que la mobilité soit convertible en « onction », c'est-à-dire en capital spécifique à ce champ religieux, il importe qu'elle soit revendiquée et mise en discours dans le cadre d'une rhétorique de la mission. La mobilité doit donc être affirmée dans les termes des discours d'évangélisation : si l'homme de Dieu est mobile, c'est en vertu de la mission d'évangélisation qu'il a reçue de Dieu ; c'est toujours Dieu qui l'envoie. Ce lien entre mobilité et onction est formulé de manière explicite par le fondateur de l'Église *Lighthouse Chapel International*, Dag Heward-Mills, qui affirme dans un livre intitulé « Étapes menant à l'onction » que « voyager pour aller faire le ministère est un signe d'onction. » (2009 : 163) ou encore que « les missions aux extrémités de la terre sont un signe d'onction » (p. 162). Dès lors, on comprend mieux l'insistance de nombreux prédicateurs, pasteurs en charge d'une Église ou « hommes de Dieu » de passage, sur l'énumération et la surenchère des lieux visités dans le cadre de leur ministère, sur les miracles et délivrances accomplis dans telle ville ou tel pays éloignés. À l'Église pour les Nations, un prédicateur de passage mentionnait ainsi son palmarès personnel de 136 pays visités dans le cadre de son activité liée au ministère. Il ajouta qu'il lui restait quelques pays dans lesquels il n'avait jamais pu se rendre et qu'il avait demandé à Dieu de pouvoir visiter ces pays, prière que Dieu exauça. Dès lors, ce prédicateur se positionne en dépositaire de l'injonction d'évangélisation du monde entier et sa trajectoire personnelle réalise la prophétie pré-millénariste de l'annonce de l'Évangile aux nations.

Dans des proportions plus modestes, la plupart des pratiquants interrogés, qu'ils soient fortement engagés dans l'Église ou non, produisent des discours dans lesquels ils associent leur trajectoire migratoire aux plans divins. De l'étudiant venu à Genève pour y réaliser ses études en y attribuant une volonté divine (« It's God's will wherever he sends me. ») au requérant d'asile affirmant s'être rendu en Europe sur l'appel de Dieu, « comme les apôtres le faisaient, pour servir encore le Seigneur », la mobilité personnelle est intégrée dans la rhétorique de la mission[19].

Pour les aspirants au ministère, la mobilité internationale fait partie intégrante de leur initiation. Les jeunes pasteurs ou les candidats à l'onction commencent souvent par accompagner leur mentor au cours de ses visites vers des Églises lointaines. Puis, s'ils gagnent en renommée, ils seront à leur tour sollicités comme pasteur invité à l'une ou l'autre conférence[20]. L'initiation à la mobilité associée au ministère prend également la forme de la fréquentation de conférences réunissant les fils ou filles spirituels d'un homme de Dieu. L'Église *Lighthouse Chapel International* organise par exemple des Conférences animées par Dag Heward-Mills en Europe (souvent à Genève ou Zurich) réunissant les pasteurs et autres candidats à l'onction résidant en Europe. Une conférence analogue se déroule annuellement pour les femmes, sous la houlette de l'épouse du fondateur. Ces conférences organisées pour la diaspora font écho à des événements similaires organisés au Ghana. Elles donnent suite aux recommandations du fondateur : « Allez vers l'oint pour recevoir son onction » (Heward-Mills, 2009 : 82). Selon cette logique, en étant mobile, en se rendant aux rassemblements animés par un homme oint, on entre déjà dans son onction.

Les candidats à l'onction dont la mobilité associée au ministère est encore limitée peuvent se référer à une mobilité future qui peut être révélée au cours d'une prophétie[21]. L'appel en tant que « prophète pour

19. Toutefois, la tendance à mettre en forme son parcours migratoire selon les termes de la mission semble plus prononcée chez les personnes exerçant des responsabilités dans l'Église.

20. En s'appuyant sur les travaux de Bourdieu (2001), Joël Noret (2005) compare la participation à ces événements à des « rites d'institution » qui fondent l'appartenance à une élite ainsi que la différence sociale marquée notamment par l'itinéraire transnational.

21. D'autres stratégies permettent également de « gonfler » le palmarès de mobilité associé au ministère. Ainsi, le processus de conversion de la mobilité en onction

les nations» en est une illustration qui constitue un motif récurrent[22]. Cette pratique n'est toutefois pas nouvelle: l'énonciation de prophéties dans lesquelles la mobilité est associée au prestige d'une importante mission divine vers les confins de la terre se pratiquait déjà au début du pentecôtisme. Smith Wigglesworth, un prédicateur pentecôtiste de la première heure – dont les écrits sont repris par les courants contemporains du pentecôtisme insistant sur l'onction – émit déjà une prophétie analogue au sujet de David J. Du Plessis, un membre de la *South African Apostolic Faith Mission* qui contribua à la diffusion du pentecôtisme au sein des Églises plus anciennes – que l'on appellera le courant charismatique. Cette prophétie, datant de 1936, est citée par Walter Hollenweger (1972): «Tu es resté à Jérusalem suffisamment longtemps. Je vais t'envoyer aux confins du monde. Tu apporteras le message de la Pentecôte à toutes les Églises... Tu voyageras davantage que la plupart des évangélistes... Dieu va réveiller les Églises dans les derniers jours et mettre le monde sans dessus dessous (*turn the world upside down*).» Dans cette prophétie, la mobilité est étroitement associée à une temporalité millénariste évoquée par la référence à Jérusalem et aux derniers jours. Contrairement aux prophéties contemporaines que nous avons citées à partir de nos observations, Dieu n'envoie pas David Du Plessis vers «les nations», mais vers «toutes les Églises». Cet envoi implique une forte mobilité qui est d'ailleurs quantifiée et comparée à la mobilité des autres évangélistes. L'intensité de cette mobilité semble être porteuse de Réveil, idée suggérée par l'association (par contigüité) à la proposition suivante: «Dieu va réveiller les Églises.» Cette prophétie laisse entendre que l'association entre mobilité et onction était déjà sous-jacente dans les premières décennies du pentecôtisme. En s'appuyant sur ce modèle historique et en épousant sa rhétorique, le pentecôtisme permet aux migrants de

---

conduit, par exemple, à la pratique convergente d'activités liées au ministère et à d'autres domaines, d'où l'intérêt, en cas de pratiques de mobilité associées au commerce ou aux relations de parenté, d'intégrer des visites de ministère, des prédications dans des Églises ou encore la visite d'un orphelinat associée à la mission.

22. Nombreux sont les «hommes de Dieu» qui affirment avoir reçu cet appel. On citera notamment l'Ivoirien Kacou Séverin (Mary, 2009), le pasteur indien de l'Église pour les Nations (Rey, 2010) ou encore le Ghanéen Sam K. Ankrah, fondateur de l'Église *Royalhouse Chapel International*. D'autres hommes ou femmes actifs dans le ministère nous ont également confié avoir reçu un appel à devenir «prophète pour les nations».

changer de statut, de passer de la référence à la figure du migrant à celle du « pasteur-missionnaire » (Bava & Picard, 2010). Cette rhétorique leur permet de revêtir l'habit du ministère et de convertir leur mobilité en onction. La conversion de la mobilité en onction soutient alors l'émergence de pratiques de mobilité et d'échange propres au pentecôtisme : le commerce de l'onction.

Le commerce de l'onction

Une image publiée sur le site de l'Église *Lighthouse Chapel International* représente la photo modifiée d'une croisade organisée par l'Église sous la houlette de Dag Heward-Mills. De nuit, de grands spots lumineux laissent apparaître une foule très nombreuse rassemblée devant une scène sur laquelle l'évangéliste prêche. Dans le ciel au-dessus de lui, tombant sur la foule, une nuée lumineuse blanche comme le soleil, jaune comme le feu, rouge comme la lave et bleue comme une rivière. Le texte superposé à l'image affirme : « The Gospel is good news only if it gets there in time. »[23] Le texte insiste sur l'Évangile qui doit arriver à temps, soulignant la dimension urgente de sa diffusion. Mais l'image suggère autre chose : ce n'est pas le texte de l'Évangile qui est représenté au-dessus de la foule – la Bible ne figure pas dans cette image – mais c'est la puissance de l'onction descendant du ciel, représentée par la nuée jaune : c'est elle qui « arrive à temps ». Il n'est pas non plus fortuit que l'image représente un grand rassemblement, appelé « croisade » ou « conférence », car le lecteur avisé de cette image saura y déceler la présence d'un « homme de Dieu ». La présence de l'homme de Dieu amène l'onction qui s'étend sur la foule, une onction dont les dimensions sont largement supérieures à la taille des individus. L'image propose donc une association entre Évangile, homme de Dieu et onction. Elle suggère que les trois arrivent d'ailleurs et que leur présence est due à la mobilité de l'homme de Dieu qui porte l'onction, qui annonce l'Évangile.

Cette mobilité se déploie sous la forme de pratiques directement liées au ministère. À l'image de Dag Heward-Mills qui parcourt le globe pour prêcher dans les croisades ou encourager les pasteurs de son Église à travers le monde, de nombreux prédicateurs s'efforcent

23. daghewardmills.org, consulté le 15 février 2012

d'être mobiles – même lorsque la taille de leur Église n'atteint pas celle de Dag Heward-Mills. C'est notamment le cas d'un apôtre d'origine congolaise résidant à Lausanne qui, bien que dirigeant une Église de taille moyenne comptant une centaine de membres, s'est rendu au Bénin, en Equateur, au Canada et en Angleterre pour prêcher dans des Églises ou des conférences organisées par celles-ci, sans compter ses nombreux voyages à Kinshasa où il associe activités commerciales et travail missionnaire ou réseautage d'Églises.

Le pentecôtisme apparaît ainsi comme une « force motrice » (Hüwelmeier, 2009). Les processus de transnationalisation découlent directement des pratiques pentecôtistes. En cela, le pentecôtisme produit de la mobilité. Au sein des milieux étudiés[24], toute Église qui se respecte se doit d'organiser régulièrement des séminaires ou conférences dans lesquels des hommes de Dieu résidant généralement à l'étranger viennent prêcher et prier. D'autre part, tout homme de Dieu se doit d'avoir une mobilité internationale régulière liée à son ministère qu'il n'omet jamais de mentionner lorsqu'il prêche[25]. Cette circulation des hommes de Dieu crée des espaces sociaux transnationaux désolidarisés des espaces géographiques (Pries, 2005) et dessine un monde dans lequel la personne mobile du prédicateur est juxtaposée aux nombreux lieux auxquels il accorde sa présence, de manière toujours provisoire (Coleman, 2009). Mais les hommes de Dieu ne sont pas les seuls à circuler au sein de ces espaces sociaux transnationaux : de l'argent, des images, des idées ou encore des objets (huile, DVD) y circulent également. Beaucoup de ces objets ou images sont d'ailleurs associés à l'onction[26] : l'huile peut contenir la précieuse

24. Rappelons que les « espaces pentecôtistes de la migration africaine en Suisse » que nous avons étudiés relèvent essentiellement d'un courant appelé « charismatique » ou « néo-pentecôtiste ».

25. Ce phénomène remonte aux décennies 1980 et 1990 au cours desquelles apparurent, s'intensifièrent et se complexifièrent de nombreux réseaux pentecôtistes transnationaux (Corten & Marshall-Fratani, 2001). La concurrence entre Églises alimenta également leur transnationalisation et façonna la vocation mondiale, réelle ou imaginée, des dénominations (Mary & Fourchard, 2005) que l'on observe au Ghana notamment. Les réseaux inter- ou intradénominationels ainsi établis servirent de base à l'émergence des pratiques de mobilité des hommes de Dieu.

26. En effet, rappelons que l'onction dispose de la propriété d'investir des supports matériels (tissus, huile, supports audio-visuels).

onction et la prédication d'un homme de Dieu sur support audiovisuel peut également représenter une source d'onction.

Ces éléments nous conduisent à envisager les pratiques sociales autour de la mobilité des hommes de Dieu comme un véritable commerce de l'onction (Rey, 2009, 2013). L'expression « commerce de l'onction » fut déjà employée par André Mary (2005) pour qualifier les pratiques au sein de l'Église du Christianisme Céleste. L'onction y est essentielle à la montée en grade des Célestes, ce qui la rend, à l'instar de l'onction pentecôtiste, indissociable de la construction de l'autorité. Soulignons toutefois quelques différences entre le commerce de l'onction pentecôtiste et le commerce de l'onction dans l'Église du Christianisme Céleste. Alors que l'onction pentecôtiste est rattachée à la personne de l'homme de Dieu dont la mobilité accroît la quantité, l'onction des Célestes est indissociable de la puissance spirituelle qui émane des lieux saints (Imeko, au Nigeria, et Porto Novo au Bénin). L'ancrage territorial de l'onction pentecôtiste serait donc moins prononcé[27]. L'onction pentecôtiste se situe davantage au cœur des luttes du champ du ministère que l'onction « institutionnalisée » du Christianisme Céleste, puisque le Pasteur suprême dispose « du monopole absolu de l'onction d'huile sainte qui décide de l'avancement en grade et en titre » (Mary, 2005 : 155). À l'inverse, l'onction pentecôtiste, moins institutionnalisée, doit faire l'objet d'un travail de reconnaissance permanent qui alimente les rapports de concurrence entre hommes de Dieu et le « détournement de fidèles ».

Les types de commerce : (a)symétrie et clientélisme

Nous proposons de distinguer deux types de commerces de l'onction en fonction du type de relation qui se noue entre les « commerçants ». Le premier commerce s'organise autour de la

27. Il s'agit toutefois de nuancer notre propos, car l'onction n'est pas exempte d'un certain ancrage territorial. La « bénédiction de Toronto », apparue dans les années 1990 près de l'aéroport de Toronto, constitue une illustration de l'ancrage territorial de cette « bénédiction » (qui s'apparente fortement à l'onction) qui engendra des pratiques de mobilité pour aller quérir l'onction, analogues à celles d'un pèlerinage. Dans ce cas, ce sont les candidats à l'onction qui se déplacent vers Toronto et non l'onction. Dans un deuxième temps, les « pèlerins » ramenèrent toutefois l'« onction » dans leurs Églises respectives et contribuèrent ainsi à diffuser la bénédiction de Toronto à travers le monde.

reconnaissance mutuelle d'hommes de Dieu, où la (quasi-)symétrie de statut entre commerçants de l'onction constitue une donnée centrale. Ce commerce privilégie en effet des rapports entre hommes de Dieu disposant de degrés d'onction comparables, de renommée comparable, ou dirigeant des Églises de taille comparable. Le deuxième type de commerce s'organise autour de la relation asymétrique entre un homme de Dieu bénéficiant d'un fort degré d'onction et des pasteurs ou aspirants au ministère qui se placent sous la protection de cette onction. Le commerce se fonde alors sur des relations de type clientéliste qui engendre une asymétrie dans la distribution des ressources[28].

Le premier type de commerce s'organise autour de rapports de réciprocité de reconnaissance entre hommes de Dieu disposant de leurs propres Églises. L'invité rejoint une Église locale, prodigue des paroles prophétiques qui ressoudent la communauté et qui affermissent l'autorité du pasteur en place. Il donne des pistes de développement communautaire et il transmet l'onction aux participants qui sont réunis, d'autant plus nombreux lorsque l'homme de Dieu vient de loin. En échange, l'homme de Dieu reçoit un don des fidèles et surtout accroît son propre capital-onction, car sa mobilité est interprétée comme le signe de son élection divine et d'une onction à la hauteur de sa mission. À son retour dans sa propre Église, sa renommée en est grandie et il pourra faire le récit des nombreux miracles dont il a été témoin. Bien souvent, la réciprocité de l'invitation est de mise et l'hôte sera à son tour invité à prêcher dans l'Église de celui qui est venu chez lui.

Il se crée ainsi des réseaux d'hommes de Dieu qui n'entretiennent pas toujours de lien institutionnel entre eux, mais qui participent d'une même logique circulatoire. À l'Église pour les Nations, les hommes de Dieu itinérants qui sont venus prêcher au cours des premiers mois de l'année 2009 venaient de Jordanie, du Swaziland, des Etats-Unis, du Ghana ou de l'Inde. Durant cette même période, le pasteur indien ainsi que d'autres membres de l'Église se sont rendus en Hongrie, au Ghana, en Ouganda ou encore en Inde pour évangéliser. Au Ghana, en avril 2010, Sam K. Ankrah, fondateur

28. La plupart des Églises étudiées pratiquent ces deux types de commerce et leurs pasteurs s'inscrivent à la fois dans un commerce de reconnaissance mutuelle et dans un commerce asymétrique de type clientéliste.

de la *Royalhouse Chapel International*, prêcha notamment à l'Église *Lighthouse Chapel International* fondée par Dag Heward-Mills à Accra à l'occasion d'une « convention prophétique ». Le Ministère de La Samaritaine à Lausanne accueille quant à lui de nombreuses femmes de Dieu qui viennent prêcher depuis des Églises ou des ministères dans les villes de Lyon, Yverdon-les-Bains, Zurich ou Genève. La responsable du Ministère se rend ensuite à son tour à Lyon, Genève, Paris, Sion ou Fribourg, souvent dans les Églises ou Ministères de ces mêmes femmes de Dieu venues prêcher aux réunions du Ministère La Samaritaine. Parfois, une appartenance commune à un réseau plus ou moins institutionnalisé (tel que la Conférence des Églises Africaines en Suisse) constitue la base pour ces pratiques de visites réciproques. D'autres fois, ce sont des activités de réseautage sur Internet ou des rencontres à l'occasion de grands rassemblements qui initient la pratique d'invitations mutuelles. Souvent, le prédicateur invité vient de loin, d'un autre pays ou, à défaut, d'une autre ville. Cet éloignement permet d'inscrire ces pratiques de reconnaissance mutuelle dans des réseaux d'Églises qui ne se situent pas en concurrence directe les unes vis-à-vis des autres. Étant établies dans des lieux distincts, la possibilité de « détournement de fidèles » est donc limitée. Le commerce de l'onction autour de la reconnaissance mutuelle, notamment lorsqu'il se déroule entre des « hommes de Dieu » bien établis, peut être envisagé comme une alliance conservatrice de stabilisation du champ visant à renforcer le prestige et à limiter la logique schismatique au sein des Églises en renforçant l'autorité du pasteur en place. Ce commerce vise alors à conserver la structure du champ, c'est-à-dire la structure de répartition de l'onction.

Le second type de commerce de l'onction s'organise autour de relations asymétriques entre un homme de Dieu et les personnes qu'il couvre de son onction, relations que l'on peut qualifier de clientélistes[29]. Dans ce cas, le commerce se joue entre un pasteur et des membres de son Église ou entre un homme de Dieu reconnu et des pasteurs ou autres aspirants au ministère. Ce type de commerce est intéressant pour l'homme de Dieu pour plusieurs raisons. Tout d'abord, il accroît sa propre renommée avec le nombre des personnes qu'il couvre de son onction. De plus, il reçoit des biens et des services des membres de

29. La dimension clientéliste des relations entre pasteurs et membres d'Églises au Ghana a notamment été soulignée par Rijk van Dijk (1997).

l'Église ou des candidats au ministère en échange de son onction. Les membres de l'Église recherchent quant à eux la protection rituelle de l'onction, la puissance spirituelle en vue de surmonter l'infortune ordinaire ou de les aider dans la réalisation de projet, et notamment de projets de mobilité[30].

Mais ce commerce ne se cantonne pas à la sphère rituelle et les hommes de Dieu réalisent parfois des démarches bien plus concrètes en échange de l'allégeance des dons ou de la dîme des fidèles pour leur Église. À Accra, au printemps 2010, nous avons ainsi assisté à des entrevues entre un pasteur et ses membres, issus de divers milieux sociaux, s'adressant à lui pour résoudre des problèmes à l'issue d'un culte dominical. Les demandes étaient de nature diverses : aide à la recherche d'un logement à loyer abordable pour un couple de retour après plusieurs années de vie au Canada, conseils de nature logistique pour un couple de pasteurs d'une assemblée située dans un quartier défavorisé, mise en réseau en vue de l'obtention d'un visa d'entrée en Suisse (que le pasteur visite régulièrement) pour un jeune candidat à la migration en Europe. Ce pasteur dirige cinq assemblées : l'Église mère dans laquelle se déroule la scène observée, fréquentée par des Ghanéens de classe moyenne supérieure et intégrés dans des réseaux transnationaux ; trois Églises situées dans des quartiers défavorisés d'Accra ; et une Église aux Etats-Unis, dans le Maryland, actuellement dirigée par son épouse et essentiellement destinée à la diaspora africaine. Grâce aux entrées financières, provenant majoritairement de l'Église mère, ce pasteur a engagé une trentaine de personnes et finance marginalement d'autres personnes sous forme de pourboires réguliers. Ses fréquents déplacements à l'étranger, ainsi que les réseaux des membres de son Église lui permettent de constituer un capital social important aux ramifications transnationales qu'il met ensuite à disposition des membres de son Église en échange de leur loyauté et de leur soutien financier régulier à l'Église.

Ce deuxième type de commerce de l'onction basé sur des relations asymétrique et une inégalité de répartition des ressources associées (matériel, argent, etc.) tend à se manifester au sein de réseaux

30. Rappelons que Sam K. Ankrah estimait avoir reçu une onction spéciale pour l'obtention de visas.

relationnels présentant un caractère spécifiquement « diasporique »[31]. Contrairement au commerce de la reconnaissance mutuelle qui peut se développer par-delà les frontières nationales ou ethniques, les circuits de diffusion asymétriques de l'onction se cantonnent bien souvent à des réseaux diasporiques dont nous allons étudier les structures.

Structures transnationales de distribution de l'onction

La structure des réseaux diasporiques de commerce de l'onction prend des formes variées. Dans le cas des Églises ghanéennes ou fondées par des Ghanéens que nous avons étudiées, les « hommes de Dieu » qui couvrent les pasteurs en Suisse résident à Accra, ce qui conduit à une accumulation de l'onction (et d'autres formes de capitaux, tels que l'argent) dans la capitale ghanéenne. Ici, la structure de distribution du capital converge vers Accra. Par contraste, les Églises francophones étudiées disposaient de réseaux strictement diasporiques du commerce de l'onction, émancipés des capitales africaines. La structure de distribution du capital conduit alors à une accumulation de l'onction auprès des hommes de Dieu dans l'espace diasporique en Europe.

Développons ces deux types de structures transnationales de distribution de l'onction, à commencer par les réseaux ghanéens. Dans le cas de l'Église *New International Church*, le pasteur John Sagoe se place sous la protection du Ghanéen Sam K. Ankrah, ce qui implique de payer sa dîme et celle de l'Église[32] auprès de ce mentor spirituel au Ghana. Pourtant, John Sagoe bénéficie d'un réseau qui ne se cantonne pas à la diaspora ghanéenne. Les « conférences » et « rencontres » organisées par son Église incluent également d'autres prédicateurs, pas toujours africains, résidant en Suisse, en Allemagne, aux Etats-Unis ou en Grande-Bretagne. Toutefois, ces pratiques n'impliquent pas de relations de type clientéliste, mais relèvent plutôt du premier type de commerce mentionné, s'articulant autour d'une reconnaissance mutuelle en tant qu'homme de Dieu.

31. Nous définissons le concept de diaspora comme une communauté imaginée qui entretient un lien imaginaire ou réel avec un lieu d'origine (Rey, 2013).

32. Le principe de la dîme s'applique non seulement aux membres des Églises, mais également aux Églises elles-mêmes qui versent généralement 10 % de leurs entrées financières à une Église-mère ou à d'autres ministères.

L'Église *Lighthouse Chapel International* constitue un autre exemple de circulation de l'onction conduisant à une accumulation des capitaux dans la capitale ghanéenne. L'Église pratique, sur le modèle de l'Église Universelle du Royaume de Dieu, la rotation des pasteurs qui dirigent une Église pendant quelques années, puis sont orientés vers une autre Église. Le modèle dénominationnel de circulation de l'onction y est très centralisé : seule l'onction du fondateur, Dag Heward-Mills, afflue en continu vers les Églises locales dont les pasteurs sont interchangeables[33]. Des pasteurs rencontrés résidant en Suisse furent alors amenés à conduire successivement plusieurs assemblées parmi celles de Genève, Lausanne, Neuchâtel, Berne, Bâle ou Berlin. Cette mobilité des pasteurs va de pair avec une distribution des capitaux convergeant vers le siège ghanéen de l'Église. Chaque assemblée locale est indépendante financièrement, mais contribue, selon ses moyens, à remplir le « pot commun » de l'Église finançant ses missions et nouvelles implantations. Les fonds récoltés permettent ensuite de financer les projets de l'Église, au Ghana ou ailleurs. Une contribution financière majeure fut apportée par l'assemblée de Zurich pour soutenir la construction de la nouvelle *Jesus Cathedral* sur le site du siège de l'Église à Accra. L'argent fourni par des Églises de la diaspora permit donc de financer le développement d'infrastructures de culte, grâce à la convergence des capitaux vers Accra, soutenue par le commerce de l'onction du fondateur, la vente de ses livres (que l'on peut également acheter dans les assemblées de Suisse), le principe de la dîme et des offrandes, qui s'applique aussi bien aux personnes qu'aux Églises.

Dans les Églises francophones étudiées, par contraste, on assiste à l'émergence de réseaux proprement « diasporiques » de circulation de l'onction, au sein desquels son commerce n'aboutit plus à une accumulation de capitaux dans les capitales africaines. Lorsque les premières Églises furent fondées, dans les années 1990, la plupart d'entre elles se rattachaient à un homme de Dieu résidant en Afrique, généralement à Kinshasa (puisque ces Églises furent essentiellement fondées par des Congolais). Ce rattachement était souvent symbolisé par la reprise du nom de la dénomination, à l'instar de l'Église du

33. Des signes suggèrent toutefois que cette dynamique pourrait changer, l'Église s'orientant vers une plus forte institutionnalisation du charisme dont témoigne la consécration d'une trentaine de nouveaux évêques au cours des dernières années.

Christ à Fribourg ou de l'Action Missionnaire d'Évangélisation des Nations (AMEN) à Bâle. L'ancien pasteur d'AMEN nous décrit ainsi ses relations avec le dirigeant de l'Église à Kinshasa : « Dans un premier temps, on gardait aussi des contacts, on était très en lien avec ce pasteur-là. Quand je voyageais, je faisais des voyages au Congo, je prêchais dans son Église. C'était mon Église au Congo, j'étais pasteur adjoint. À l'Église de Bâle, on avait des liens forts avec cette Église-là quand je l'ai commencée. Il est venu prêcher aussi [en Suisse]. » Au cours des années 1990, le commerce de l'onction dans les Églises fondées par des Congolais en Suisse conduisait à une accumulation de capitaux qui convergeaient essentiellement vers Kinshasa. Les dirigeants de grandes Églises congolaises se rendaient régulièrement dans les Églises suisses, où ils étaient invités à prêcher à l'occasion des conférences qu'elles organisaient. Ainsi se manifestait la reconnaissance du pasteur local par les hommes de Dieu de Kinshasa, faisant ainsi bénéficier de leur prestige les pasteurs en Suisse. Ces pratiques étaient répandues dans beaucoup d'Églises vers la fin des années 1990 et se poursuivaient encore au début des années 2000.

Toutefois, quelques années plus tard, on assista à un recul de ces pratiques et à une prise de distance vis-à-vis des prédicateurs de Kinshasa dans beaucoup d'Églises fondées par des Congolais en Suisse. Cette prise de distance se fit en parallèle à un relâchement des liens entre Églises en Suisse et Églises mères à Kinshasa. Cet éloignement s'est notamment manifesté par un changement de nom de l'Église. Dans le cas de l'Église bâloise AMEN, le choix d'un nouveau nom en 2004, Action Bâle pour Christ, manifesta cette volonté d'émancipation des mentors congolais, en parallèle à la démission du pasteur de l'Église[34].

Le tarissement du commerce de l'onction organisé autour de relations clientélistes selon un axe Sud-Nord est observé par des pasteurs de la première heure du champ pentecôtiste congolais en Suisse : « Jusqu'en 2004, 2005, pendant ces dix ans-là, il y avait ces va-et-vient, beaucoup de mouvements, dans beaucoup d'Églises, on invitait des pasteurs venant d'Afrique. Ça, ça s'est calmé. Je crois que

34. Certaines Églises maintenaient néanmoins des liens institutionnels avec la République Démocratique du Congo au moment de nos recherches. C'est notamment le cas de l'Église du Christ à Fribourg.

ça n'a pas porté de fruits. Parce que le but, c'était que les pasteurs qui viennent d'Afrique, ils sont très connus, ils sont très puissants, ils sont pleins d'onction, donc quand ils viennent, ça va faire venir du monde de partout qui les connaissent. Ça va remplir l'Église. Il y avait aussi un peu cette visée prosélyte. » Au bout d'un certain nombre d'années, les espoirs placés dans ce « commerce de l'onction » n'aboutissent pas aux résultats espérés et plusieurs lignes de tensions apparaissent entre les hommes de Dieu en RDC et les pasteurs de la diaspora.

L'un des points de tension s'articule autour du rejet, de la part des Églises de la diaspora, de certains discours émis par les prédicateurs congolais invités, perçus comme inadaptés au contexte migratoire. C'est notamment le cas de discours fortement empreints de la théologie de la prospérité, expliquant l'infortune rencontrée dans les parcours migratoires par un manque de persévérance dans la prière. Nombre d'Africains se trouvant dans une situation précaire, ayant expérimenté une mobilité sociale descendante à la suite de leur parcours migratoire, ou rencontrant des difficultés dans l'obtention de permis de séjour, refusent ce discours attribuant leurs échecs à leur manque de ferveur (Rey, 2015). Ce discours est d'autant plus rejeté qu'il émane de prédicateurs qui n'ont souvent pas expérimenté les aléas de la migration en Europe, comme le souligne un pasteur d'origine congolaise : « Si tu viens dire que parce que vous ne recevez pas les papiers, c'est parce que vous priez mal, ça sonne mal pour des gens qui essaient de prier et puis qui ne reçoivent pas les papiers. Ces messages, ça crée des ruptures. » Si les pasteurs des Églises pentecôtistes africaines francophones en Suisse prient effectivement pour les besoins pratiques associés au contexte migratoire, comme l'obtention de permis de séjour, ils adoptent souvent un discours plus nuancé sur le lien de causalité unilatéral entre prière et obtention de papiers[35]. Certains discours émis par des prédicateurs de Kinshasa sont alors

35. Rijk van Dijk souligne un contraste similaire entre les dirigeants des camps de prière de la *Church of Pentecost* au Ghana et les pasteurs de la diaspora aux Pays-Bas qui disposent d'une orientation plus pragmatique : « If I may exaggerate the difference here for the sake of argument: if prayer leaders in the camps stress the need for prayer and fasting to obtain papers, Pentecostal leaders in the Netherlands stress instead the need for contacting lawyers and collecting the necessary funds if one of their members needs to engage in such costly affairs » (van Dijk, 1997 : 155).

perçus comme des marques de mépris à l'encontre des Églises de la diaspora qui sont présentées comme « tièdes » ou « mortes », comme si l'Occident les mettait à ce point en péril qu'elles en auraient perdu leur caractère « réveillé ».

Les prédicateurs kinois étayent leurs propos au sujet du manque de ferveur des migrants par la stigmatisation du peu de temps consacré à la pratique du jeûne, de la prière ou à l'organisation de nuits de prières en Europe. Cette stigmatisation se heurte aux contraintes temporelles associées à la vie des Africains en Europe : ceux qui travaillent sont confrontés à des horaires parfois chronophages et des exigences, notamment en termes de ponctualité, qui ne permettent pas d'enchaîner les nuits de prière, ni de se consacrer en tout temps à l'Église. Pour cette raison, alors que la longueur des prières apparaît comme une condition de leur efficacité dans le contexte africain, ce principe se voit parfois relativisé dans le contexte diasporique[36]. Les pasteurs – qui, le plus souvent, travaillent également – ont adapté les horaires des prières aux emplois du temps contraignants des membres. La dénonciation de la faible disponibilité pour la prière par des prédicateurs congolais de passage renvoie alors à une exigence jugée démesurée en contexte européen.

Une autre ligne de tension associée au commerce de l'onction consiste en des tentatives de « détournement de fidèles » au profit des dirigeants de ministères en RDC invités à prêcher à une conférence. Plusieurs récits circulent ainsi entre pasteurs congolais en Suisse, refroidissant leurs ardeurs à l'égard des mentors de Kinshasa : un homme prêchant avec l'« esprit prophétique » qui humilie le pasteur de l'Église locale en le dénonçant comme un sorcier, un autre cherchant à fonder sa propre Église en Europe en récupérant à son profit les membres de l'Église où il est invité, non intégrée à sa dénomination. Vu d'Europe, les commerçants de l'onction de la République Démocratique du Congo, au lieu d'apporter prospérité et croissance dans le ministère, sont parfois perçus comme fauteurs de troubles au sein des Églises de la diaspora.

Le « prix » de l'onction constitue également une ligne de tension entre prédicateurs de Kinshasa et leurs disciples de la diaspora. Nos

36. La longueur des prières reste toutefois un principe de distinction vis-à-vis des Églises locales suisses, où la très courte durée des cultes est souvent déplorée par les chrétiens d'origine africaine.

interlocuteurs soulignaient ainsi les frais qu'engendre l'invitation d'un homme de Dieu de Kinshasa, dont le respect dû à son rang, à la hauteur de son onction et de sa renommée, implique des dépenses considérables allant de l'hôtel de luxe aux vêtements de marque. D'un point de vue financier également, les attentes des prédicateurs kinois peuvent être élevées et dépasser les moyens effectifs des Églises de la diaspora. L'image d'une Europe où l'argent se rendrait disponible, sans aucune limite, reste associée à la migration vue d'Afrique et teinte les discours et attentes de certains prédicateurs de passage. Ce discours tranche toutefois avec la situation objective des Églises africaines en Suisse qui disposent de moyens modestes au regard des grandes dénominations congolaises.

Derrière le « prix » de l'onction, c'est globalement la circulation des capitaux et leur accumulation dans la capitale congolaise qui est contestée par des pasteurs d'Églises de la diaspora. À bien des égards, le commerce de l'onction réalise en effet une inversion des rapports de dépendance entre le Nord et le Sud, puisque ce sont les Églises du Sud qui bénéficient de l'essentiel des ressources de l'onction dont dépendent les pasteurs de la diaspora pour établir leur autorité. Ce rapport de dépendance induit une structure de distribution des capitaux (sous forme d'allégeances, de services et d'argent), qui converge vers les Églises déjà prospères de Kinshasa. Il se crée ainsi une situation de dépendance inversée entre le Nord et le Sud, par comparaison avec les rapports de dépendance économique dominants. En effet, alors que les théories de la dépendance, notamment développées à la suite des travaux d'André Gunder Frank (1968) en Amérique latine, s'attachent à souligner les processus d'exploitation économique des pays du Sud au profit des pays du Nord, le commerce de l'onction réalise une inversion de l'accumulation de capitaux au profit du Sud, procédant à l'exploitation des espaces diasporiques. Dans cette configuration, c'est à Kinshasa que se situe le centre, lieu de l'accumulation, alors que les espaces de la migration sont relégués au statut de périphérie.

D'un point de vue financier, le versement de la dîme par les Églises constitue un élément central de l'accumulation des capitaux au sein des structures transnationales de distribution de l'onction. En principe, chaque Église verse la dîme à une ou plusieurs autres Églises, généralement à l'Église mère (en cas d'appartenance à une dénomination) ou à celle de l'homme de Dieu qui la couvre de son onction. Dans ce contexte, le paiement de la dîme devient alors un motif d'émancipation vis-à-vis des hommes de Dieu kinois. Au cours d'un séminaire organisé dans une Église en décembre 2009, une prédicatrice congolaise résidant à Paris insistait sur la nécessité d'une prise de distance vis-à-vis de ces prédicateurs kinois en se positionnant contre leur invitation dans les Églises en Europe : « Les prophètes de Kinshasa vont venir te dire qu'il y a un serpent qui te menace et après ils vont venir te prendre ta dîme. » Avec un brin d'ironie, la prédicatrice dénonce les excès prophétiques de ces prédicateurs qui jouent avec la peur des démons et de la sorcellerie pour s'accaparer les ressources financières des Églises de la diaspora.

Ces différentes lignes de tension ont conduit à un détournement des réseaux kinois de commerce de l'onction en faveur de réseaux strictement diasporiques, souvent transnationaux. Désormais, les hommes de Dieu qui couvrent le ministère des pasteurs congolais en Suisse résident à Paris, Bruxelles ou Lausanne, plutôt qu'à Kinshasa. Certains pasteurs de Genève ou de Lausanne supervisent à leur tour des novices dans le ministère à Londres, Montréal ou Neuchâtel. Bien qu'il ne s'agisse pas d'une règle absolue, le commerce de l'onction dans les Églises francophones étudiées s'est tendanciellement réorienté vers des structures de distribution strictement diasporiques qui aboutissent au maintien des capitaux dans les espaces diasporiques.

Le commerce de l'onction constitue un cas paradigmatique pour analyser les pratiques transnationales car la construction de l'autorité au niveau local (dans l'Église) implique de s'engager dans des activités transnationales – ou translocales – auxquelles participent les personnes les mieux dotées en capital spécifique au champ (en onction). La circulation des personnes et des capitaux engendre ainsi une structure de distribution de l'onction. Elle constitue un enjeu pour les prédicateurs pentecôtistes, de Genève à Accra ou à Kinshasa. Le commerce de l'onction éclaire ainsi les pratiques de mobilité à la lumière des enjeux de reconnaissance et de filiation associés à la construction de l'autorité dans les espaces pentecôtistes de la migration africaine.

Conclusion

Il y a bientôt une décennie, des auteurs déplorant le peu d'attention consacré à la « migration des entités spirituelles » et leurs effets sur les vies de migrants invitaient à explorer les relations entre la « circulation des esprits », des imaginaires religieux et les trajectoires migratoires (Hüwelmeier & Krause, 2009). Notre étude du « commerce de l'onction » s'inscrit dans cette exploration. Le rôle des Églises dans les pratiques de mobilité souligne la nécessité de questionner l'unité d'analyse pertinente des pratiques migratoires. Ainsi, les pratiques de mobilité ne peuvent être comprises sans tenir compte de la transnationalisation des Églises, mais aussi des « entités spirituelles » (les esprits, l'onction) et plus largement, des pratiques et des imaginaires associés. Cette transnationalisation s'articule aux trajectoires migratoires singulières, les migrants participant à la transnationalisation du pentecôtisme et des dénominations qui soutiennent à leur tour les processus migratoires.

L'étude des espaces pentecôtistes de la migration africaine souligne les possibilités et limites de la conversion des trajectoires migratoires en une forme de capital. Nous avons ainsi développé le rôle des réseaux transnationaux et de la mobilité comme stratégie d'accès aux ressources. À certains égards, le commerce de l'onction peut constituer un cas emblématique de la mobilité comme capital (Kaufmann, Bergman, & Joye, 2004) et de l'émergence d'un champ social transnational, dans lequel la distance tend à favoriser l'alliance et le voisinage la concurrence. Le lien asymétrique noué par l'onction s'inscrit dans des structures transnationales de distribution des capitaux qui convergent vers l'«homme de Dieu» dont la reconnaissance est garantie par les signes de son onction. Qu'elles convergent vers les capitales africaines ou européennes, les structures de distribution de l'onction constituent un enjeu central pour les agents du champ du ministère pentecôtiste qui s'efforcent de les conserver ou, au contraire, de les subvertir. À la fois conséquence et source des pratiques de mobilité internationale, ces structures et leurs transformations sont au cœur des processus de transnationalisation des Églises. Dans ce contexte, la mobilité constitue effectivement une stratégie d'ascension sociale permettant l'accès à des capitaux spécifiques au champ du ministère pentecôtiste. Notre recherche souligne ainsi le jeu entre recours à des relations locales versus transnationales et stratégies de conservation versus détournement des capitaux spécifiques.

Le commerce de l'onction tend ainsi à favoriser le développement de relations asymétriques et clientélistes, ce qui renvoie à la question des inégalités, ainsi qu'à l'exploitation au sein des espaces migratoires (Tarrius, 2001). Dans le commerce de l'onction, la mobilité favorise une accumulation de capitaux et l'accroissement des inégalités au sein du champ. Cette perspective récuse une approche angélique des migrations et des pratiques de mobilité, en soulignant que les réseaux transnationaux et asymétriques construits par le biais des circulations pentecôtistes créent ou accentuent des inégalités – en termes de statut et d'accès aux ressources, brouillant ainsi la frontière entre protection et exploitation.

Au sein des espaces pentecôtistes de la migration africaine, le rituel constitue un lieu d'émergence des pratiques de mobilité. La description détaillée de l'itinéraire rituel éclaire le rapport spécifique à la mobilité du sujet pentecôtiste, indissociable de la production rituelle d'un espace-temps. Le rituel devient ainsi porteur de critiques vis-à-vis des politiques migratoires, souvent implicites dans l'instauration d'un espace-temps rebelle par rapport à ces politiques, qui conteste les restrictions de la mobilité au nom de la conquête des nations et d'une temporalité marquée par l'urgence de l'évangélisation et l'avènement d'une nouvelle ère, millénariste. Dans cette perspective, les dispositifs rituels sont constitutifs des pratiques migratoires (Brettell, 2000) auxquelles ils contribuent à conférer leur forme spécifique. Le commerce de l'onction instaure un rapport positif à la mobilité, renversant ainsi la hiérarchie entre migration et sédentarité héritée des conceptions nationalistes de la fin du XVIIIe siècle.

Plus largement, l'étude des pratiques rituelles renvoie à une analyse des « modes d'élaboration des catégories de la personne » (Mary, 2009 : 190). Le lien entre les dispositifs rituels et la constitution de sujets, dont les contours sont à préciser en fonction de la singularité des contextes, peut ouvrir sur une analyse anthropologique de la fabrique de l'humain. Cette perspective, qui repose sur la fiction du rituel comme « monde-en-soi », pourrait à l'avenir aborder la manière dont les rituels s'actualisent dans les personnes, deviennent efficaces (ou non)[1], ce qui renvoie à la question plus générale de l'efficacité des dispositifs, sur la manière dont le « technique » contribue à façonner l'« humain », rejoignant des questions majeures de l'anthropologie. L'une des forces de cette approche du rituel repose dans son ancrage empirique, bien éloigné de l'abstraction des « grandes théories », puisque les modes de constitution des sujets sont analysées à partir des dispositifs (Agamben, 2006 ; Foucault, 2001a) toujours disponibles à l'analyse empirique.

L'intimité avec le Saint Esprit à laquelle ouvre, dans la logique rituelle, la pratique du baptême du Saint Esprit peut être rapprochée d'une forme d'adorcisme. Elle s'inscrit parfois dans la continuité des pratiques exorcistes de la délivrance que le baptême du Saint Esprit prolonge, en prévenant le retour des entités malfaisantes. Dans les deux cas, ces dispositifs peuvent être assimilés à des « pratiques divisantes », puisque le sujet pentecôtiste est « divisé » en lui-même : le rituel dissocie le sujet des entités (esprits) ; il y substitue l'association au Saint Esprit. Dans ces pratiques divisantes, le sujet est transformé en objet (Foucault, 1984), ce qui se manifeste par une certaine passivité de l'« infortuné » et son exclusion de l'interlocution rituelle. Il se rend ainsi disponible à sa propre transformation par le rituel. Exorcisme et adorcisme constituent alors deux leviers de la transformation du sujet dans les dispositifs pentecôtistes, autorisant le changement de statut du sujet qui passe de l'« infortuné » au « combattant », marquant également un passage du singulier au collectif.

Cette transformation s'accompagne souvent d'un discours de « conquête spirituelle » du territoire qui prolonge les discours de la théologie de la domination (*dominon*) anglo-saxons et opère une inversion du rapport au territoire entre migrants et non migrants. Alors que le statut juridique des migrants africains inscrit souvent la précarité

1. Par extension, on peut étudier l'articulation des formes de subjectivations multiples, parfois contradictoires, associées à différents dispositifs.

de leur présence légitime sur le sol helvétique, alors que la trajectoire migratoire, vue d'Europe, engendre souvent une mobilité sociale descendante, la rhétorique de la conquête opère un renversement du rapport au territoire et des rapports de force qui en découlent en y positionnant les migrants en tant qu'occupants légitimes. Par l'application d'une même grille de lecture à des contextes divers, la géographie dessinée par les esprits territoriaux, ainsi que la rhétorique de la conquête et du combat spirituel autorisent une appréhension globale du territoire qui apparaît favorable aux pratiques de mobilité.

Les dispositifs pentecôtistes sont également porteurs de manières de faire le genre. Ils répondent ainsi à la reconfiguration des rapports de genre associée au marché du travail en Suisse et à ses accès différenciés au capital économique. Ils abordent aussi la confrontation à d'autres modèles de genre dans les sociétés européennes, qui sont ensuite évalués au sein des Églises pentecôtistes. Dans le domaine de l'accès aux fonctions dirigeantes, les femmes jouissent d'un accès limité au ministère et l'autorité reste souvent l'apanage des hommes, bien que la situation évolue dans le sens d'un accès partagé aux fonctions dirigeantes dans certaines Églises. Le surplus de justification que doivent fournir les femmes témoigne toutefois de la précarité de leur reconnaissance sociale se traduisant, entre autres, par une plus faible mobilité transnationale liée aux activités dans le ministère. L'onction, en tant que pratique divisante constitutive de l'autorité charismatique, engendre une asymétrie comportant une composante genrée.

Si le pentecôtisme a été approché dans une optique foucaldienne sous l'angle d'une « technique de soi » (Marshall, 2009 ; van Dijk, 2001), les dispositifs pentecôtistes n'aboutissent pas toujours à l'émergence du « sujet éthique » étudié par Foucault (2001b). André Mary souligne à cet égard que le schème persécutif encouragé par le pentecôtisme en Afrique comporte une dimension aliénante et n'ouvre pas nécessairement sur une subjectivité morale puisqu'elle conforte l'idée que « l'enfer, c'est les autres » (Mary, 2009 : 196). Si l'on se réfère aux trois modes d'objectivation transformant les êtres humains en sujets proposés par Foucault (1984)[2], les rituels ne peuvent être envisagés de manière exclusive comme des « techniques de soi », mais comportent également une dimension objectivante, dans leur

2. Objectivation, pratiques divisantes et techniques de soi.

prétention à connaître la vérité de l'humain, ainsi qu'une dimension divisante, par exemple lorsqu'il s'agit de définir les différentes composante de la personne, ou encore de distinguer les « convertis » des « non convertis », les « sauvés » des « damnés », les « oints » des simples convertis. Les pratiques pentecôtistes, comme d'autres dispositifs, comportent donc un pendant objectivant qui ordonne le sujet en l'intégrant dans un système de classification.

La centralité des pratiques associées à l'onction marque peut-être un tournant dans une partie des courants du pentecôtisme, où elles semblent parfois détrôner les dons du Saint Esprit, relégués à l'arrière-plan. S'agit-il d'une nouvelle forme de pentecôtisme ? D'une « quatrième vague » ? D'un nouveau genre de pentecôtisme prophétique ? Si la question reste ouverte, ce « virage prophétique » participe vraisemblablement des transformations contemporaines du pentecôtisme (Rey, 2014). Il se manifeste notamment dans l'importance accordée à l'onction, aux récits bibliques des prophètes Élie et Élisée, ainsi qu'à la restauration des cinq ministères, dont celui d'apôtre et de prophète. Davantage de recul vis-à-vis de ces transformations permettraient d'évaluer dans quelle mesure elles relèvent d'un mouvement de fond ou d'une tendance passagère. Des études comparatives seraient également souhaitables pour estimer, dans divers contextes, l'ampleur de ces courants, qui ne se cantonnent pas au pentecôtisme africain. En particulier, les formes de sociabilité clientélistes, que nous avons qualifiées de « commerce de l'onction », qui se nouent au sein de ce pentecôtisme prophétique, sont susceptibles d'être étudiées sous d'autres latitudes, où elles font peut-être l'objet de variations significatives.

Bibliographie

Adeboye Olufunke A., 2005, « Transnational Pentecostalism in Africa. The Redeemed Christian Church of God, Nigeria », *in* Fourchard L., Mary A., Otayek R. (éd.), *Entreprises religieuses transnationales en Afrique de l'Ouest*, Paris, IFRA-Karthala, pp. 439-466.

Adogame Afe, 2003, « Betwixt Identity and Security. African New Religious Movements and the Politics of Religious Networking in Europe », *Nova Religio: The Journal of Alternative and Emergent Religions,* vol. 7 n° 2, pp. 24-41.

Adogame Afe, 2008, « "I am married to Jesus". The feminization of new African diasporic religiosity », *Archives de Sciences sociales des Religions,* vol. 143, pp. 129-149.

Agamben Giorgio, 2006, *Qu'est-ce qu'un dispositif?* Paris, Rivages poche.

Amiotte-Suchet Laurent, 2006, *Pratiques pentecôtistes et dévotion mariale : Analyse comparée des modes de mise en présence du divin,* Thèse de doctorat en sociologie des religions, Paris, École Pratique des Hautes Études.

Anderson Benedict, 1996 [1983], *L'imaginaire national. Réflexions sur l'origine et l'essor du nationalisme*, Paris, La Découverte.

Asamoah-Gyadu J. Kwabena, 2005a, « An African Pentecostal on Mission in Eastern Europe: The Church of the "Embassy of God" in the Ukraine », *PNEUMA: The Journal of the Society for Pentecostal Studies,* vol. 27 n° 2, pp. 297-321.

Asamoah-Gyadu J. Kwabena, 2005b, « "Unction to Function" : Reinventig the Oil of Influence in African Pentecostalism », *Journal of Pentecostal Theology,* vol. 13 n° 2, pp. 231-256.

Aubrée Marion, 2003, « Un néo-pentecôtisme brésilien parmi les populations immigrées en Europe de l'Ouest », *Anthropologie et Sociétés,* vol. 27 n° 1, pp. 65-84.

Audran Jacques, 2007, « Le dispositif ne fait pas la situation : heurs et malheurs des formations en ligne », *in* Charlier B., Peraya D. (éd.), *Transformations des regards sur la recherche en technologie de l'éducation*, Bruxelles, De Boeck, pp. 173-188.

Augé Marc, 1973, « Sorciers noirs et diables blancs. La notion de personne, les croyances à la sorcellerie et leur évolution dans les sociétés lagunaires de basse Côte-d'Ivoire (Alladian et Ebrié) », *in* CNRS (éd.), *La notion de personne en Afrique noire*, Paris, Editions du CNRS, pp. 517-527.

Bagalwa Mapatano Jules, 2007, *Crise de l'Etat et migrations. La diaspora congolaise-zaïroise en Suisse 1980-2005*, Paris, Publibook.

Bagalwa Mapatano Jules, 2010, « Les réseaux diasporiques africains de Suisse entre « intégrationnisme » et transnationalisme », *in* Manço A. & Bolzman C. (éd.), *Transnationalités et développement : rôles de l'interculturel*, Paris, L'Harmattan, pp. 59-70.

Bakhtin Mikhail Mikhailovich, 1988, « Forms of Time and of The Chronotope in The Novel. Notes toward a Historical Poetics », *The Dialogic Imagination. Four Essays by M. M. Bakhtin*, Austin, University of Texas Press.

Balandier Georges, 1978, « L'anthropologie africaniste et la question du pouvoir », *Cahiers internationaux de sociologie,* vol. 65, pp. 197-211.

Bartleman Frank, 1982, *Azusa Street*, New Kensington, Whitaker House.

Bastian Jean-Pierre, 2006, « La nouvelle économie religieuse de l'Amérique latine », *Social Compass,* vol. 53 n° 1, pp. 65-80.

Bava Sophie, 2005, « "Reprendre la route" : les relais mourides des migrants sénégalais au Niger », *in* Fourchard L., Mary A., Otayek R. (éd.), *Entreprises religieuses transnationales en Afrique de l'Ouest*, Paris, IFRA-Karthala, pp. 73-88.

Bava Sophie, Picard Julie, 2010, « Les nouvelles figures religieuses de la migration africaine au Caire », *Autrepart,* vol. 56, pp. 153-170.

Bayart Jean-François, 1979, *L'État au Cameroun*, Paris, Presses de la Fondation des sciences politiques.

Bayart Jean-François, 1985, « L'énonciation du politique », *Revue française de science politique,* vol. 35 n° 3, pp. 343-373.

Bergé Christine, 2006, *Héros de la guérison. Thérapies alternatives aux Etats-Unis*, Paris, Les empêcheurs de tourner en rond.

Bourdieu Pierre, 1975, « Le langage autorisé. Notes sur les conditions sociales de l'efficacité du discours rituel », *Actes de la recherche en sciences sociales,* vol. 1 n° 5, pp. 183-190.

Bourdieu Pierre, 2001a, « Les rites d'institution », *in* Bourdieu P. (éd.), *Langage et pouvoir symbolique*, Paris, Seuil, pp. 175-186.

Bourdieu Pierre, 2001b, *Science de la science et réflexivité : cours du Collège de France 2000-2001*, Paris, Raisons d'agir.

Bourdieu Pierre, 2002, *Questions de sociologie*, Paris, Éditions de Minuit.

Brettell Caroline B., 2000, « Theorizing Migration in Anthropology. The Social Construction of Networks, Identities, Communities, and Globalscapes », *in* Brettel C. B., Hollifield J. F. (éd.), *Migration Theory. Talking Across Disciplines*, New York, Routeledge, pp. 97-136.

Buttici Annalisa, 2010, « Women in motion: the gendered space of the West African Pentecostal Diaspora in Italy », Communication à la conférence *Geographies of Conversion*, 19-20 février, Amsterdam, Vrije Universiteit.

Calley Malcolm J. C., 1965, *God's people. West Indian Pentecostal Sects In England*, Londres, New York, Oxford University Press.

Coleman Simon, 2003, « Continuous Conversion? The Rhetoric, Practice, and Rhetorical Practice of Charismatic Protestant Conversion », *in* Buckser A., Glazier S. D (éd.), *The Anthropology of Religious Conversion*, Lanham, Rowman & Littlefield Publishers, Inc., pp. 15-27.

Coleman Simon, 2009, « Constructing the Globe. A Charismatic Sublime? », *in* Hüwelmeier G., Krause K. (éd.), *Traveling Spirits. Migrants, Markets, and Mobilities*, Londres et New York, Routeledge, pp. 186-202.

Corten André, 1999, *Alchimie politique du miracle. Discours de la guérison divine et langue politique en Amérique latine*, Montréal, Editions Balzac.

Corten André, Marshall-Fratani Ruth, 2001a, « Introduction », *in* Corten A., Marshall-Fratani R. (éd.), *Between Babel and Pentecost. Transnational Pentecostalism in Africa and Latin America*, Bloomington, Indiana University Press, pp. 1-21.

Corten André, Marshall-Fratani Ruth (éd.), 2001b, *Between Babel and Pentecost. Transnational Pentecostalism in Africa and Latin America,* Bloomington, Indiana University Press.

Coyault Bernard, 2010, « Prophétesses en diaspora. Entre appartenance communautaire et émancipation individuelle », *in* Fancello S., Mary A. (éd.), *Chrétiens africains en Europe. Prophétismes, pentecôtismes et politique des nations*, Paris, Karthala, pp. 93-125.

Csordas Thomas J., 1988, « Embodiment as a Paradigm for Anthropology », *Ethos,* vol. 18 n° 1, pp. 5-47.

Daswani Girish, 2010, « Ghanaian Pentecostal Prophets. Transnational Travel and (Im-) Mobility », *in* Hüwelmeier G., Krause K. (éd.), *Traveling Spirits. Migrants, Markets, and Mobilities,* Londres et New York, Routeledge, pp. 67-82.

Dawson John, 1991, *Conquérir nos villes pour Dieu*, Burtigny, Jeunesse en Mission.

De Certeau Michel, 1980, *L'invention du quotidien. Arts de faire*, Paris, Union générale d'éditions.

de Witte Marleen, 2009, « Religious Media, Mobile Spirits. Publicity and Secrecy in African Pentecostalism and Traditional Religion », *in* Hüwelmeier G., Krause K. (éd.), *Traveling Spirits. Migrants, Markets and Mobilities*, New York, Routledge, pp. 83-100.

Dejean Frédéric, 2010, « La précarité spatiale des Eglises africaines en Seine-Saint-Denis et sur l'île de Montréal », *in* Fancello S., Mary A. (éd.), *Chrétiens africains en Europe. Prophétismes, pentecôtismes et politique des nations*, Paris, Karthala, pp. 301-325.

Demart Sarah, 2008a, « La recomposition de l'ordre des hiérarchies par le pentecôtisme congolais (République démocratique du Congo) à travers l'évangélisation des autochtones (France et Belgique) », *Cahiers de la Méditerranée,* vol. 76, pp. 135-151.

Demart Sarah, 2008b, « Le « combat pour l'intégration » des églises issues du Réveil congolais », *Revue européenne des migrations internationales,* vol. 24 n° 3, pp. 147-165.

Demart Sarah, 2010, *Les territoires de la délivrance. Mises en perspectives historique et plurilocalisée du Réveil congolais (Bruxelles, Kinshasa, Paris, Toulouse),* Thèse de doctorat en sociologie, Université de Toulouse-Le-Mirail et Université catholique de Louvain-La-Neuve.

Dozon Jean-Pierre, 1995, *La cause des prophètes. Politique et religion en Afrique contemporaine*, Paris, Editions du Seuil.

Droz Yvan, 1997, « Si Dieu veut… ou suppôts de Satan ? », *Cahiers d'études africaines,* vol. 37 n° 145, pp. 85-117.

Droz Yvan, 1999, *Migrations kikuyus. Des pratiques sociales à l'imaginaire*, Neuchâtel, Editions de l'Institut d'ethnologie.

Droz Yvan, 2000, « Les formes du millénarisme en pays kikuyu », *Bulletin des Séances de l'Académie Royale des Sciences d'Outre-Mer,* vol. 47, pp. 97-111.

Droz Yvan, 2002, « Esquisse d'une anthropologie de la conversion », *in* Massé R., Benoist J. (éd.), *Convocations thérapeutiques du sacré*, Paris, Karthala, pp. 81-103.

Droz Yvan, Miéville-Ott Valérie, 2005, « Le paysage de l'anthropologue », *in* Droz Y., Miéville-Ott V. (éd.), *La polyphonie du paysage*, Lausanne, Presses polytechniques et universitaires romandes, pp. 5-20.

Efionayi-Mäder Denise, 2009, « Migrantes et Migrants d'Afrique sub-saharienne en Suisse », Communication à la conférence *Africa on the move. Migratory projects in the context of globalization*, 15-16 octobre, Université de Neuchâtel.

Efionayi-Mäder Denise, Pecoraro Marco, Steiner Ilka, 2011, *La population sub-saharienne en Suisse : un aperçu démographique et socio-professionnel*, Neuchatel, Forum Suisse pour l'étude des migrations et de la population.

Fairclough Norman, 1992, *Discourse and Social Change*, Cambridge, Polity Press.

Fancello Sandra, 2003, « Les politiques identitaires d'une Eglise africaine transnationale. The Church of Pentecost (Ghana) », *Cahiers d'études africaines,* vol. 172, pp. 857-882.

Fancello Sandra, 2005, « Pouvoirs et protection des femmes dans les Églises pentecôtistes africaines », *Revista de Estudos da Religião,* vol. 3, pp. 78-98.

Fancello Sandra, 2006, *Les aventuriers du pentecôtisme ghanéen. Nation, conversion et délivrance en Afrique de l'Ouest,* Paris, IRD-Karthala.

Fancello Sandra, 2007, « Guérison, délivrance et sida : les femmes et la "maladie de Dieu" dans les Églises pentecôtistes africaines », *Sciences sociales et santé,* vol. 25 n° 4, pp. 5-34.

Fancello Sandra, 2008a, « Les pentecôtismes « indigènes ». La double scène africaine et européenne », *Archives de Sciences sociales des Religions,* vol. 143, pp. 69-88.

Fancello Sandra, 2008b, « Sorcellerie et délivrance dans les pentecôtismes africains », *Cahiers d'études africaines,* vol. XLVIII n° 189-190, pp. 161-183.

Fancello Sandra, 2009, « Migration et plurilinguisme : Parler en langues dans les Eglises africaines en Europe », *Social Compass,* vol. 56 n° 3, pp. 387-404.

Fancello Sandra, 2010, « «Afrique élève l'Europe ». Pentecôtisme, afrocentrisme et démocratie », *in* Fancello S., Mary A. (éd.), *Chrétiens africains en Europe. Prophétismes, pentecôtismes et politique des nations*, Paris, Karthala, pp. 207-241.

Fancello Sandra, Mary André, 2010a, « Introduction », *in* Fancello S., Mary A. (éd.), *Chrétiens africains en Europe. Prophétismes, pentecôtismes et politiques des nations*, Paris, Karthala, pp. 11-40.

Fancello Sandra, Mary André (éd.), 2010b, *Chrétiens africains en Europe. Prophétismes, pentecôtismes et politiques des nations*, Paris, Karthala.

Fath Sébastien, 2004, *Militants de la Bible aux États-Unis*, Paris, Autrement.

Fath Sébastien, 2005, *Du ghetto au réseau. Le protestantisme évangélique en France (1800-2005),* Genève, Labor et Fides.

Favre Olivier, 2006, *Les Eglises évangéliques de Suisse. Origines et identités*, Genève, Labor et fides.

Fer Yannick, 2007, « Pentecôtisme et modernité urbaine : Entre déterritorialisation des identités et réinvestissement symbolique de l'espace urbain », *Social Compass,* vol. 54 n° 2, pp. 201-210.

Fer Yannick, 2010, *L'offensive évangélique. Voyage au cœur des réseaux militants de Jeunesse en Mission*, Genève, Labor et Fides.

Festinger Leon, Riecken Henry W., Schachter Stanley, 1993 [1956], *L'échec d'une prophétie. Psychologie sociale d'un groupe de fidèles qui prédisaient la fin du monde*, Paris, Presses Universitaires de France.

Foucault Michel, 1969, *L'archéologie du savoir*, Paris, Editions Gallimard.

Foucault Michel, 1975, *Surveiller et punir. Naissance de la prison*, Paris, Gallimard.

Foucault Michel, 1976, *Histoire de la sexualité. La volonté de savoir*, Paris, Gallimard.

Foucault Michel, 1984a, « Le pouvoir, comment s'exerce-t-il ? », *in* Dreyfus H., Rabinow P. (éd.), *Michel Foucault. Un parcours philosophique*, Paris, Gallimard, pp. 308-321.

Foucault Michel, 1984b, « Pourquoi étudier le pouvoir : la question du sujet », *in* Dreyfus H., Rabinow P. (éd.), *Michel Foucault. Un parcours philosophique*, Paris, Gallimard, pp. 297-308.

Foucault Michel, 2001a, *Dits et écrits II, 1976-1988*, Paris, Gallimard.

Foucault Michel, 2001b, *L'herméneutique du sujet*, Paris, Gallimard.

Frank André Gunder, 1968, *Capitalisme et sous-développement en Amérique latine*, Paris, Maspero.

Fresia Marion, 2009, « Une élite transnationale : la fabrique d'une identité professionnelle chez les fonctionnaires du Haut Commissariat des Nations Unies aux Réfugiés », *Revue européenne des migrations internationales,* vol. 25 n° 3, pp. 167-190.

Gifford Paul, 1987, « "Africa Shall Be Saved". An Appraisal of Reinhard Bonnke's Pan-African Crusade », *Journal of Religion in Africa,* vol. 17 n° 1, pp. 63-92.

Gifford Paul, 2001, « The Complex Provenance of Some Elements of African Pentecostal Theology », *in* Corten A., Marshall-Fratani R. (éd.), *Between Babel and Pentecost. Transnational Pentecostalism in Africa and Latin America*, Bloomington and Indianapolis, Indiana University Press, pp. 62-79.

Gifford Paul, 2004a, *Ghana's New Christianity: Pentecostalism in a Globalising African Economy*, Londres, C. Hurst & Co.

Gifford Paul, 2004b, « Persistence and Change in Contemporary African Religion », *Social Compass,* vol. 51 n° 2, pp. 169-176.

Gonzalez Philippe, 2008a, « Lutter contre l'emprise démoniaque. Les politiques du combat spirituel évangélique », *Terrain,* vol. 50, pp. 44-61.

Gonzalez Philippe, 2008b, « Reclaiming the (Swiss) nation for God: the politics of Charismatic prophecy », *Ethnografica,* vol. 12 n° 2, pp. 425-451.

Gonzalez Philippe, 2009, *Voix des textes, voies des corps. Une sociologie du protestantisme évangélique,* Thèse de doctorat en sociologie, Fribourg, Université de Fribourg.

Gonzalez Philippe, 2014, *Que ton règne vienne. Des évangéliques tentés par le pouvoir absolu,* Genève, Labor et Fides.

Gusman Alessandro, 2009, « HIV/AIDS, Pentecostal Churches, and the "Joseph Generation" in Uganda », *Africa Today,* vol. 56 n° 1, pp. 67-86.

Hagin Kenneth E., 1989, *A fresh Anointing*, Tulsa, Faith Library Publications.

Hämmerli Maria, 2010, « The Multiple Dimensions of Integration of the Orthodox Communities in Switzerland », Communication à la conférence *Orthodoxy and Migration. The Establishment of Churches and the Integration of Orthodox Populations in the West*, 3 décembre, Université de Neuchâtel.

Hardin Susan F., 1987, « Convicted by the holy spirit: the rhetoric of fundamental Baptist conversion », *American Ethnologist,* vol. 14, pp. 167-181.

Harris Hermione, 2006, *Yoruba in Diaspora. An African Church in London*, New York, Palgrave Macmillan.

Henry Christine, 2001, « Du vin nouveau dans de vieilles outres : parcours d'un dissident du Christianisme Céleste (Bénin) », *Social Compass,* vol. 48 n° 3, pp. 353-368.

Heward-Mills Dag, 2000, *Catch the Anointing*, Accra, Parchment House.

Heward-Mills Dag, 2009, *Étapes menant à l'onction*, Wellington South Africa, Lux Verbi.

Hill Clifford, 1971, *Black churches. West Indian and African sects in Britain,* Londres, Community and Race Relations Unit of The British Council of Churches.

Hinn Benny, 1993, *L'onction et la puissance du Saint-Esprit*, Nyon, Carrefour.

Hoekema Alle G., 2008, « The Position of African Christians in the Netherlands », *in* Afe Adogame, Gerloff R., Hock K. (éd.), *Christianity in Africa and the African Diaspora. The Appropriation of a Scattered Heritage*, Londres et New York, Continuum, pp. 314-322.

Hollenweger Walter J., 1972, *The Pentecostals,* Londres, SCM Press Ltd.

Holvast René, 2009, *Spiritual Mapping in the United States and Argentina, 1989-2005,* Leiden, Brill.

Hunt Stephen, 1998, « Managing the demonic: Some aspects of the neo-Pentecostal deliverance ministry », *Journal of Contemporary Religion,* vol. 13 n° 2, pp. 215-230.

Hunt Stephen, 2002, « "Neither Here nor There": The Construction of Identities and Boundary Maintenance of West African Pentecostals », *Sociology,* vol. 36, pp. 147-169.

Hunt Stephen, Lightly Nicola, 2001, « The British black Pentecostal "revival": identity and belief in the "new" Nigerian churches », *Ethnic and Racial Studies,* vol. 24 n° 1, pp. 104-124.

Hüwelmeier Gertrud, 2009, « Götter auf Reisen », *Terra cognita. Schweizer Zeitschrift zu Integration und Migration,* vol. 15, pp. 94-97.

Hüwelmeier Gertrud, Krause, Kristine, 2009, « Introduction », *in* Hüwelmeier G., Krause K. (éd.), *Traveling Spirits. Migrants, Markets, and Mobilities*, Londres et New York, Routeledge, pp. 1-16.

JAGGI Sabine, 2005, « *Yesu azali awa* ». *Untersuchung einer afrikanischen, frankophonen MigrantInnenkirche in Bern,* Lizentiatsarbeit der philosophisch-historischen Fakultät der Univerität Bern.

JAGGI Sabine, 2010, « La Vigne de Berne, une Eglise africaine en Suisse », *in* Fancello S., Mary A. (éd.), *Chrétiens africains en Europe. Prophétismes, pentecôtismes et politique des nations*, Paris, Karthala, pp. 273-298.

JULES-ROSETTE Benetta, 1996, « Privilege Without Power : Women in African Cults and Churches », *in* Terborg-Penn R., Harley S., Rushing A. (éd.), *Women in Africa and the African Diaspora*, Washington, Howard University Press, pp. 101-119.

KARAGIANNIS Evangelos, GLICK SCHILLER Nina, 2006, « Contesting Claims to the Land: Pentecostalism as a Challenge to Migration Theory and Policy », *Sociologus, Journal for empirical Social Anthropology,* vol. 56 n° 2, pp. 137-171.

KAUFMANN Vincent, BERGMAN Manfred Max, JOYE Dominique, 2004, « Motility: Mobility as capital », *International Journal of Urban and Regional Research,* vol. 28 n° 4, pp. 744-756.

KNIBBE Kim, 2009, « "We did not come here as tenants, but as landlords" : Nigerian Pentecostals and the Power of Maps », *African Diaspora,* vol. 2, pp. 138-158.

KOSER AKCAPAR Sebnem, 2006, « Conversion as a Migration Strategy in a Transit Country: Iranian Shiites Becoming Christians in Turkey », *International Migration Review,* vol. 40 n° 4, pp. 817-853.

LARBI Emmanuel Kingsley, 2001, *Pentecostalism. The Eddies of Ghanaian Christianity,* Accra, Centre for Pentecostal and Charismatic Studies.

LAURENT Pierre-Joseph, 2003, *Les pentecôtistes du Burkina Faso. Mariage, pouvoir et guérison.* Paris, Karthala.

MARCUS George E., 1995, « Ethnography in/of the world system: The Emergence of Multi-Sited Ethnography », *Annual Review of Anthropology*, vol.24, pp. 95-117.

MARSHALL-FRATANI Ruth, 2002, « Prospérité miraculeuse : les pasteurs pentecôtistes et l'argent de Dieu au Nigeria », *Politique africaine*, vol. 82, pp. 24-44.

MARSHALL Ruth, 2009, *Political Spiritualities. The Pentecostal Revolution in Nigeria,* Chicago, Londres, The University of Chicago Press.

MARY André, 1998, « La diabolisation du sorcier et le réveil de Satan », *Religiologiques,* vol. 18, non paginé.

MARY André, 2005, « Histoires d'Église : héros chrétiens et chefs rebelles des nations "célestes" », *in* Mary A., Fourchard L., Otayek R. (éd.), *Entreprises religieuses transnationales en Afrique de l'Ouest,* Paris, Karthala, pp. 155-181.

MARY André, 2009, *Visionnaires et prophètes de l'Afrique contemporaine. Tradition initiantique, culture de la transe et charisme de délivrance*, Paris, Karthala.

MARY André, 2010, « Christianisme prophétique et Nations Célestes. Le combat spirituel pour la purification du monde », *in* Fancello S., Mary A. (éd.), *Chrétiens africains en Europe. Pentecôtismes, prophétismes et politique des nations*, Paris, Karthala, pp. 127-153.

MARY André, Fourchard Laurent, 2005, « Réveils religieux et nations missionnaires », *in* Fourchard L., Mary A., Otayek R. (éd.), *Entreprises religieuses transnationales en Afrique de l'Ouest*, Paris, Karthala, pp. 9-18.

MASKENS Maïté, 2008, « Migration et pentecôtisme à Bruxelles. Expériences croisées ». *Archives de Sciences sociales des Religions, 143*, 49-68.

MASKENS Maïté, 2009, « Identités sexuelles pentecôtistes : féminités et masculinités dans des assemblées bruxelloises », *Autrepart*, vol. 49, pp. 65-82.

MASKENS Maïté, 2010a, *« Cheminer avec Dieu ». Pentecôtisme et migration à Bruxelles.* Thèse de doctorat en sciences politiques et sociales, Université Libre de Bruxelles.

MASKENS Maïté, 2010b, « Semer des « graines divines » dans le coeur des prostituées à Bruxelles. Analyse d'une entreprise missionnaire locale », *in* Fancello S., Mary A. (éd.), *Chrétiens africains en Europe. Prophétismes, pentecôtismes et politique des nations*, Paris, Karthala, pp. 327-347

MAXWELL David, 2006, « Writing the History of African Christianity: Reflection of an Editor », *Journal of Religion in Africa*, vol. 36 n° 3-4, pp. 379-399.

MELCHIOR Thierry, 1998, *Créer le réel. Hypnose et thérapie*, Paris, Editions du Seuil.

MEYER Birgit, 1998, « "Make a Complete Break with the past". Memory and Post-colonial Modernity in Ghanaian Pentecostalist Discourse », *Journal of Religion in Africa*, vol. 28 n° 3, pp. 316-349.

MEYER Birgit, 1999, *Translating the Devil. Religion and Modernity among the Ewe in Ghana*, Edinburgh, University Press.

MÉZIÉ Nadège, 2008, « Les évangéliques cartographient le monde. Le spiritual mapping », *Archives de Sciences sociales des Religions*, vol. 142, pp. 63-85.

MOMOTOYI-GASSER Alebona, 2009, *Le Notre Père, un lieu de rencontre et d'intégration entre différentes cultures et traditions ? Une étude de la tradition chrétienne africaine telle qu'elle se vit en Suisse*, Mémoire de Master en théologie, Université de Neuchâtel.

MONNOT Christophe, 2009, « De l'affliction à la prédication : Quand les souffrants parlent à la communauté », *Social Compass*, vol. 56 n° 2, pp. 214-225.

MONNOT Christophe, 2010, *Pratiquer la religion ensemble. Analyse des paroisses et communautés religieuses en Suisse dans une perspective de sociologie des organisations*, Thèse de doctorat en sciences des religions, Université de Lausanne.

MOTTIER Damien, 2008, « Pentecôtisme et migration. Le prophétisme (manqué) de "La Cité de Sion" », *Archives de Sciences sociales des Religions*, vol. 143, pp. 175-193.

Mottier Damien, 2010, « Réveils prophétiques & entreprenariat charismatique. Creuset congolais et prophétisme ivoirien en France », *in* Fancello S., Mary A. (éd.), *Chrétiens africains en Europe. Prophétismes, pentecôtismes et politique des nations*, Paris, Karthala, pp. 155-178.

Mottier Damien, 2011, *Églises africaines en France. Pentecôtismes congolais et entreprises prophétiques,* Thèse de doctorat en sociologie, Paris, École des Hautes Études en Sciences Sociales.

Mottier Damien, 2014, *Une ethnographie des pentecôtismes africains en France. Le Temps des prophètes*, Paris et Louvain-la-Neuve, Academia-L'Harmattan.

Moyet Xavier, 2005, « Le néopentecôtisme nigérian au Ghana. Les Églises *Mountain of Fire and Miracles* et *Christ embassy* à Accra », *in* Fourchard L., Mary A., Otayek R. (éd.), *Entreprises religieuses transnationales en Afrique de l'Ouest*, Paris, IFRA-Karthala, pp. 467-488.

Ndaya Tshiteku Julie, 2008, *« Prendre le bic ». Le combat spirituel congolais et les transformations sociales*, Leiden, Centre d'Études Africaines.

Neckebrouck Valeer, 1983, *Le Peuple affligé. Les Déterminants de la Fissiparité dans un nouveau mouvement religieux au Kenya central*, Immensee, Nouvelle Revue de Science missionnaire.

Nieswand Boris, 2005, « Charismatic Christianity in the Context of Migration. Social Status, the Experience of Migration and the Construction of Selves among Ghanaian Migrants in Berlin », *in* Adogame A., Weissköppel C. (éd.), *Religion in the Context of African Migration*, Bayreuth, Eckhard Breitinger, pp. 243-266.

Noret Joël, 2005, « Logiques transnationales et développements missionnaires dans les pentecôtismes nigérian, béninois et togolais », *in* Fourchard L., Mary A., Otayek R. (éd.), *Entreprises religieuses transnationales en Afrique de l'Ouest*, Paris, Karthala, pp. 417-438.

OFS, 2007, *La population étrangère en Suisse*, Neuchâtel, Office Fédéral de la Statistique.

Okechukwu Onah Sebastian, Leman Johan, 2005, « Cosmological and Religious Fundamentals among Igbo Immigrants in Belgium: The Way Out of Segregation », *Social Compass, 52*(4), 513-527.

Onyinah Opoku, 2004, « Contemporary "witchdemonology" in Africa », *International Review of Mission*, vol. 93 n° 370-371, pp. 330-345.

Oro Ari Pedro, 2002, « La transnationalisation du pentecôtisme brésilien : le cas de l'Église Universelle du Royaume de Dieu », *Civilisations*, vol. 51, en ligne.

Oro Ari Pedro, Seman Pablo, 2001, « Brazilian Pentecostalism Crosses National Borders », *in* Corten A., Marshall-Fratani R. (éd.), *Between Babel and Pentecost. Transnational Pentecostalism in Africa and Latin America*, Indianapolis, Indiana University Press, pp. 181-195.

Pahud de Mortanges René, 2004, « L'évolution du droit face à la pluralisation religieuse en Suisse romande », *in* Bastian J.-P. (éd.), *La recomposition des protestantismes en Europe latine. Entre émotion et tradition*, Genève, Labor et Fides, pp. 161-172.

Parish Jane, 2005, « Witchcraft, riches and roulette. An ethnography of West African gambling in the UK », *Ethnography,* vol. 6 n° 1, pp. 105-122.

Peeters Hugues, Charlier Philippe, 1999, « Contributions à une théorie du dispositif », *Hermès,* vol. 25, pp. 15-23.

Peil Margaret, 1995, « Ghanaians Abroad », *African Affairs,* vol. 94 n° 376, pp. 345-367.

Piguet Etienne, 2005, *L'immigration en Suisse depuis 1948. Une analyse des flux migratoires*, Zurich, Seismo.

Poloma Margaret M., 2003, *Main Street Mystics: the Toronto Blessing and Reviving Pentecostalism*, Walnut Creek, Altamira Press.

Popp-Baier Ulrike, 2001, « Narrating Embodied Aims. Self-transformation in Conversion Narratives - A Psychological Analysis », *Forum: Qualitative Social Research,* vol. 2 n° 3, en ligne.

Pries Ludger, 2005, « Configurations of geographic and societal spaces: a sociological proposal between "methodological nationalism" and the "spaces of flows" », *Global Networks,* vol. 5, n° 2, pp. 167-190.

Rey Alain (éd.), 2006, *Dictionnaire historique de la langue française*, Paris, Dictionnaires Le Robert.

Rey Jeanne, 2009, « Migration et territorialité dans les mouvements pentecôtistes africains en Suisse », Communication à la conférence *Africa on the Move*, 15-16 octobre, Université de Neuchâtel.

Rey Jeanne, 2010, « À la conquête des Nations (Unies) : millénarisme, combat spirituel et internationalisation », *in* Fancello S., Mary A. (éd.), *Chrétiens africains en Europe. Prophétismes, pentecôtismes et politique des nations*, Paris, Karthala, pp. 351-379.

Rey Jeanne, 2013a, « Mermaids and spirit spouses: rituals as technologies of gender in transnational African Pentecostal spaces », *Religion and Gender,* vol. 3 n° 1, pp. 60-75.

Rey Jeanne, 2013b, *Migrations africaines et pentecôtisme en Suisse : des dispositifs rituels au commerce de l'onction,* Thèse de doctorat en Anthropologie et Sociologie du développement, Genève, Institut de Hautes Études Internationales et du Développement.

Rey Jeanne, 2014, « L'"onction" dans le (néo)pentecôtisme : histoire et trajectoire transatlantique (Amérique, Afrique, Europe) », *in* Chanson P., Droz Y., Gez Y., Soares E. (éd.), *Mobilité religieuse. Retours croisés des Afriques aux Amériques*, Paris, Karthala, pp. 213-228.

REY Jeanne, 2015, « Missing prosperity: Economies of Blessings in Ghana and the Diaspora », *in* Heuser A. (éd.), *Pastures of Plenty: Tracing Religio-Scapes of Prosperity Gospel in Africa and Beyond*, Frankfurt am Main, Berlin, Bern, Bruxelles, New York, Oxford, Wien, Peter Lang, pp. 339-353.

REY Jeanne, 2018, « Migration Policies and Uncertainty. Prayer as (un)Political Activism among African Pentecostals in Switzerland », *African Diaspora*, vol. 10, n° 1-2, pp. 28-45.

RIGAL-CELLIER Bernadette, 2003, « Les origines de la rhétorique de l'axe du mal du Président Georges W. Bush : droite chrétienne, millénarisme et messianisme américain », *Études*, Septembre, pp. 153-162.

RÖTHLISBERGER Simon, Wüthrich Matthias, D., 2009, *Les nouvelles Eglises de migrants en Suisse*. Berne, Editions Fédération des Eglises protestantes de Suisse FEPS.

SALZBRUNN Monika, 2007, *Localising transnationalism: Researching political and cultural events in a context of migration*. Paper presented at the "Conference on Transnationalisation and Development(s) : Towards a North-South Perspective" at the Center for Interdisciplinary Research, Bielefeld.

SCHNAPPER Dominique, 2001, « De l'État-nation au monde transnational. Du sens et de l'utilité du concept de diaspora », *Revue européenne des migrations internationales*, vol. 17 n° 2, pp. 9-36.

SEYMOUR William J., 2008, « Receive Ye the Holy Ghost », *in* Davis N., Conway M. (éd.), *World Christianity in the 20th Century. A reader*, Londres, SCM press, pp. 79-80.

SHANK David A., 1999, « Le Pentecôtisme du prophète William Wadé Harris / The Pentecostalism of Prophet William Wade Harris », *Archives de Sciences sociales des Religions*, vol. 105, pp. 51-70.

SIMON Benjamin, 2002, « African Christians in the German-speaking diaspora of Europe », *Exchange*, vol. 31 n° 1, pp. 23-35.

SIMON Benjamin, 2005, « Preaching as a Source of Religious Identity. African Initiated Churches in the Diaspora », *in* Adogame A., Weissköppel C. (éd.), *Religion in the Context of African Migration*, Bayreuth African Studies, pp. 285-300.

SOARES Edio, 2010, « L'Église Universelle du royaume de Dieu et ses manières de faire. Regards sur le Centre d'accueil universel de Genève », *in* Fancello S., Mary A. (éd.), *Chrétiens africains en Europe. Prophétismes, pentecôtismes et politique des nations*, Paris, Karthala, pp. 381-407.

SOOTHILL Jane E., 2007, *Gender, Social Change and Spiritual Power. Charismatic Christianity in Ghana*, Leiden et Boston, Brill.

STOLZ Jörg, 2007, « Le Seigneur va guérir une multitude d'entre vous ce matin. Une étude de cas d'un atelier de guérison pentecôtiste », *in* Durisch N., Rossi I., Stolz J. (éd.), *Quêtes de santé. Entre soins médicaux et guérison spirituelle*, Genève, Labor et Fides, pp. 67-86.

Stolz Jörg, 2011, « "All Things Are Possible" : Towards a Sociological Explanation of Pentecostal Miracles and Healings », *Sociology of Religion*, vol. 72 n° 4, pp. 456-482.

Stolz Jörg, Favre Olivier, 2005, « The Evangelical Milieu: Defining Criteria and Reproduction across the Generations », *Social Compass,* vol. 52 n° 2, pp. 169-183.

Stolz Jörg, Favre Olivier, Gachet Caroline, Buchard Emanuelle, 2013, *Le phénomène évangélique. Analyses d'un milieu compétitif*, Genève, Labor et Fides.

Stromberg Peter G., 1993, *Language and self-transformation*, Cambridge, Cambridge University Press.

Tarrius Alain, 1996, « Territoires circulatoires des migrants et espaces européens », *in* Hirschhorn, M., Berthelot J.-M. (éd.), *Mobilités et ancrages. Vers un nouveau mode de spatialisation ?*, Paris, L'Harmattan, pp. 93-100.

Tarrius Alain, 2001, « Au-delà des États-nations : des sociétés de migrants », *Revue européenne des migrations internationales,* vol. 17 n° 2, pp. 37-61.

ter Haar Gerrie, 2005, « The religious dimension in migration and its relation to development: the case of Ghanaians in the Netherlands », *in* Manuh T. (éd.), *At Home in the World. International Migration and Development in Contemporary Ghana and West Africa*, Accra, Sub-Saharan Publishers, pp. 309-334.

Thomas, Guy, 2010, « Conversion through map images: Missionary contact zones and the concept of persuasive cartography », Communication à la conférence *Geographies of Conversion*, 19-20 février, Amsterdam, Vrije Universiteit.

Twum-Baah Kwaku A., 2005, « Volume and Characteristics of International Ghanaian Migration », *in* Manuh T. (éd.), *At Home in the World? International Migration and Development in Contemporary Ghana and West Africa*, Accra, Sub-Saharan Publishers, pp. 55-77.

Ukah Azonzeh, 2008, *A New Paradigm of Pentecostal Power. A Study of the Redeemed Christian Church of God in Nigeria*, Trenton, Africa World Press.

van Dijk Rijk, 1995, « Fundamentalism and its Moral Geography in Malawi. The representation of the diasporic and the diabolical », *Critique of Anthropology,* vol. 15, pp. 171-191.

van Dijk Rijk, 1997, « From Camp to Encompassment: Discourses of Transsubjectivity in the Ghanaian Pentecostal Diaspora », *Journal of Religion in Africa,* vol. 27 n° 2, pp. 135-159.

van Dijk Rijk, 2001a, « Contesting silence: the ban on drumming and the musical politics of Pentecostalism in Ghana », *Ghana Studies,* vol. 4, pp. 31-64.

van Dijk Rijk, 2001b, « Time and Transcultural Technologies of the Self in the Ghanaian Pentecostal Diaspora », *in* Corten A., Marshall-Fratani R. (éd.), *Between Babel and Pentecost*, Bloomington, Indiana University Press, pp. 216-234.

van Dijk Rijk, 2002, « Ghanaian churches in the Netherlands. Religion mediating a tense relationship », *in* van Kessel I. (éd.), *Merchants, Missionaries & Migrants. 300 years of Dutch-Ghanaian Relations*, Amsterdam et Accra, KIT Publishers/ Sub-Saharan Publishers, pp. 89-97.

van Gennep Arnold, 1909, *Les rites de passage : étude systématique des rites*, Paris, E. Nourry.

Währisch-Oblau Claudia, 2009, *The Missionary Self-Perception of Pentecostal/ Charismatic Church Leaders from the Global South in Europe. Bringing Back the Gospel*, Leiden et Boston, Brill.

Wigglesworth Smith, 2000, *Wigglesworth on the Anointing*, New Kensington, Whitaker House.

Wigglesworth Smith, 2007 [1924], *Everincreasing Faith*, New Kensington, Whitaker House.

Wigglesworth Smith, 2007 [1938], *Faith That Prevails*, Radford, Wilder Publications.

Table des matières

Chapitre 3
Chronotopes et migration

Chapitre 4
Construire l'autorité : l'onction

Chapitre 5
Onction et faux prophètes : luttes dans le ministère

Chapitre 6
Des dispositifs rituels aux schèmes migratoires

Collection Religions contemporaines

Les Yoruba du Nouveau Monde. Religion, ethnicité et nationalisme noir aux États-Unis
Stéfania Capone

Les dieux au service du peuple. Itinéraires religieux, médiations, syncrétisme à Madagascar
Sophie Blanchy, Jean-Aimé Rakotoarisoa, Philippe Beaujard, Chantal Radimilahy (dir.)

Expansion évangélique et migrations en amazonie brésilienne
Véronique Boyer

Les aventuriers du pentecôtisme ghanéen. Nation, conversion et délivrance en Afrique de l'Ouest
Sandra Fancello

Un islam confrérique au Burkina Faso. Actualité et mémoire d'une branche de la Tijaniyya
Felice Dassetto, Pierre-Joseph Laurent et Tasséré Ouedraogo

Les religions dans la mondialisation. Entre acculturation et contestation
Christophe Grannec et Bérengère Massignon (dir.)

Visionnaires et prophètes de l'Afrique contemporaine. Tradition initiatique, culture de la transe et charisme de délivrance
André Mary

Chrétiens africains en Europe. Pentecôtismes, prophétismes et politique des nations
Sandra Fancello et André Mary (dir.)

Sorcellerie et prophétisme en Centrafrique. L'imaginaire de la dépossession en pays banda
Andrea Ceriana Mayneri

Guerres mystiques en Côte d'Ivoire. Religion, patriotisme, violence (2002-2003)
Marie Miran-Guyon

Vivre avec les morts à Cuba. Réinvention et transmission religieuse dans le palo monte
Katerina Kerestetzi

Pentecôtistes en Ouganda. Générations, Sida et moralité
Alessandro Gusman

www.ingramcontent.com/pod-product-compliance
Lightning Source LLC
Chambersburg PA
CBHW061204240926
51846CB00006B/1109
* 9 7 8 2 8 1 1 1 2 5 6 8 4 *